《铁路技术管理规程》溯源及演变

（普速铁路 第三册）

主　编◎孙玉明

副主编◎晁　阳　贾永刚　黄建明　冯琪宇

中国铁道出版社有限公司

2025年·北　京

内容简介

本书以新中国第1版至第10版《铁路技术管理规程》为溯源蓝本，以2014年版《铁路技术管理规程》普速铁路部分第十章“基本要求”、第十一章“编组列车”和第十二章“调车工作”条文为主线，追溯条文首次出现于《铁路技术管理规程》的版本及在历版《铁路技术管理规程》中的演变过程，揭示条文最初制定的目的和依据、演变的特征和背景等。

本书可供铁路技术规章编制及管理人员、铁路相关专业科研人员参考使用。

图书在版编目(CIP)数据

《铁路技术管理规程》溯源及演变. 普速铁路. 第三册/孙玉明主编. —北京：中国铁道出版社有限公司，2024.2(2025.4重印)

ISBN 978-7-113-30855-1

Ⅰ.①铁… Ⅱ.①孙… Ⅲ.①铁路运输-技术管理-管理规程-历史-中国 Ⅳ.①U29-65

中国国家版本馆CIP数据核字(2024)第007043号

书　　名：《铁路技术管理规程》溯源及演变(普速铁路 第三册)
作　　者：孙玉明

责任编辑：黄　筱　　　　**编辑部电话**：(010)51892548
编辑助理：刘　臻
封面设计：尚明龙
责任校对：安海燕
责任印制：赵星辰

出版发行：中国铁道出版社有限公司(100054，北京市西城区右安门西街8号)
网　　址：https://www.tdpress.com
印　　刷：北京盛通印刷股份有限公司
版　　次：2024年2月第1版　2025年4月第3次印刷
开　　本：880 mm×1 230 mm 1/32　**印张**：9.375　**字数**：252千
书　　号：ISBN 978-7-113-30855-1
定　　价：70.00元

编　委　会

主　编　孙玉明

副主编　晁　阳　贾永刚　黄建明　冯琪宇

编　委　丁五一　刘　新　田　雷　陈　琦

保鲁昆　王宇嘉　李思达　魏庆俣

高　磊　李　宏　邓雪松　林　维

刘学福　袁敦磊　温强伟　宋丹丹

常　帅　万佳鑫　冯振兴　袁万军

王怀相　宁　健　昌　晶　方　晨

前言

《铁路技术管理规程》(以下简称《技规》)是我国铁路的基本技术规章，是长期生产和科学实践的总结，统领铁路各专业技术规章、企业标准等。新中国成立以来，经过长期的发展，《技规》在理论研究、科学试验和实践经验的基础上不断发展演变。《技规》的发展演变与铁路行车组织方式、技术设备运管修模式和不同专业间的作业分工密切相关，研究分析《技规》演变过程及其内在机理，对于学懂弄通《技规》，以及未来《技规》的不断修订完善与创新具有重要的指导意义。为厘清历版《技规》发展变化的脉络，编者以2014年版《技规》为主线，通过档案资料搜集、专家咨询、访谈调研等途径，研究每一条款的演变特征、背景与依据，力图还原各版《技规》条款演变的来龙去脉。

为使铁路各部门、各单位、各工种安全、准确、迅速、协调地开展运输生产活动，1950年2月2日，当时的中央人民政府铁道部发布了第1版《技规》(草案)。此后，根据技术设备和运输组织等的变化，分别在1954年、1956年、1960年、1964年、1972年、1983年、1992年、1999年及2006年发布了不同版本的《技规》。为适应铁路政企分开改革需要，规范国家铁路技术管理工作，根据铁路技术装备和运输组织的发展变化，国铁集团的前身中国铁路总公司(简称“铁路总公司”)发布了作为企业基本技术规章的第1版《技规》，于2014年11月1日起施行，并于2017年9月4日及2023年2月16日分别对部分内容进行了修订，应用至今。自 2008 年我国第一条设计时速 350 km 的高速铁路——京津城际铁路开通运营以来，我国高速铁路得到快速发展，截至 2023 年底，高速铁路营业里程已达到 4.5 万 km。由于高速铁路技术设备、运输组织与普速铁路有显著区别，2014 年版《技规》首次分为高速铁路部分与普速铁路部分两册。

以 2014 年版《技规》结构为主线的《〈铁路技术管理规程〉溯源及演变》系列图书将按高速铁路部分和普速铁路部分分册陆续出版。其中普速铁路部分共五册，第一册包括绪论、技术设备基本要求、线路桥梁及隧道；第二册包括信号、通信、铁路信息系统、车站及枢纽、机车车辆、供电、给水、房屋建筑、铁路用地；第三册包括行车组织基本要求、编组列车、调车工作；第四册包括行车闭塞、列车运行；第五册包括信号显示基本要求、固定信号、移动信号及手信号、信号表示器及标志、听觉信号。

在本书编写过程中，得到中国国家铁路集团有限公司、中国铁道科学研究院集团有限公司和部分铁路局集团公司有关领导、专家的悉心指导和大力支持，在此深表感谢！

由于涉及《技规》版本多、时间跨度大、专业领域广，资料搜集存在较大困难，同时由于编者水平有限，书中难免存在一些纰漏和不足之处，敬请读者批评指正。如有修正意见，欢迎将意见及联系人、联系方式寄交中国铁道科学研究院集团有限公司运输及经济研究所铁路技术规章管理研究室（北京市海淀区大柳树路 2 号，邮政编码：100081）。

编　者

2024 年 1 月

目　录

（普速铁路 第三册）

第二编　行车组织

第十章　基本要求 …… 1

第一节　行车组织原则 …… 3

第二节　行车指挥 …… 28

第三节　车站技术管理 …… 45

第四节　对行车有关人员的要求 …… 58

第十一章　编组列车 …… 73

第一节　一般要求 …… 75

第二节　列车中车辆的编挂 …… 84

第三节　列尾装置的摘挂及运用 …… 93

第四节　列车中机车的编挂 …… 100

第五节　机车车辆重量及长度 …… 114

第六节　列车制动限速及其编组要求 …… 127

第七节　列车中车辆的连挂 …… 157

第八节　列车中的车辆检查及修理 …… 165

第十二章　调车工作 …… 201

第一节　一般要求 …… 203

第二节　领导及指挥 …… 214
第三节　计划及准备 …… 225
第四节　调车作业 …… 232
第五节　在正线、到发线上的作业 …… 263
第六节　机车车辆的停留 …… 278

参考文献 …… 290

参考标准和相关引用文件 …… 292

第二编　行车组织

第十章

基本要求

第一节　行车组织原则
第二节　行车指挥
第三节　车站技术管理
第四节　对行车有关人员的要求

第一节　行车组织原则

一、概述

铁路行车组织是指综合运用铁路各种技术设备，合理组织列车运行，以实现旅客和货物运输过程的生产计划与组织工作。普速铁路行车组织主要内容包括行车指挥、编组列车、调车工作、行车闭塞、列车运行、施工维修等。

铁路具有高度集中、半军事性、各个工作环节紧密联系和协同动作的特点，只有明确铁路行车组织工作领导原则，行车工作统一指挥原则，方可有序组织各运输生产单位协同动作，组织铁路区段、车站列车安全、有序、正点运行，统筹保证全国铁路正常经营管理，完成国家运输生产任务。

（一）《行车组织规则》

《行车组织规则》（以下简称《行规》），是各铁路局集团公司根据《技规》规定的原则，结合铁路局集团公司管内设备的具体条件所制定的行车组织的补充规则，是铁路局集团公司行车组织工作的基本技术规章。

《行规》是对《技规》的补充，主要包括以下内容。

1.《技规》中明文规定应由《行规》规定的事项，如枢纽地区的列车运行方向、超长列车的运行办法等。

2.《技规》未作统一规定，又不宜由站段等基层单位自行补充规定的行车方法。

3. 根据铁路局集团公司管内特殊地段的平纵断面情况，信号、联锁、闭塞设备和机车类型等特点，对行车工作应规定的特殊要求和注意事项。

4. 广大职工在生产实践中创造推广的先进经验和行之有效的安全生产措施等。

第1版《技规》中虽然没有明确规定各总局或管理局根据《技规》制定行车组织规则，但很多条款都要求总局或管理局进行具体规定，例如第268条规定，接发列车时，对于无转辙器标志的道岔，扳道员的信号显示“办法由总局长或管理局长另定之”，“第312条 于设有溜放调车装置车站，调车工作应按管理局长所规定之细则办理之”。

从第4版开始，《技规》中明确要求各铁路局结合自身具体条件制定行车组织规则，并一直延续至今。2014年版《技规》普速铁路部分与高速铁路部分独立成册，普速铁路部分仍然要求各铁路局集团公司编制《行规》，高速铁路部分则要求编制高速铁路《行车组织细则》(以下简称《行细》)。

2017年，为进一步规范和统一铁路局集团公司普速铁路《行规》和高速铁路《行细》编写工作，铁路总公司组织制定了《〈行规〉编制规则》《〈行细〉编制规则》，并于当年10月1日起施行。《〈行规〉编制规则》《〈行细〉编制规则》总结了各铁路局集团公司《行规》《行细》的编制经验，内容全面、结构严谨，反映了铁路局集团公司《行规》《行细》需要编制的内容及要求，能够为规范铁路局集团公司《行规》《行细》编制工作提供有效的指导。《〈行规〉编制规则》《〈行细〉编制规则》规定了《行规》《行细》的编制范围、章节顺序、条款内容、词语解释、附件附表和文本格式，铁路局集团公司可结合管内技术设备和行车组织的具体情况，对部分条款的内容适当增补或删减。

根据《〈行规〉编制规则》，《行规》全部内容除总则外，第一至第十四章分别为技术设备、行车组织基本要求、编组列车、调车工作、行车闭塞、接车与发车、列车运行等，共168条。《〈行规〉编制规则》《〈行细〉编制规则》如图10-1所示，中国铁路北京局集团有限公司《行规》《行细》如图10-2～10-10所示。

图 10-1　《〈行规〉编制规则》《〈行细〉编制规则》

（a）中国铁路北京局集团有限公司
《行规》封面

（b）中国铁路北京局集团有限公司
《行细》封面

图 10-2　中国铁路北京局集团有限公司《行规》《行细》封面

目　录

总　则 …………………………………… 1
第一章　技术设备 ……………………………… 2
第 1 条　提供行车设备技术资料的规定 …………………………… 2
第 2 条　主要行车设备技术资料公布的规定 …………………………… 7
第 3 条　行车设备管理界面的规定……… 8
第 4 条　《技规》要求集团公司批准(确定、同意)事项的规定 ……………… 12
第 5 条　铁路技术设备定期全面检查和专项检查的补充规定 ……… 14
第 6 条　事故救援列车、救援队管理的补充规定 …………………… 17
第 7 条　利用到发线装卸货物的管理规定 …………………………… 30
・1・
第 8 条　道岔加锁装置及道岔表示器管理的补充规定 ………………… 32
第 9 条　道岔紧固的规定 ………………… 32
第 10 条　道口管理的补充规定………… 34
第 11 条　站内铺设及拆除道岔、线路的补充规定………………… 36
第 12 条　配备 GSM-R 手持终端和无线对讲设备的补充规定………… 37
第 13 条　行车相关信息系统管理的补充规定…………………… 38
第 14 条　非供电人员使用隔离开关的规定………………………… 39
第 15 条　机车运用状态的补充规定…… 42
第 16 条　电动转辙机钥匙、手摇把及道岔电锁器钥匙保管使用的规定………………………… 42
第 17 条　信号机夜间加挂信号灯的补充规定…………………… 44
第 18 条　响墩、火炬、短路铜线管理的补充规定…………………… 44
第 19 条　其他规定……………………… 45
・2・

图 10-3　中国铁路北京局集团有限公司《行规》部分目录 1

第二章　行车组织基本要求 ………………… 48
第 20 条　钟表的配置、校对、检查、修理及时钟校准办法…………… 48
第 21 条　枢纽地区及个别区间列车运行方向的规定……………… 49
第 22 条　发布、转达行车调度命令的补充规定 …………………… 50
第 23 条　回送动车组以外的客车底列车的补充规定……………… 52
第 24 条　道岔清扫分工的规定………… 53
第 25 条　车站道岔、股道编号及线路有效长的补充规定…………… 53
第 26 条　其他规定……………………… 54
第三章　编组列车 …………………………… 56
第 27 条　列车中编挂车辆的补充规定……………………………… 56
第 28 条　货物列车临时减吨的规定…… 58
第 29 条　超长列车运行办法…………… 58
第 30 条　列尾装置的摘挂及运用补充规定……………………………… 60
第 31 条　电力机车、动车组运行的补充规定……………………………… 63
・3・
第 32 条　使用补机的补充规定………… 65
第 33 条　附挂机车进行滚动试验的规定……………………………… 66
第 34 条　机车、铁路救援起重机回送的补充规定…………………… 67
第 35 条　单机挂车的补充规定………… 69
第 36 条　列车制动主管压力和制动限速的补充规定………………… 70
第 37 条　列车中编挂关门车的补充规定……………………………… 70
第 38 条　列车中车辆连挂的补充规定……………………………… 71
第 39 条　长期不经列检技术作业的固定编组、循环使用车组技术作业规定……………… 72
第 40 条　列车自动制动机试验的补充规定……………………………… 73
第 41 条　车辆上翻车机前和翻卸后及进入解冻库前和解冻后技术检查地点的规定………… 77
第 42 条　调整货车自动制动机截断塞门及空重位置的补充规定……… 78
・4・

图 10-4　中国铁路北京局集团有限公司《行规》部分目录 2

第43条　货运交接及检查的补充规定……79
第44条　其他规定……79
第四章　调车工作……82
第45条　无线调车灯显设备使用、维修及管理的规定……82
第46条　无线调车机车信号和监控系统使用、维修、管理的规定……84
第47条　自轮运转特种设备调车作业指挥的补充规定……84
第48条　调车作业中对调车机车、调车作业速度及有关人员作业的补充规定……85
第49条　调车区划分的规定……88
第50条　两台机车同时在同一调车区或同一线路上作业的规定……89
第51条　动车段(所)内调车作业的补充规定……90
第52条　编制、传达调车作业计划的补充规定……93
第53条　使用人力制动机的规定……96
·5·
第54条　使用铁鞋制动的补充规定……97
第55条　岔线、段管线、货物线调车作业的补充规定……99
第56条　调车人员作业位置和显示信号的补充规定……101
第57条　牵引、推送车辆的补充规定……102
第58条　调动乘坐旅客车辆及空客车的规定……104
第59条　调车作业联系的补充规定……106
第60条　尽头线、曲线调车作业的补充规定……109
第61条　调动特殊车辆和车组的补充规定……109
第62条　溜放调车和驼峰解散车辆的补充规定……112
第63条　调车作业连结软管的补充规定……115
第64条　手推调车的补充规定……116
第65条　接发旅客列车时调车作业的补充规定……116
·6·

图10-5　中国铁路北京局集团有限公司《行规》部分目录3

第91条　动车组开关车门的补充规定……175
第92条　出站及发车进路信号机故障时发车的补充规定……175
第93条　其他规定……176
第七章　列车运行……184
第94条　列车冒进信号机或越过警冲标的处理规定……184
第95条　机车综合无线通信设备注册车次的补充规定……186
第96条　夜间运行机车、动车组头灯和标志灯故障时处理的补充规定……186
第97条　自轮运转特种设备运行的补充规定……187
第98条　列车运行中晃车的处理规定……189
第99条　旅客列车使用紧急制动阀(紧急制动装置)后处置的补充规定……190
第100条　天气恶劣难以辨认信号行车办法的补充规定……191
·9·
第101条　汛期暴风雨行车的补充规定……192
第102条　动车组以外的旅客列车运行途中车辆乘务员值乘的补充规定……192
第103条　制定特殊行车组织办法的规定……193
第104条　其他规定……212
第八章　调度集中区段特殊行车组织办法……229
第105条　CTC操作模式的补充规定……229
第106条　CTC控制模式、操作方式转换的规定……230
第107条　调度集中区段行车指挥的补充规定……231
第108条　调度集中控制(中心操作方式)车站应急值守的规定……232
第109条　调度集中区段办理发车的规定……234
·10·

图10-6　中国铁路北京局集团有限公司《行规》部分目录4

目 录

总 则 …… 1
第一章 技术设备 …… 3
第 1 条 提供行车设备技术资料的规定 …… 3
第 2 条 主要行车设备技术资料公布的补充规定 …… 5
第 3 条 行车设备管理界面的规定 …… 6
第 4 条 《技规》要求集团公司批准(确定、同意)事项的规定 …… 6
第 5 条 技术设备定期全面检查和专项检查的补充规定 …… 8
第 6 条 事故救援列车、救援队管理的补充规定 …… 9
第 7 条 道岔紧固的规定 …… 13
第 8 条 电动转辙机钥匙、手摇把保管使用的规定 …… 14
· 1 ·
第 9 条 配备 GSM-R 手持终端和无线对讲设备的补充规定 …… 15
第 10 条 综合接地系统管理的规定 …… 16
第 11 条 行车相关信息系统管理的补充规定 …… 18
第 12 条 其他规定 …… 20
第二章 行车组织基本要求 …… 22
第 13 条 高速铁路开行货物列车的规定 …… 22
第 14 条 CTC 控制模式、操作方式转换的补充规定 …… 22
第 15 条 钟表的配置、校对、检查、修理及时钟校准办法 …… 23
第 16 条 枢纽地区列车运行方向的补充规定 …… 25
第 17 条 机车综合无线通信设备注册列车车次的补充规定 …… 25
第 18 条 车务应急值守人员值守工作制度 …… 26
第 19 条 《站细》编制工作的规定 …… 26
· 2 ·

图 10-7 中国铁路北京局集团有限公司《行细》部分目录 1

第 20 条 道岔清扫分工的规定 …… 27
第 21 条 车站道岔、股道编号及线路有效长的补充规定 …… 27
第 22 条 动车组以外的旅客列车运行途中车辆乘务员值乘的补充规定 …… 28
第 23 条 动车组车站上水作业的补充规定 …… 28
第 24 条 动车组车站吸污作业的补充规定 …… 29
第 25 条 其他规定 …… 30
第三章 编组列车 …… 31
第 26 条 动车组以外的旅客列车编组的补充规定 …… 31
第 27 条 附挂机车进行滚动试验的规定 …… 32
第 28 条 动车组、电力机车运行的补充规定 …… 33
第 29 条 机车回送的补充规定 …… 34
第 30 条 旅客列车挂车的补充规定 …… 36
· 3 ·
第 31 条 动车组以外的旅客列车使用列尾装置的补充规定 …… 37
第 32 条 回送动车组以外的客车底列车的补充规定 …… 38
第 33 条 列车自动制动机试验的补充规定 …… 38
第 34 条 列车制动主管压力和列车制动限速的补充规定 …… 38
第 35 条 其他规定 …… 39
第四章 调度指挥 …… 40
第 36 条 发布、转达行车调度命令的补充规定 …… 40
第 37 条 其他规定 …… 41
第五章 行车闭塞 …… 42
第 38 条 办理接发列车预告、报点的补充规定 …… 42
第 39 条 电话记录号码编号办法 …… 42
第 40 条 其他规定 …… 42
第六章 接发列车 …… 43
第 41 条 动车组以外的旅客列车在车站出发的补充规定 …… 43
· 4 ·

图 10-8 中国铁路北京局集团有限公司《行细》部分目录 2

第 42 条　动车组开关车门的补充规定 …… 43
第 43 条　使用 CTC 人工办理进路的补充规定 …… 44
第 44 条　禁止办理相对方向同时接车和同方向同时发接列车的补充规定 …… 45
第 45 条　人工办理进路时开闭信号机时机的补充规定 …… 45
第 46 条　动车组变更办理客运业务的固定股道及旅客列车晚点时通知的补充规定 …… 46
第 47 条　站内无空闲线路的特殊情况下接车的补充规定 …… 47
第 48 条　列车需在站内移动时的联系办法 …… 48
第 49 条　其他规定 …… 50
第七章　列车运行 …… 52
第 50 条　车站与动车段(所)间行车办法的补充规定 …… 52
· 5 ·
第 51 条　一站多场车站场间联络线行车办法的补充规定 …… 67
第 52 条　其他规定 …… 76
第八章　限速管理 …… 78
第 53 条　列控限速设置和取消的补充规定 …… 78
第 54 条　其他规定 …… 78
第九章　调车工作 …… 79
第 55 条　无线调车灯显设备使用、维修及管理的规定 …… 79
第 56 条　编制、传达调车作业计划的补充规定 …… 79
第 57 条　动车段(所)内调车作业的补充规定 …… 80
第 58 条　调车作业联系的补充规定 …… 82
第 59 条　尽头线、曲线调车作业的补充规定 …… 83
第 60 条　施工路用列车、自轮运转特种设备调车作业的补充规定 …… 83
第 61 条　调车作业中的补充规定 …… 84
· 6 ·

图 10-9　中国铁路北京局集团有限公司《行细》部分目录 3

车辆抱闸时处置的补充规定 …… 124
第 84 条　其他规定 …… 125
第十三章　非正常行车组织 …… 132
第 85 条　列车在区间被迫停车后处理的补充规定 …… 132
第 86 条　单班单司机值乘的列车在区间被迫停车后防护作业的规定 …… 133
第 87 条　夜间运行机车、动车组头灯和标志灯故障时处理的补充规定 …… 134
第 88 条　处理列车扒乘人员的规定 …… 134
第 89 条　防护栅栏内进入闲杂人员的处理规定 …… 135
第 90 条　其他规定 …… 137
第十四章　信号显示 …… 141
第 91 条　管内部分联系用的手信号的规定 …… 141
第 92 条　影响信号显示的树木的处理办法 …… 142
· 9 ·
第 93 条　常态点灯的信号机关闭时机的补充规定 …… 142
第 94 条　设置信号、线路标志的补充规定 …… 142
第 95 条　其他规定 …… 143
第十五章　附　则 …… 144
第 96 条　实施日期、废止的前发相关文件及解释部门的规定 …… 144
重点用语说明 …… 145
附件 1　京津城际(北京南至滨海) …… 147
附件 2　石太客专[石家庄至太原东(不含)] …… 165
附件 3　京沪高铁(北京南至德州东) …… 182
附件 4　京广高速[北京西至安阳东(不含)] …… 195
附件 5　津秦高速(天津西至秦皇岛) …… 210
附件 6　津霸客专、霸徐铁路 …… 222
附件 7　石济客专[石家庄至平原东(不含)] …… 236
附件 8　京包客专(北京北至怀安)及崇礼线、延庆线 …… 245
· 10 ·

图 10-10　中国铁路北京局集团有限公司《行细》部分目录 4

(二)列车编组计划

列车编组计划是根据货流、车流特点和主要站场、线路设备情况以及货物运输市场需求编制的,可以充分发挥既有设备潜力,科学合理组织货流,积极组织直达运输,加速货物运送和机车车辆周转,创造良好的运输秩序,节约运输成本,提高运输效率和效益,因此要求列车中车组的编挂,必须根据列车编组计划进行。

(三)列车运行图

列车运行图是铁路运输工作的综合计划,是行车组织工作的重要基础,规定了列车在车站的到、开、通过时刻和技术设备的使用等。所有与列车运行有关的铁路各部门,必须按照列车运行图的要求,组织本部门按规定完成具体工作,保证列车按运行图运行。列车运行图如图 10-11 所示。

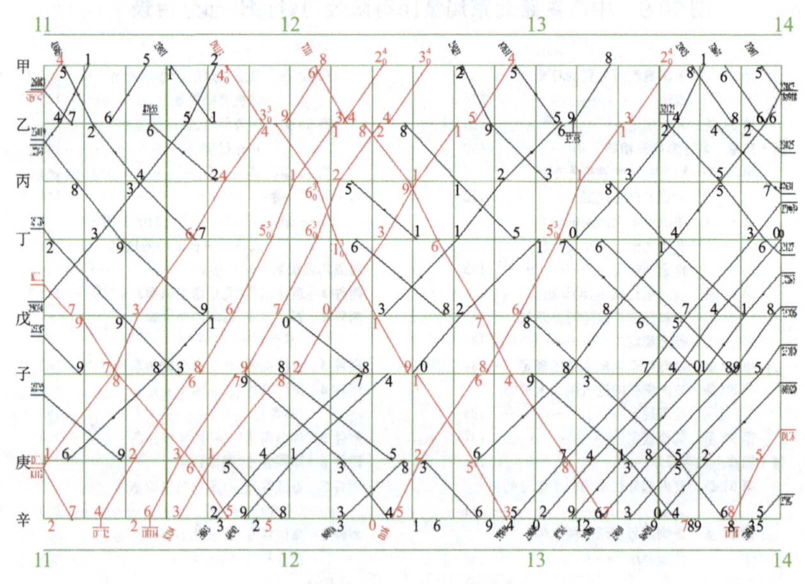

图 10-11 列车运行图

(四)运输方案

运输方案是铁路局集团公司(铁路公司)按照月度货物运输计划、技术计划的要求和列车编组计划、列车运行图的规定,具体计划与组织货源、货流和车流,以促进运输合理化、直达化;经济合理地安排列车工作、机车运用和施工组织,协调路内外与运输有关部门日常运输组织工作的综合部署。

二、普速铁路行车组织工作的基本遵循

(一)2014年版条文内容及说明

【2014年版】第222条 普速铁路行车组织工作,应根据本规程规定办理。

铁路局应根据本规程规定的原则,结合管内具体条件,制定普速铁路《行车组织规则》。

本条明确了《技规》作为铁路行车组织基本规章的地位,并要求各铁路局集团公司根据《技规》规定的原则制定与本铁路局集团公司具体条件相适应的《行规》。

行车组织是铁路运输工作的重要组成部分,是综合运用各种技术设备,合理组织列车运行,完成旅客运输和货物运输的工作过程。《技规》普速铁路"行车组织"编主要规定了行车指挥、编组列车、调车工作、行车闭塞、列车运行、施工维修等。

普速铁路行车组织工作,应根据本规程有关要求办理。铁路局集团公司应根据本规程规定,结合管内行车设备、运输条件、自然环境、地理位置等实际情况,制定《行规》。

部分200 km/h以下线路中也可能存在200 km/h的个别区间、区段,考虑到整条线路行车组织方式的协调性和一致性,铁路局集团公司可根据实际情况确定是否将整条线路行车组织纳入《技规》的适应范围。各铁路局集团公司应充分考虑线路设备条件、行车组织方式等情况,明确《技规》的具体适应线路。

(二)溯源情况

【第 4 版】第 162 条 全国铁路的行车组织工作,应根据本编的规定办理。

各铁路局,应根据本编规定的原则,结合管内具体条件制定行车组织规则。

本条内容在第 4 版《技规》第 162 条中首次进行了规定,其后基本延续了规定的内容。

第二编行车组织规定了有关列车在车站上的接发、编解和在区间内运行等工作组织,以及与上述工作直接有关的车站技术管理、行车闭塞、调车工作、调度指挥等行车组织工作的基本要求和应共同遵守的原则。为此,全国铁路的行车组织工作,都必须根据本编的规定办理。

各铁路局集团公司的技术设备不同,所以应在高度集中、统一领导的原则下,根据本编的规定,结合管内具体条件,制订《行规》,作为本编规定的补充内容。

(三)演变过程

2014 年版《技规》第 222 条演变过程如图 10-12 所示。

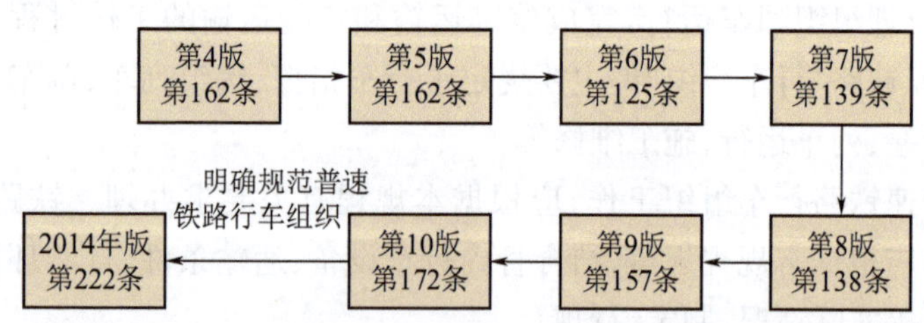

图 10-12 2014 年版《技规》第 222 条演变过程

由于我国高速铁路逐步成网,从 2014 年版开始,《技规》普速铁路部分和高速铁路部分各自独立成册,分别规范普速铁路和高速铁路的行车组织工作,因此本条增加了“普速”的限定。

三、铁路行车组织工作的基本原则

（一）2014 年版条文内容及说明

【2014 年版】第 223 条　铁路行车组织工作，必须贯彻安全生产的方针，坚持高度集中、统一领导的原则。运输、机务、车辆、工务、电务、供电、信息、房建等部门要发扬协作精神，主动配合，紧密联系，协同动作，组织均衡生产，不断提高效率，挖掘运输潜力，完成和超额完成铁路运输任务。

本条规定了铁路行车组织工作统一指挥、分工协作的基本原则。

（二）溯源情况

【第 6 版】第 126 条　铁路行车组织工作，要坚持安全生产的方针，贯彻高度集中、统一领导的原则，发扬社会主义协作精神，运输、机务、车辆、工务、电务等部门要主动配合，紧密联系，协同动作，组织均衡生产，不断提高效率，挖掘运输潜力，完成和超额完成铁路运输任务。

本条规定的内容最早出现于第 6 版《技规》第 126 条。

（三）演变过程

2014 年版《技规》第 223 条演变过程如图 10-13 所示。

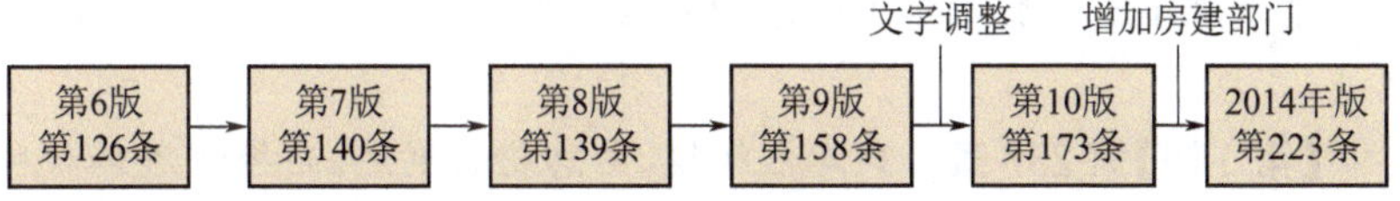

图 10-13　2014 年版《技规》第 223 条演变过程

2014 年版增加“房建”部门，其他版本之间除了个别文字调整之外，基本上没有变化。

铁路行车组织之所以要坚持这样的原则，是基于以下原因。

1. 安全生产事关人民福祉，事关经济社会发展大局；安全生产是铁路运输组织的一贯方针，也是对铁路职工职责的基本要求。铁路发生事故，会给人民生命财产造成严重损失，因此行车有关各部门、单位必须牢固树立安全发展理念，弘扬生命至上、安全第一的思想，不断强化安全生产基础，努力提升安全管理水平。

2. 铁路行车工作具有点多、线长、面广且多工种协同动作的特点。只有坚持高度集中、统一领导的原则，才能把各部门集成为统一的整体，使各项工作环环相扣，紧密衔接，保证运输生产安全、迅速、准确、协调地进行。

3. 在行车工作中，应加强调度指挥，组织均衡运输，挖掘生产潜力，不断提高工作效率，积极总结和推广先进经验，以保证全面完成和超额完成运输生产任务。

四、列车编组计划的编制原则

(一)2014 年版条文内容及说明

【2014 年版】第 224 条 列车编组计划是全路的车流组织计划。列车中车组的编挂，须根据铁路总公司和铁路局的列车编组计划进行。

列车编组计划的编制，应在加强货流组织的基础上，最大限度地组织成组、直达运输，合理分配各编组站、区段站的中转工作，减少列车改编次数。

本条规定了编制列车编组计划的基本原则。

(二)溯源情况

【第 1 版】第 287 条 列车之编组，由总局长制定，而经铁道部长所批准之计划办理之。同时列车之编组计划，应规定最大限度之直通货物列车。

本条在第 1 版《技规》第 287 条中即有相关的规定。

(三)演变过程

2014 年版《技规》第 224 条演变过程如图 10-14 所示。

除了由于机构改革、名称变化导致的文字修改之外，**第 1 版**到**第 3 版**均为原则性的规定，**第 4 版**和**第 5 版**则增加了编制编组计划的一些具体要求，从**第 6 版**开始删除了具体的编制要求，只做原则性的规定，

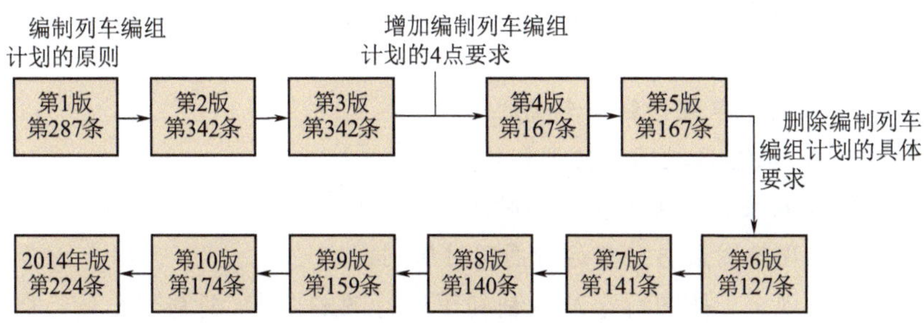

图 10-14　2014 年版《技规》第 224 条演变过程

更符合《技规》作为基本规章的定位。其他演变主要如下：

1. 修改了制定批准的要求。**第 1 版**中要求列车之编组，由总局长制定，而经铁道部长所批准之计划办理之；从**第 2 版**开始修改为应根据铁道部批准的计划进行之，不再明确具体的制定批准人员，更加符合现场实际需要。

2. 提高了编组计划的要求。**第 1 版**中要求最大限度地组织直通货物列车，而从**第 2 版**开始即将目标定位为组织直达运输，从**第 6 版**开始则调整为组织成组、直达运输，之后一直保持未变。组织成组、直达运输不仅能够减少车辆改变作业次数、加速物资运送和机车车辆周转，而且对保证编组站的畅通有着十分重要的作用。

五、列车运行图编制原则

(一)2014 年版条文内容及说明

【2014 年版】第 225 条　列车运行图是铁路行车组织工作的基础。所有与列车运行有关的铁路各部门，必须按列车运行图的要求，组织本部门的工作，以保证列车按运行图运行。

列车运行图应根据客货运量、区段通过能力等因素确定列车对数，并符合下列要求：

1. 列车运行、车站间隔、技术作业等时间标准；

2. 迅速、便利地运输旅客和货物；

3. 充分利用通过能力，经济合理地运用机车车辆和安排施工、维修天窗；

4. 做好列车运行线与车流的结合；

5. 各站、各区段间的协调和均衡；

6. 合理安排乘务人员作息时间。

机车周转图应与列车运行图同时编制。

本条规定了按图行车及编制列车运行图的要求，编制列车运行图时应符合下列要求。

1. 列车运行、车站间隔、技术作业等时间标准。如区间运行时分、列车追踪间隔时间标准、车站间隔时间标准、列车技术检查作业时间标准、机车换挂及继乘时间标准等。

2. 迅速、便利地运输旅客和货物。确定旅客列车行车量及列车性质时，必须根据客流，贯彻长短分工、快慢分工的原则。铺画旅客列车运行线时，应合理规定停站次数和时间。安排货物列车运行线时，要突出重点、兼顾一般，加速货物的输送。

3. 充分利用通过能力，经济合理地使用机车车辆和安排施工、维修天窗。合理铺画旅客列车运行线和优化货物列车铺画方案，既要充分利用通过能力，减少空费时间，又要提高列车旅行速度，加速机车车辆周转。为确保施工作业安全，满足设备部门维修、施工作业需要，列车运行图应按规定安排足够的施工、维修天窗。

天窗是指在列车运行图中，不铺画列车运行线或调整、抽减列车运行线，为营业线施工、维修作业预留的时间，按用途分为施工天窗和维修天窗。V 形天窗如图 10-15 所示、垂直天窗如图 10-16 所示。

4. 做好列车运行线与车流的结合。“流线结合”是列车运行图与列车编组计划结合的重要内容，也是编制货物列车运行图的重要课题之一。因为车流是运行图的基础，铺画运行线时必须符合列车编组计划所规定的列车种类、数量和性质。直达列车的配空和出重运行线要很好结合，为组织好直达列车创造条件。

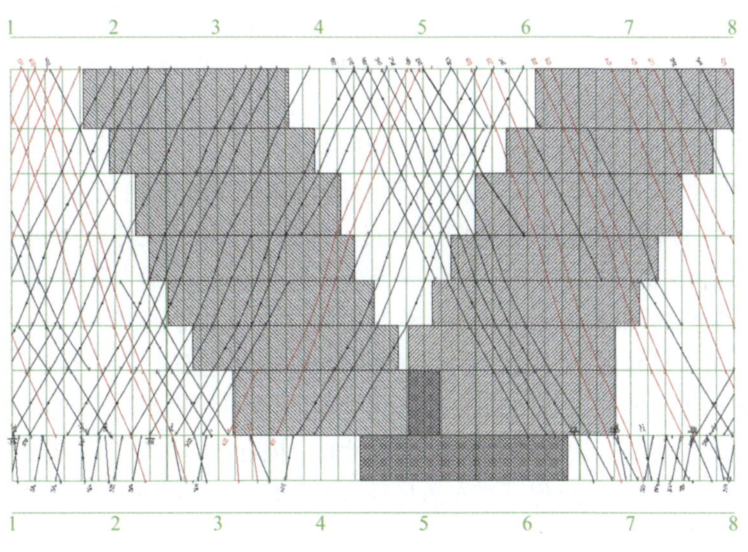

图 10-15　V 形天窗

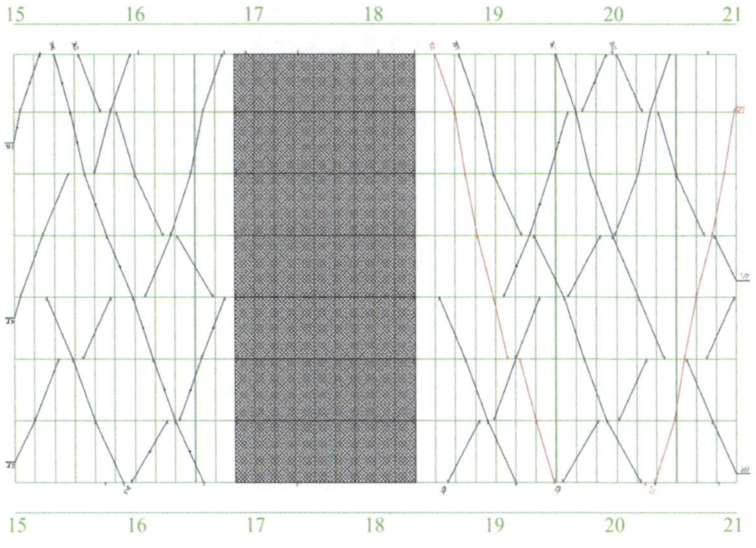

图 10-16　垂直天窗

5. 保证各站、各区段的协调和均衡。区段内均衡地铺画列车运行线,可以有效地利用通过能力,保证畅通无阻。直达和直通列车运行线要做到区段间紧密衔接,干线与支线间紧密衔接。同时充分考虑编组站能力,使有改编作业与无改编作业的列车均衡交错地到达编组站,保证编组站作业均衡。要安排好车流接续,避免车辆在车站长时间停留。

6. 合理安排乘务人员作息时间。乘务人员保持充沛精力进行工作,有利于提高劳动生产率,保证行车安全。为此,在编制列车运行图与机车周转图时,对乘务人员的作息时间应按有关规定办理。

机车周转图不仅确定了机车供应台数,合理地安排了机车交路,使机车运用与列车运行线紧密结合,合理地压缩自、外段停留时间,并且还规定了机车正常保养和整备作业时间。因此,编好机车周转图也是提高机车运用效率、保证机车质量的重要措施,应与列车运行图同时编制。机车周转图如图 10-17 所示。

(二)溯源情况

【第 1 版】第 240 条 列车应按运行图运转,即定时到发及定时于各区间内运行,由车站、机务段以及其他与行车各有关部门技术工作之正确组织保证之。

第 282 条 机车运行图根据列车运行图作成之,并应计及机车最经济之使用,该运行图应为组织机务段工作之基础。

第 283 条 列车运行图应保证:

1. 迅速便利地运送旅客及货物。
2. 行车之最好速度。
3. 最经济地使用机车及车辆。
4. 各站间与其区间内各站相互间工作上之密切配合。
5. 区间与所经过之各站内行车之安全。

本条从第 1 版《技规》开始就有了相关的规定。

(三)演变过程

2014 年版《技规》第 225 条演变过程如图 10-18 所示。

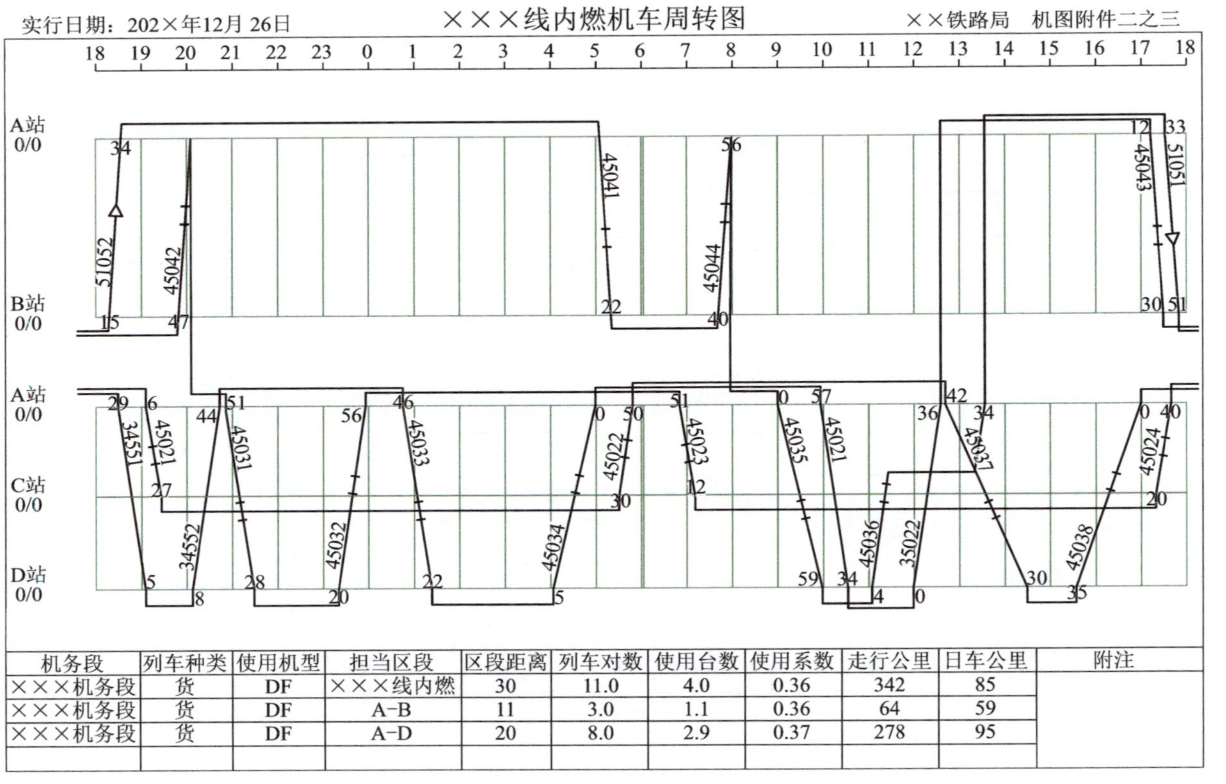

机务段	列车种类	使用机型	担当区段	区段距离	列车对数	使用台数	使用系数	走行公里	日车公里	附注
×××机务段	货	DF	×××线内燃	30	11.0	4.0	0.36	342	85	
×××机务段	货	DF	A-B	11	3.0	1.1	0.36	64	59	
×××机务段	货	DF	A-D	20	8.0	2.9	0.37	278	95	

图 10-17　机车周转图

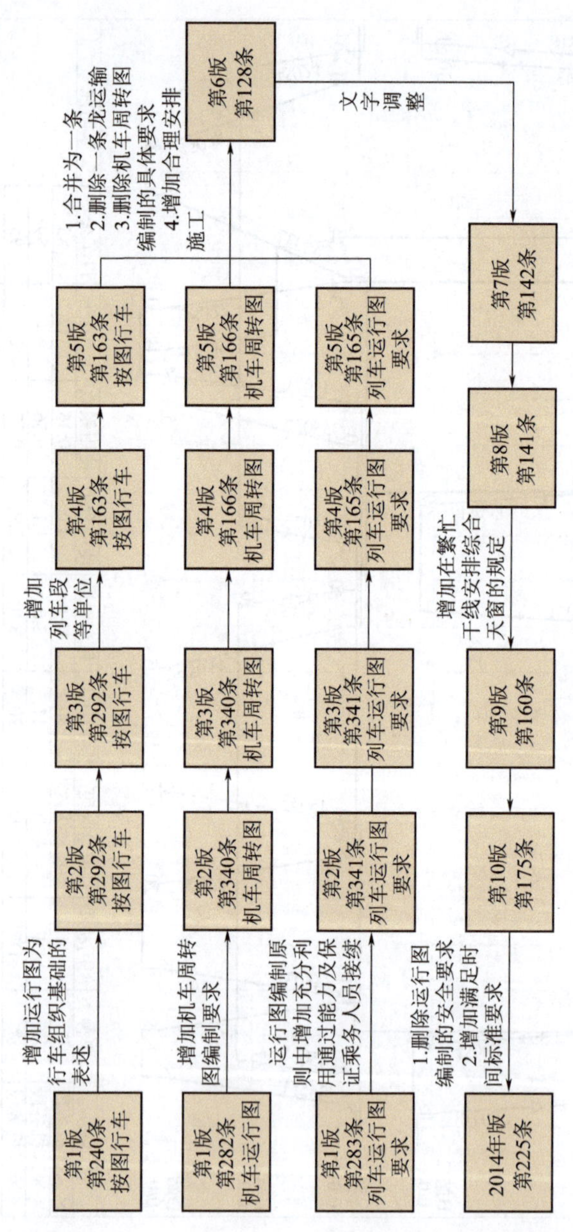

图 10-18　2014 年版《技规》第 225 条演变过程

第 1 版至**第 5 版**分 3 条分别规定了按图行车的原则、机车周转图编制要求及列车运行图的编制要求，到**第 6 版**开始将相关内容整合在一个条款中。各版之间的演变主要有以下特点。

1. 专业词汇变化。**第 1 版**中使用“机车运行图”表示根据列车运行图编制的机车往返行驶路程图表，在**第 2 版**中则改为“机车周转图”，此后一直沿用机车周转图的说法。

2. 对安全日益重视。从**第 6 版**开始，列车运行安全成为编制列车运行图时的第一要求；**2014 年版**将该条文修改为“列车运行、车站间隔、技术作业等时间标准”，表面上看没有了“安全”字样，但编制运行图过程中的各项时间标准卡控是保证列车运行安全的有效途径，将抽象的安全要求变成具体的要求更便于运行图编制人员遵照执行。

3. 经济社会日益增长的需求与铁路通过能力不足之间的矛盾仍将在很长时间内持续存在。从**第 2 版**开始即增加了充分利用通过能力的要求，从**第 6 版**开始增加了编图时合理安排施工和维修时间的要求，显示随着国民经济的发展，经济社会对铁路运输的需求在不断增长，总体上铁路运输能力尚不能充分满足需求，因此编制列车运行图时必须将通过能力的充分利用放在重要位置上。

4. 从**第 2 版**开始增加了编图时考虑机车和列车乘务人员接续的要求。合理安排乘务人员的接续既是保证乘务人员休息时间、确保运输安全的重要措施，也是提高乘务人员工作效率的要求。

六、运输方案编制原则

(一)2014 年版条文内容及说明

【2014 年版】第 226 条 运输方案是保证完成月、旬运输工作的综合部署。铁路局、站段，应根据实际情况，按照月度货物运输计划、技术计划、施工计划的要求和列车编组计划、列车运行图、机车周转图的规定，按级编制货运工作、列车工作、机车工作和施工安排等方案。各级运输部门，均应主动与路内外有关单位密切配合，共同编制和执行运输方案。

本条规定了运输方案的编制原则。运输方案由货运工作方案、列车工作方案、机车工作方案和施工计划四部分组成。

1. 货运工作方案是运输方案的基础。它的主要任务是根据月度货物运输计划，结合货源货流特点和厂矿企业生产、装卸、搬运能力，以直达、成组为中心，合理组织自装车流，安排日历装车计划，同时做好主要站的卸车安排，为列车工作方案提供依据。

2. 列车工作方案是运输方案的核心。它的主要任务是按照列车编组计划和列车运行图的规定，最有利地组织车流，搞好流线结合，组流上线，把不同性质的车流分别安排在不同的运行线，“对号入座”。要编制空车挂线、重车挂线方案（把空、重车流分别安排到每条运行线上挂运），摘挂列车甩挂作业方案，枢纽小运转方案，编组站自装车流和中转车流相结合的接续方案，厂矿企业专用铁路运输与干线运输的列车接续方案等。选定分号列车运行图或抽线方案，确定核心车次，固定配空和出重列车运行线，保证干线与支线车流互相衔接，大小运转列车紧密衔接，编组站和区段站作业均衡。

3. 机车工作方案是实现运输方案的保证。它的主要任务是依据列车工作方案和机车周转图的规定，确定机车供应台数，合理安排机车交路，对机车运用和检修工作进行全面安排，以便提高机车运用效率。

4. 施工计划是保证运输安全与畅通的必需。编制施工计划应坚持运输、施工兼顾的原则。正确处理施工与运输的关系，既要保证施工任务的完成，又要减少施工对运输的影响。其内容包括施工日期、时间、地段或地点，以及对有关部门的要求等。

运输方案是路内、外各有关部门在完成运输任务上的共同作业方案，各单位均应主动配合，共同编制和执行，定期分析和考核，使其不断完善和发展。

（二）溯源情况

【第6版】第129条 运输方案是保证完成月、旬运输工作的综合部署。铁路局、分局、站段，应根据实际情况，按照月度货物运输计划、技术计划的要求和列车编组计划、列车运行图、机车周转图的规定，按级编制货运工作、列车工作、机车工作和施工等方案。各级运输部门，均应主动与路内外有关单位密切配合，共同编制执行运输方案。

本条在第 6 版《技规》第 129 条中首次进行了规定。运输方案把货流组织、车流组织、列车运行、机车运用紧密衔接起来，统筹兼顾，全面安排，从而使铁路运输更好地为经济发展、国防建设和人民生活服务，以适应国民经济发展的需要。

(三)演变过程

2014 年版《技规》第 226 条演变过程如图 10-19 所示。

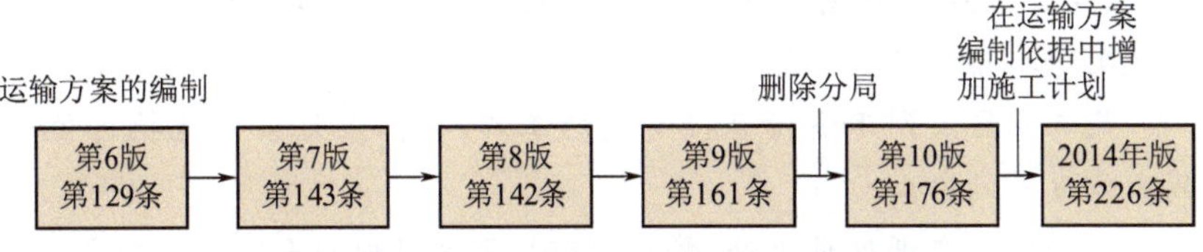

图 10-19 2014 年版《技规》第 226 条演变过程

第 6 版后进行了两次微调：2005 年撤销铁路分局，2006 年**第 10 版**《技规》发布时根据管理体制变化相应进行了调整，删除了编制部分中的"分局"；**2014 年版**中增加了施工计划作为运输方案的编制依据。

七、行车指挥权

(一)2014 年版条文内容及说明

【2014 年版】第 227 条 行车工作必须坚持集中领导、统一指挥、逐级负责的原则。

局与局间由铁路总公司，局管内各区段间由铁路局，一个调度区段内由本区段列车调度员统一指挥。

车站由车站值班员，线路所由线路所的车站值班员统一指挥。凡划分车场的车站，各车场由该车场的车站值班员统一指挥；车场间接发列车进路互有关联的行车事项，由指定的车站值班员统一指挥。

列车和单机由司机负责指挥。列车或单机在车站时，所有乘务人员应按车站值班员的指挥进行工作。

在调度集中区段，调度集中控制车站有关行车工作由该区段列车调度员直接指挥；但转为车站控制时，由车站值班员指挥。

本条规定了调度区段及结合部、车站、列车等的调度指挥权限。行车组织工作的领导原则及行车工作的指挥原则的确定，对统筹领导全路运输生产组织，强化列车运行指挥秩序，确保铁路安全有序高效完成国家运输生产任务，发挥了极其重要的保证作用。

(二)溯源情况

【第 2 版】第 349 条 在一个区段内的列车运行，仅能由值班列车调度员一人指挥之。

凡与本区段列车运行直接有关的工作人员，应无条件地执行值班列车调度员的命令。

除值班列车调度员以外，禁止发布指挥区段内列车运行的命令。

本条在第 2 版《技规》第 349 条中首次进行了规定。

(三)演变过程

2014 年版《技规》第 227 条演变过程如图 10-20 所示。

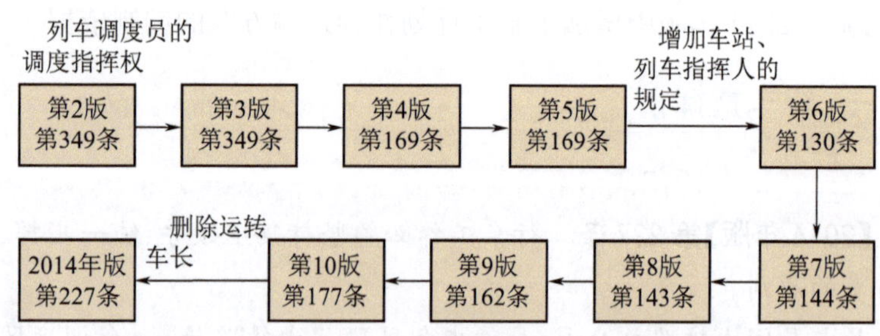

图 10-20 2014 年版《技规》第 227 条演变过程

本条在第 2 版之后的变化主要体现在以下几个方面。

1. 与机构改革、管理体制、岗位设置相协调。我国国家铁路的体制经历了铁道部与交通部的分立与合并、撤销铁路分局、政企分开成立中国铁路总公司等重大变化，相应地在相关版本中均有体现。1993 年取消货物列车运转车长，2014 年 10 月 15 日全国铁路旅客列车全部取消运转车长，这些变化也都体现在修订的相应《技规》版本中；线路所值班员的职名也在 **2014 年版**《技规》中被线路所车站值班员取代。

2. 体现精细化管理的精神。从**第 6 版**开始，规定了与行车指挥有关的所有主要场景的指挥负责人，职责更加明晰，更便于执行。

八、有关行车时刻的规定

（一）2014 年版条文内容及说明

【2014 年版】第 228 条 全国铁路的行车时刻，均以北京时间为标准，从零时起计算，实行 24 小时制。

铁路地面固定设备的系统时钟，当具备条件时，应接入铁路时间同步网；不具备条件时，可独立设置卫星授时设备。

铁路行车房舍内和办理行车工作的有关人员均应备有钟表。钟表的时刻应与调度所的时钟校对。

调度所的时钟及各系统的时钟须定期校准。钟表的配置、校对、检查、修理及时钟校准办法，由铁路局规定。

铁路行车时刻的准确和统一，与列车正点运行和行车安全有直接关系，对准确及时地运送旅客和货物有着重要意义。本条规定了行车时刻的标准，以及时钟的同步和校准。

（二）溯源情况

【第 1 版】第 299 条 列车运转依铁道部所在地之时间为标准，以二十四小时计算之。各司机、车长及值班站长应备有怀表，在各办公室内、各大站之运转场、旅客站台及旅客候车室等处，均应备有时钟。室外之时钟夜间须有灯光照明。铁路范围钟表应保持一致，为此电务部门须组织每日校正时刻之工作。

本条从第 1 版《技规》第 299 条开始就有了相关的规定。

（三）演变过程

2014 年版《技规》第 228 条演变过程如图 10-21 所示。

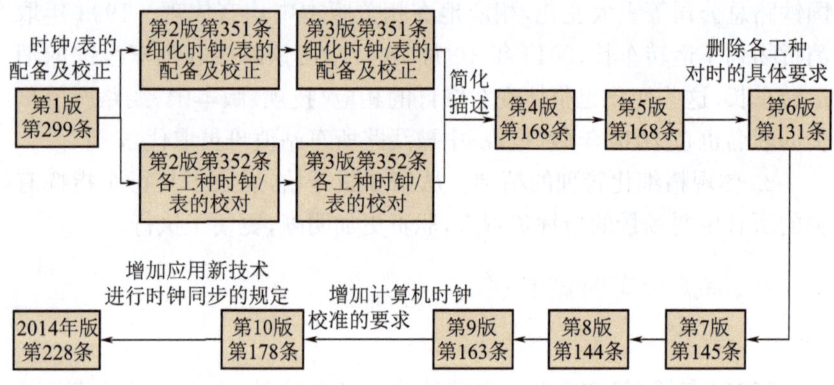

图 10-21　2014 年版《技规》第 228 条演变过程

本条的发展演变具有以下特点。

1. 体现技术进步。**第 1 版**规定相关行车人员需备有怀表(值班站长相当于现在的车站值班员),时刻需要每日校正;**第 2 版**明确了时刻每日误差不超过 1 min;**第 4 版**开始取消了“怀表”的用词,代之以“钟表”,同时不再规定最大时刻误差,而是要求“配备准确的钟表”;**2014 年版**则增加了有关铁路时间同步网和卫星授时的规定。从中可以看出,一方面钟表行业的快速进步和钟表精度的快速提高,另一方面更先进的技术已开始逐步取代钟表,而且精度更高。

2. 时钟管理职责的规定。**第 1 版**规定钟表的时刻校正由电务部门负责,从**第 4 版**开始将此项工作的具体执行办法交由铁路局规定,但**第 6 版**至**第 9 版**重新规定电务部门负责时钟管理,至**第 10 版**复又交由铁路局管理规定,**2014 年版**则将铁路局集团公司规定的范围缩小至调度所时钟和各系统时钟管理。

九、列车运行方向及车次编定

(一)2014 年版条文内容及说明

【2014 年版】第 229 条　列车运行,原则上以开往北京方向为上行,

反之为下行。

全国各线的列车运行方向，以铁路总公司的规定为准，但枢纽地区的列车运行方向，由铁路局规定。

列车须按规定编定车次。上行列车编为双数，下行列车编为单数。在个别区间，使用直通车次时，可与规定方向不符。

本条是有关列车运行方向及车次的规定。

(二)溯源情况

【第 1 版】第 293 条 各列车之编号方法由铁道部长规定之，其规定之原则应为：

1. 凡干线上向铁道部所在地方向开行之列车为上行列车(编号偶数)，反之为下行列车(编号奇数)。

2. 凡由支线开往连接干线之车站者为上行列车，反之为下行列车(支、干线之指定由铁道部长另行公布之)。

如以文字表示列车名称时，须根据该列车运行方向，在文字之右方添加偶、奇数字。

本条从第 1 版《技规》第 293 条开始即有该规定。

(三)演变过程

2014 年版《技规》第 229 条演变过程如图 10-22 所示。

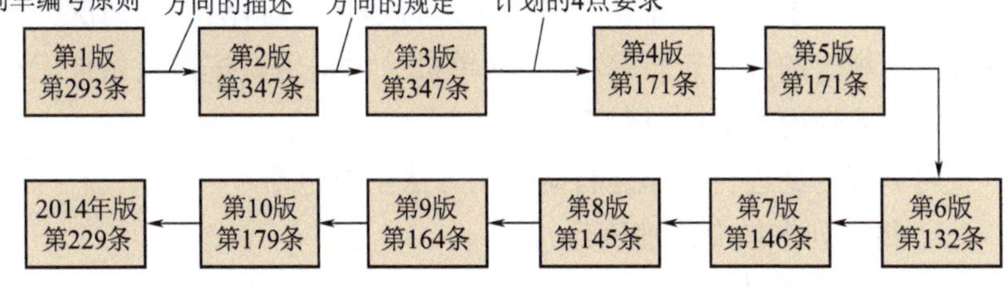

图 10-22 2014 年版《技规》第 229 条演变过程

除**第 2、3 版**未对上行方向做出明确规定外，其基本原则至今没有变化，即开往北京方向为上行，上行列车编为双数。

由于枢纽线路较为复杂，按基本原则无法严格区分上下行，因此从第 4 版开始，增加了有关枢纽地区的列车运行方向由铁路局规定的内容。

第二节 行车指挥

一、概述

严肃的调度指挥原则，是确保铁路站车客货运输生产安全、有序，列车按图行车的基本要求。本节主要规定了调度指挥的原则和列车调度员的职责，发布行车调度命令的原则及命令事项，运行揭示调度命令的发布，列车运行等级顺序，以及列车运行的方向。自第 6 版《技规》开始，增加“行车指挥”一节，并一直保持未变；其条款除 2014 年版增加有关运行揭示调度命令的规定以外，结构亦保持不变。

（一）列车调度员

列车调度员是本区段行车工作的组织者和指挥者，其核心工作是依据列车运行图，组织协调行车有关各部门、各单位、各工种的工作，指挥和监督行车工作的全过程，保证行车工作均衡协调、安全有序地进行，加速机车车辆周转，实现列车运行图、列车编组计划和运输方案规定的任务和要求。当列车不能按列车运行图运行时，除特殊情况外，应按《技规》规定的列车运行等级顺序（单机应根据用途按指定条件运行）和先跨局后管内的原则进行调整。

列车调度员进行列车运行调整的方法主要包括：

1. 组织列车按允许速度运行；

2. 选择合理的会让站；

3. 组织列车在车站进行平行作业；

4. 组织列车反方向行车；

5. 组织列车合并运行。

(二)调度命令

调度命令是列车调度员在调度指挥工作中对行车有关人员发出的要求其配合完成某些行动的指令。列车调度员发布的命令包括书面命令和口头指令两种。口头指令是向单个受令对象(列车司机)直接发布的短期性指令,它具有与书面命令同样的严肃性,与书面命令一样均须做到规范发令、严格执行。调度命令如图 10-23 所示。

调　度　命　令

____年__月__日__时__分　　第__号

受令处所		调度员姓名	
内　　容			

(规格 110 mm×160 mm)　　　　受令车站________　车站值班员________

图 10-23　调度命令

“调度命令”一词最早出现于第 2 版《技规》,其中第 346 条规定列车运行图以外的救援列车、重型轨道车、路用列车等的开行由列车调度员以调度命令的形式指定车次及运行时刻;第 475 条规定在个别区段,列车运行可按列车调度员的调度命令办理。

从第 4 版开始具体规定了需要发布调度命令的具体事项,其中第 4 版有 15 项,第 7 版至 2014 年版分别有 23 项、24 项、25 项、32 项。从这些调度命令项目中,一方面可以看出随着生产实践经验的积累,利用调度命令进行行车指挥的手段趋于丰富和完善;另一方面也能从中窥见铁路技术进步和技术设备的发展变化,以及运输组织方式的优化,如第 9 版开始增加接触网停送电的命令项目,第 10 版开始出现利用天窗施工和维修的命令项目，2014 年版开始出现动车组项目的命令项目。

随着 LKJ 运用技术的逐步成熟，2008 年开始，铁道部发布文件，增加发布运行揭示调度命令要求，规定有计划的施工维修需临时限速运行、改变闭塞方式，因设备故障导致的超过 24 h 的临时限速等临时行车限制要求，均需纳入运行揭示调度命令管理，由施工维修、设备管理单位提报运行揭示，施工调度发布运行揭示调度命令，机务段将揭示的行车限制条件写入 IC 卡，纳入 LKJ 控制列车安全运行。同年，将 LKJ 专业技术管理由机务部门划归电务部门负责，机务负责运用管理。

二、列车调度员的职责

(一)2014 年版条文内容及说明

【2014 年版】第 230 条 有关行车人员必须执行列车调度员命令，服从调度指挥。

列车调度员应负责组织实现列车运行图、编组计划、运输方案，为此必须：

1. 检查各站执行列车运行图和编组计划的情况，及时发布有关行车命令和口头指示。

2. 严格按列车运行图指挥行车，遇列车发生晚点时，应积极采取措施，组织有关人员恢复正点。

3. 注意列车在车站到发及区间内的运行情况，正确、及时地处理临时发生的问题。

本条规定了列车调度员的职责。

(二)溯源情况

【第 1 版】第 298 条 行车调度员应完成其所管线路之列车运行图。

行车调度员应负责：

1. 检查各站执行运行图及编车计划之工作，并对值班站长发出关于列车运转上之一切必要指示。

2. 排除一切违反正常运转之情形，使违反运行图运行之列车，按运行图运行。

3. 注意列车到发及在区间内运行的情况，并采取一切办法保证行车安全。

有关列车调度员职责的规定最早出现于第 1 版《技规》第 298 条。

(三)演变过程

2014 年版《技规》第 230 条演变过程如图 10-24 所示。

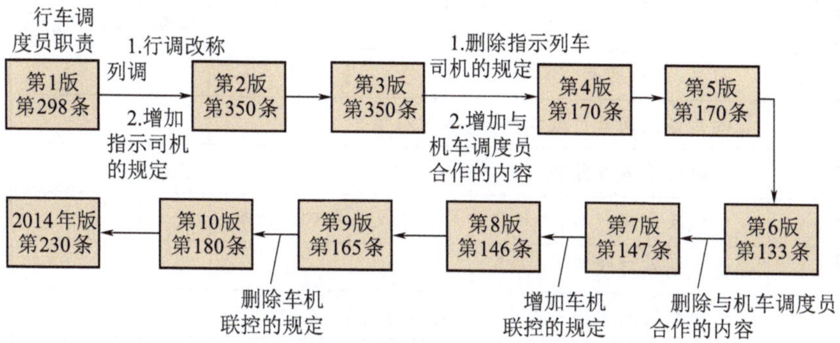

图 10-24　2014 年版《技规》第 230 条演变过程

列车调度员的职责从**第 1 版**开始，主要变化为岗位名称、指示司机的规定、与机车调度员相关内容、执行车机联控制度的规定等。具体如下：

在**第 1 版**中，规定调度指挥人为行车调度员；从**第 2 版**开始行车调度员改称列车调度员；在**第 2、3 版**中增加了列车调度员指示司机的规定，**第 4 版**又将其删除，并增加与机车调度员合作防止司机超时工作的要求；到**第 6 版**又删除了与机车调度员相关的内容；**第 8 版**增加了执行车机联控制度的规定，但由于本条主要是针对列车调度员的内容，因此**第 10 版**修订时将其移至第十四章“列车运行”中进行规定(第 268 条)。

三、行车调度命令

(一)2014 年版条文内容及说明

【2014 年版】第 231 条 指挥列车运行的命令(运行揭示调度命令除外)和口头指示,只能由列车调度员发布。列车调度员在发布命令之前,应详细了解现场情况,并听取有关人员意见。

遇第 13 表所列情况,须发布调度命令。

第 13 表 行车调度命令项目表

顺序	命令项目	受令者	
		司机	车站值班员
1	封锁、开通区间		○
2	向封锁区间开行救援列车、路用列车	○	○
3	临时变更或恢复原行车闭塞法	○	○
4	双线反方向行车、由双线改为单线或恢复双线行车	○	○
5	变更列车径路	○	○
6	发出在区间内停车或由区间返回的列车	○	○
7	开往区间内岔线的列车	○	○
8	发出临时由区间内返回后部补机的列车	○	○
9	列车需临时降弓运行	○	○
10	因行车设备故障、灾害或施工,以及列车中挂有限速的机车车辆等,需要使列车临时限速运行(纳入运行揭示调度命令或本务机车、动车组自身设备原因限速时除外)	○	○
11	动车组列车空调失效需打开部分车门限速运行	○	○
12	车站使用故障按钮、总辅助按钮		○
13	超长列车或列车挂有装载超限货物的车辆	○	○

续上表

顺序	命令项目	受令者	
		司机	车站值班员
14	单机附挂车辆	○	○
15	半自动闭塞区间，超长列车头部越过出站信号机(未压上出站方面的轨道电路)发车	○	○
16	在非到发线上接发列车	○	○
17	调度日(班)计划以外，临时加开或停运列车(单机除外)	○	○
18	双线区间在区间内进行跨线装卸作业时，对开入其邻线的列车	○	○
19	双线区间在区间内有除雪机、起重机工作时，对开入其邻线的列车	○	○
20	双线区间在区间内发生冲突、脱轨、火灾、爆炸事故，对开入其邻线的列车	○	○
21	列尾装置故障(丢失)的货物列车继续运行	○	○
22	改按天气恶劣难以辨认信号的办法行车或恢复正常行车	○	○
23	动车组列车转入或退出隔离模式(被救援时除外)	○	○
24	动车组列车在列控车载设备控车和列车运行监控装置控车之间人工转换	○	○
25	临时利用本务机车调车作业	○	○
26	利用天窗施工、维修作业		○
27	施工、维修作业较指定时间延迟结束		○
28	运行揭示调度命令与实际限速、行车方式或设备不符时	○	○
29	正线、到发线接触网停电或送电(接触网倒闸、跳闸后试送电、向中性区送电或弓网故障排查除外)		○

续上表

顺序	命令项目	受令者	
		司机	车站值班员
30	正线、到发线接触网停电后准许登顶作业	○	○
31	双管供风旅客列车运行途中改为单管供风	○	○
32	列车调度员认为有必要记录的上述以外的命令	有关人员	

注：1. 划○者为受令人员。
2. 天窗维修作业在指定的时间内完成并销记后，列车调度员不再发布维修作业结束恢复行车的调度命令。
3. 动车组列车改按列车运行监控装置方式运行需将列控车载设备隔离时，列车调度员仅发布改按列车运行监控装置方式行车的调度命令。
4. 因调车作业动车组控车模式转换，不发布调度命令。自动站间闭塞法行车转为半自动闭塞法行车及转回的调度命令，可不发给司机。

上述调度命令如涉及其他单位和人员时，应同时发给。

列车调度员向司机发布调度命令时，应在列车进入关系区间（车站）前向司机发布或指定车站向司机交付，如来不及时应使列车停车进行发布或交付。

对于需向司机发布的调度命令，列车调度员可使用调度命令无线传送系统或按规定使用语音记录装置良好的列车无线调度通信设备向司机发布。由车站交付的调度命令，车站值班员可使用调度命令无线传送系统或按规定使用语音记录装置良好的列车无线调度通信设备向司机转达。

对跨局的列车，接车铁路局列车调度员可委托发车铁路局列车调度员发布调度命令。更换机车或变更限速条件时，应由有关铁路局列车调度员重新发给相关调度命令。途中乘务人员换班时，应将调度命令内容交接清楚。

使用计算机、传真机、调度命令无线传送系统发布调度命令时，命令接受人员确认无误后应及时反馈回执。使用电话发收调度命令时，应填记《调度命令登记簿》(附件 7)，指定受令人员中一人复诵，并记明发收人员姓名及时刻。

本条规定了应发布调度命令的项目及调度命令发布方式。根据调度集中统一指挥的原则，一个调度区段内由本区段列车调度员统一指挥，指挥列车运行的命令或口头指示，只能由列车调度员发布(运行揭示调度命令为调度所施工调度发布)。为确保列车运行安全、正点，确保按计划完成施工任务，积极妥善地处理各种突发事件，列车调度员在发布命令或口头指示前应通过现场有关人员充分了解列车的运行情况、现场设备状况、施工计划及突发事件影响的范围，并听取现场及其他有关人员的意见。

(二)溯源情况

【第 4 版】第 317 条　列车调度员，为组织行车向有关行车人员发布的指示，可采取口头和登记两种命令形式。

下列命令，应登记于调度命令登记簿(附件十)内然后发布：

1. 封锁或开通区间；

2. 由复线行车改为单线行车或恢复复线行车；

……

15. 列车调度员认为有登记必要的其他组织行车的命令。

以上各项命令，应发给有关车站、司机、车长及其他有关单位。此外，当在区间内一线上，进行跨过另一线的货物装卸时；有铺碴机、除雪机、铺轨机及起重机工作时；发生重大、大事故时，对开入其邻线的列车的司机、车长亦须发给调度命令。并事先登记。

有关调度命令的规定最早出现于第 4 版《技规》第 317 条，规定了调度命令由列车调度员发布，可采取口头和登记两种形式；调度命令的受令者，包括有关车站、司机、车长及其他有关单位；应发布调度命令的 15 种情况。

(三)演变过程

2014 年版《技规》第 231 条演变过程如图 10-25 所示。

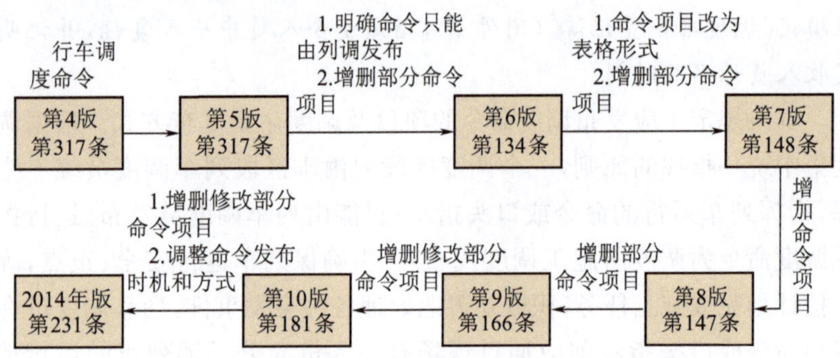

图 10-25　2014 年版《技规》第 231 条演变过程

第 6 版第 134 条主要有以下变化：

1. 进一步明确了指挥列车运行的命令和口头指示只能由列车调度员发布。

2. 删除了按隔时续行办法行车、区段内的规定上水办法有变更、在不准许双机牵引列车通过的桥梁前需要摘下一台机车、编入列车中的机车车辆不能按照该区段规定的速度运行等需要发布调度命令的情况。由于按隔时续行方法行车不易保持后行列车和前行列车的安全间隔，如果办理疏忽或司机操纵不当，很容易发生尾追事故，因此**第 6 版**第 195 条规定，“隔时续行办法原则上不使用，如必须使用时，由铁路局规定”，这一规定一直延续到 **2014 年版**《技规》。

3. 增加了旅客列车加挂货车或货物列车中挂有乘坐旅客的车辆、利用列车间隔施工、临时利用本务机车调车作业等需要发布调度命令的情况。

4. 文字描述也进行了较大的调整，使规定更明确，如“向非指定的线路上接车”修改为“在非到发线上接发列车”。

第 7 版第 148 条在**第 6 版**的基础上进行了较大的改动。

1. 将各种需要发布调度命令的情况以表格形式列出，并明确不同情况下的受令对象，使规定内容更为清晰明了。

2. 删除了向封锁区间开行单机时发布调度命令的情况。

3. 增加了变更列车经路、临时由区间内返回后部补机的列车、半自动闭塞段超长列车头部越过出站信号机(未越过出站方面的轨道电路)发车、混合列车中编入装载恶臭货物的车辆及货物列车违反列车编组计划、较规定时间提前或延迟施工等需要发布调度命令的情况。

4. 增加了向跨局列车发布调度命令、途中乘务人员换班时的调度命令交接、乘务人员离段和未离段时转达或交付调度命令,以及使用列车无线调度电话发布调度命令的相关规定。

第 8 版第 147 条增加了半自动闭塞区段使用故障按钮时须发布调度命令的情况,原因是为严肃半自动闭塞区段故障按钮的使用,防止车站值班员随意使用故障按钮办理闭塞机复原,杜绝区间占用情况下被人为违章办理闭塞机故障复原造成列车冲突事故。

第 9 版第 166 条删除了守车后部挂有车辆时需要发布调度命令的情况;增加了自动闭塞区间使用总辅助按钮、电气化区段正线和到发线接触网停电或送电时需要发布调度命令的情况。

第 10 版第 181 条的变化如下:

1. 删除了货物列车中挂有乘坐旅客的车辆、混合列车中编入装载恶臭货物的车辆时需要发布调度命令的情况。

2. “利用列车间隔施工”时需发布调度命令改为“利用天窗施工、维修”时,原因是 2004 年及以前,除线路、信号设备大修等影响行车需封锁进行的施工外,有关工务、电务设备维修工作,作业单位在车站登记,由列车调度员发令同意后利用列车间隔时间进行;自 2005 年开始,全路实行天窗修制度,有关线路、信号设备的维修工作均纳入天窗,不再利用列车间隔时间进行。

3. 增加了封锁施工后,以及列车中挂有限速的机车、车辆等,需要使列车临时减速运行、一停再开或特别注意运行时需要发布调度命令的情况。

4. 增加了使用列车无线调度通信设备向司机、运转车长发布、转达调度命令或口头指示的规定。

2014年版第231条的主要变化如下：

1. 删除了旅客列车加挂货车、货物列车违反列车编组计划、利用施工特定行车办法行车、较规定时间提前施工时需要发布调度命令的情况；删除了运转车长作为受令者的规定。

2. 增加了列车需临时降弓运行、列尾装置故障（丢失）的货物列车继续运行、改按天气恶劣难以辨认信号的办法行车或恢复正常行车、运行揭示调度命令与实际限速/行车方式/设备不符、正线和到发线接触网停电后准许登顶作业、双管供风旅客列车运行途中改为单管供风等需要发布调度命令的情况。

3. 由于动车组列车的大量开行，增加了与动车组相关的需要发布调度命令的情况，包括动车组列车空调失效需打开部分车门限速运行、动车组列车转入或退出隔离模式（被救援时除外）、动车组列车在列控车载设备控车和列车运行监控装置控车之间人工转换等。

4. 部分需要发布调度命令的情况做了优化和修改，如列车临时限速运行时增加了纳入运行揭示调度命令或本务机车、动车组自身设备原因限速时除外，正线、到发线接触网停电或送电时增加接触网倒闸、跳闸后试送电、向中性区送电或弓网故障排查除外的规定；“半自动闭塞区间使用故障按钮、自动闭塞区间使用总辅助按钮”改为更简洁的“车站使用故障按钮、总辅助按钮”，“特别重大、重大、大事故”改为“冲突、脱轨、火灾、爆炸事故”。

5. 对发布调度命令的时机和方式等也进行了部分调整。

四、运行揭示调度命令

2014年版条文内容及说明

【2014年版】第232条 有计划的施工，涉及限速、行车方式发生变化或设备变化时应发布运行揭示调度命令，司机按运行揭示调度命令执行。因施工提前、延迟或其他原因造成运行揭示调度命令与实际限速、行车方式或设备不符时，列车调度员应取消前发运行揭示调度命令，向有关

车站值班员、司机、施工负责人重新发布全部内容的调度命令。

本条为 2014 年版《技规》的新增条款，规定了需发布或重新发布运行揭示调度命令的情况。

为使车站、列车司机提前掌握行车条件，施工调度应依据施工日计划和主管业务处提报的申请，对涉及限速、行车方式变化和设备变化的有计划的施工编制运行揭示调度命令，运行揭示调度命令内容应包括“时间、地点、因由、速度、行车方式变化、设备变化”六要素。

运行揭示调度命令是提前发布的，并将限速数据等行车要求写入 IC 卡，因施工提前、延迟等特殊原因导致实际情况与运行揭示调度命令不符时，列车调度员必须将运行速度限制等行车要求以调度命令方式告知车站、列车司机等相关人员。运行揭示调度命令如图 10-26 所示。

运行揭示调度命令

<table>
<tr><td>命令号</td><td>×××</td><td>(×局)施工台</td><td>施工调度二台</td><td>调度员</td><td>××</td><td>联系电话</td><td>××</td></tr>
<tr><td colspan="4">起止时间</td><td colspan="2">出示日期</td><td colspan="2">撤除日期</td></tr>
<tr><td colspan="4">____年__月__日至____年__月__日</td><td colspan="2">____年__月__日</td><td colspan="2">____年__月__日</td></tr>
<tr><td>命令内容</td><td colspan="7">根据施工日计划××号，×年×月×日×时×分至×年×月×日×时×分，××线××站至××站间××线××km××m至××km××m处因邻线施工，限速45km/h，执行“机工联控”。(GSM-R号码：××)</td></tr>
</table>

单位：××　　签收人：××　　复核人：××　　撤除人：

共1页

图 10-26　运行揭示调度命令

五、列车的分类和运行等级顺序

(一)2014 年版条文内容及说明(第一次修订)

【2014 年版】第 233 条 列车按运输性质的分类和运行等级顺序如下:

1. 按运输性质分类

(1)旅客列车(动车组列车,特快、快速、普通旅客列车等);

(2)特快货物班列;

(3)军用列车;

(4)货物列车(快速货物班列、快运、重载、直达、直通、冷藏、自备车、区段、摘挂、超限及小运转列车等);

(5)路用列车。

2. 列车运行等级顺序

列车运行等级顺序原则上按速度等级从高到低排序,同速度等级的列车原则上按以下等级顺序:

(1)动车组列车;

(2)特快旅客列车;

(3)特快货物班列;

(4)快速旅客列车;

(5)普通旅客列车;

(6)军用列车;

(7)货物列车;

(8)路用列车。

开往事故现场救援、抢修、抢救的列车,应优先办理。

特殊指定的列车或列车种类,其等级应在指定时确定。

本条是有关列车按运输性质的分类和运行等级顺序的规定。

(二)溯源情况

【第 1 版】第 288 条 列车依输送性质及用途分为:

1. 旅客列车。
2. 混合列车。
3. 军用列车。
4. 货物列车。
5. 其他列车。

第 297 条　列车依其等级分为：

甲、一般列车——其等级顺序为：

1. 直通旅客快车。
2. 旅客快车。
3. 直通旅客列车。
4. 旅客列车。
5. 军用列车。
6. 混合列车。
7. 人员输送列车(编成车辆中乘坐人员辆数超过 50%)。
8. 货物快车。
9. 直通货物列车。
10. 单机。
11. 其他货物列车。
12. 路用列车。
13. 试运转列车。

乙、特种列车——凡救援列车、紧急路用列车及其他特定列车之等级，应视当时之情况及其需要之程度，由调度主任或值班副主任秉承管理局长、车务处长或运转课长之指示临时指定之。

第 1 版《技规》第 288 条规定了列车分类，第 297 条则规定了列车的等级顺序。

(三)演变过程

2014 年版《技规》第 233 条演变过程如图 10-27 所示。

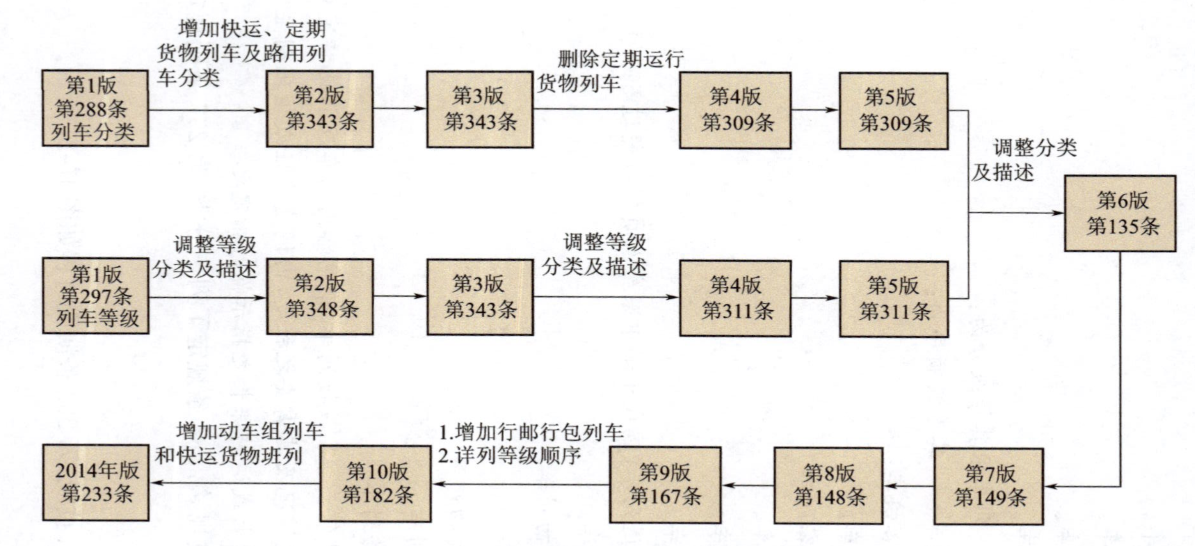

图 10-27 2014 年版《技规》第 233 条演变过程

第 6 版开始将列车分类与等级顺序在一条中合并描述；**第 10 版**开始将列车分类与运行等级顺序分别表述。历版规定的演变具有以下特点：

1. 基本列车种类略有变化。除**第 1 版**之外，其他各版规定的基本列车种类包括旅客列车、货物列车、混合列车、军用列车和路用列车；**第 1 版**把路用列车列入其他列车类别中。

2. 旅客列车和货物列车的细分种类趋于丰富。在**第 1 版**的条款中，旅客列车和货物列车未作细分；从**第 2 版**开始，货物列车种类增多；旅客列车种类的丰富则是从**第 6 版**开始；可以看出，新中国成立初期货物运输在铁路运输中占据着优势地位。

1997 年 4 月 1 日，首次开行了快速列车和夕发朝至列车，京广、京沪、京哈三大干线最高时速达 140 km；2000 年 10 月 21 日，旅客列车等级从原来的 7 个调整为 3 个（即特快、快速、普通旅客列车）；2007 年 4 月 18 日，CRH 动车组大规模上线运行，列车运行时速达 200 km，其中部分区段时速达到 250 km。旅客列车速度的提升使得铁路的优势在客运市场竞争中越来越凸显。

从历版演变中可以看出，货物列车的种类也在不断地调整，行包列车、“五定”班列、行邮列车等服务于货物运输的列车速度也在不断提升，通过差异化的运输产品适应货物运输市场的竞争和货主的需求。

3. 等级顺序总体略有变化。**第 1 版**中混合列车等级优先于军用列车，**第 2 版**则将军用列车、混合列车及其他运输人员列车列入同一等级，**第 6 版**又重新将混合列车排于军用列车前，**第 10 版**则取消混合列车。

六、列车运行方向

（一）2014 年版条文内容及说明

【2014 年版】第 234 条　在双线区间，列车应按左侧单方向运行。

仅限于整理列车运行时，方可使列车反方向运行，但旅客列车仅在正方向区间的线路封锁施工、发生自然灾害或因事故中断行车等特殊情况下，经铁路局调度所值班主任准许，方可反方向运行。

本条规定了双线区间的运行方向及反方向运行的条件。

我国铁路规定在双线区间按左侧单方向行车，这个运行方向称为正方向，相应的闭塞设备、列车信号机等行车设备也是按此设置的，在行车安全上有着可靠的保证；同时根据我国铁路成对行车的特点，列车在各自的线路上运行时，互不干扰，能够保证最大的通过能力，发挥最大的效益。

双线区间列车反方向运行时，需改变线路原正常运行方向，对运输安全、效率都有不利影响。所以规定只限于整理列车运行时才准采用。

为了保证旅客列车运行安全，对旅客列车反方向运行应严加限制，不允许将旅客列车反方向运行作为一般整理列车运行的措施。因此规定旅客列车仅在正方向区间的线路封锁施工、发生自然灾害或因事故中断行车等特殊情况下，经铁路局集团公司调度所值班主任准许，方可反方向运行。

(二)溯源情况

【第4版】第314条 列车在复线区段，原则上应按左侧单方向运行。除设有双方向运行设备者外，仅限于为整理列车运行时，按列车调度员的命令，方可使列车反方向运行。

使旅客列车反方向运行时，仅在特殊情况下，每次得到车务处调度科长的准许，方可办理。

列车调度员仅能在确认该线路空闲后，方可向两端站发布准许列车反方向运行的命令，命令中应指明行车闭塞方法。

复线区段，因特殊情况，改按单线行车或恢复复线行车时，须得到列车调度员的命令，方可办理。

有关列车运行方向的规定最早出现于第4版《技规》第314条。

(三)演变过程

2014 年版《技规》第 234 条演变过程如图 10-28 所示。

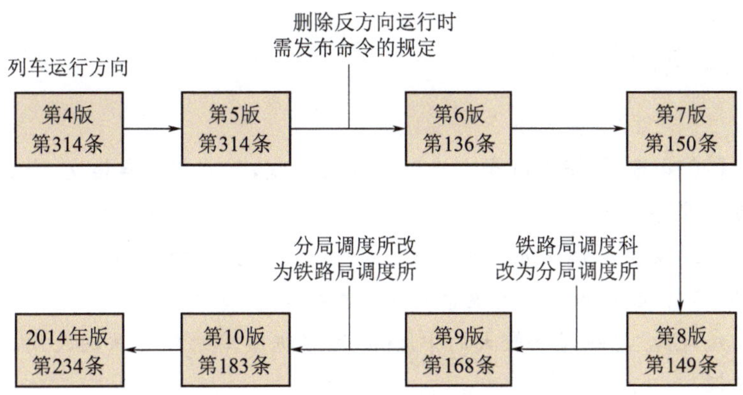

图 10-28　2014 年版《技规》第 234 条演变过程

第 4 版之后各版本规定的事项和要求基本一致，仅文字表述略有差异。

第三节　车站技术管理

一、概述

车站是铁路线路上设有配线的，办理列车通过、到发、列车技术作业及客货运业务等作业的分界点，并根据运输生产需要，设置有办理行车、客运、货运、检修等铁路运输生产工作的技术设备。如正线、站线等配线，信号联锁闭塞设备，站房、货场仓库、进出站道路等客货运设备，站修线、给水、清灰坑等检修设备，技术站还衔接各种专门为运输服务的段管线，如机务、车辆、工务段线路。车站是铁路办理旅客乘降、售票，货物和行包承运、保管、装卸、交付，列车接发、会让和越行，列车解体、集结和编组，机车换挂和整备，机车和列车乘务组更换，车辆检修，货物检查等行车、客货运输生产的主要场所与单位。

二、车站分类

(一)2014年版条文内容及说明

【2014年版】第235条　车站应设有配线，并办理列车接发、会让和客货运业务。

车站按技术作业分为编组站、区段站、中间站，按业务性质分为营业站、非营业站，营业站分为客运站、货运站、客货运站。

编组站、区段站和较大的中间站，可根据线路的配置状况及用途划分车场。

本条规定了按技术作业和业务性质划分的车站分类。

(二)溯源情况

【第1版】第243条　营业站为设有供列车会车、越行及进行经常客货运等业务之配线之分界点，如配线设备比较完备时，亦可进行编车。

第244条　营业站依工作性质分为：(1)旅客站；(2)货物站；(3)客货运站。

又依其技术特征分为：(1)编组站；(2)区段站；(3)中间站。

第254条　站线依其工作性质，可合成为单独之各组，称为运转场。

第1版《技规》第243条描述了营业站的定义，第244条按工作性质和技术特征分别进行分类，第254条则将运转场定义为单独分组形成的站线组合。

(三)演变过程

2014年版《技规》第235条演变过程如图10-29所示。

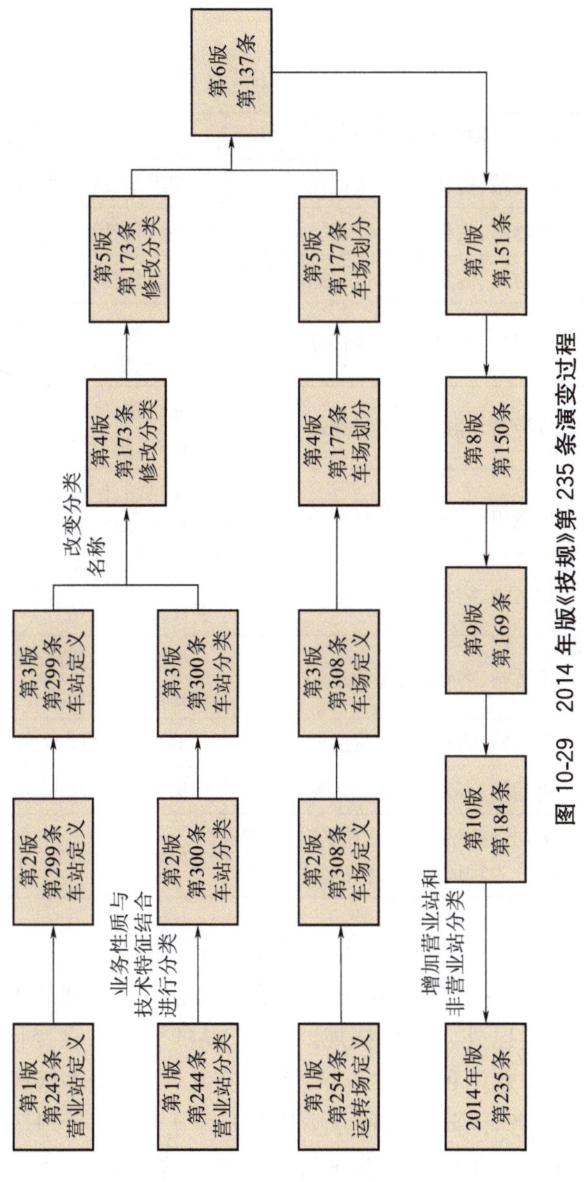

图 10-29 2014 年版《技规》第 235 条演变过程

关于车站的分类从**第 1 版**《技规》开始即有规定，各版具体分类见表 10-1。

表 10-1 各版《技规》车站分类

版 本	按业务性质分类	按技术作业分类
第 1 版	旅客站、货物站、客货运站	编组站、区段站、中间站
第 2 版	货物站、编组站和区段站、旅客站、中间站（包括会让站及越行站）	
第 3 版	货物站、编组站和区段站、旅客站、中间站（包括会让站及越行站）	
第 4 版	货运站、客运站、客货运站	编组站、区段站、中间站（包括会让站、越行站）
第 5 版	货运站、客运站、客货运站	编组站、区段站、中间站（包括会让站、越行站）
第 6 版	货运站、客运站、客货运站	编组站、区段站、中间站（包括会让站、越行站）
第 7 版	货运站、客运站、客货运站	编组站、区段站、中间站（包括会让站、越行站）
第 8 版	货运站、客运站、客货运站	编组站、区段站、中间站（包括会让站、越行站）
第 9 版	货运站、客运站、客货运站	编组站、区段站、中间站
第 10 版	货运站、客运站、客货运站	编组站、区段站、中间站
2014 年版	增加营业站、非营业站的分类，营业站分为货运站、客运站、客货运站	编组站、区段站、中间站

第 1 版《技规》将会让站和越行站作为非营业站。

从表 10-1 中可以看出，除**第 2、3 版**未按业务性质和技术作业分别对车站进行分类以外，各版《技规》对于车站的分类略有变化。按业务性质和按技术作业两种分类方法之间有交叉，例如很多区段站同时也办理客、货运业务，因此按两种方法分别进行分类更为合理。

第 2 版第 300 条将业务性质与技术特征结合起来，将车站分为货物站、编组站和区段站、旅客站、中间站四类。

第 4 版第 173 条将车站定义和分类合并为一条，并将**第 1 版**中按业务性质划分的旅客站、货物站改为目前使用的客运站、货运站。

2014 年版《技规》第 235 条增加了营业站和非营业站的分类。

三、编制《站细》* 的规定

(一)2014 年版条文内容及说明

【2014 年版】第 236 条 车站技术管理和作业组织应在《站细》中规定。

《站细》由车站站长会同有关单位，根据本规程和有关规定，结合具体情况进行编制和修订。

《站细》的主要内容应有车站技术设备的使用、管理，接发列车、调车以及与行车有关的运输工作的组织，列车的技术作业程序和时间标准，作业计划的编制、执行制度，车站信息系统的管理制度，车站通过、改编能力，并应附注有坡度的车站线路平面图、进站信号机外制动距离内平纵断面图、联锁图表及电气化区段接触网高度和分相分段绝缘器位置等技术资料。

机务、车辆、工务、电务、供电、通信、信息、房建等单位须及时向车站（车务段）提供有关的技术资料。

车站（车务段）应及时将《站细》或有关内容摘录分发给有关处所和单位。凡在车站参加作业的站、段、所等有关人员，均须熟悉和执行《站细》的有关规定。

本条规定了《站细》的编制原则、主要内容及使用要求。

(二)溯源情况

【第 1 版】第 300 条 车站技术设备之使用方法及其组织，以车站技术管理细则规定之。

本条从第 1 版《技规》第 300 条开始即有相关规定，并有配套的编制办法。

---

* 注：《车站行车工作细则》（简称《站细》），下同。

(三)演变过程

2014 年版《技规》第 236 条演变过程如图 10-30 所示。

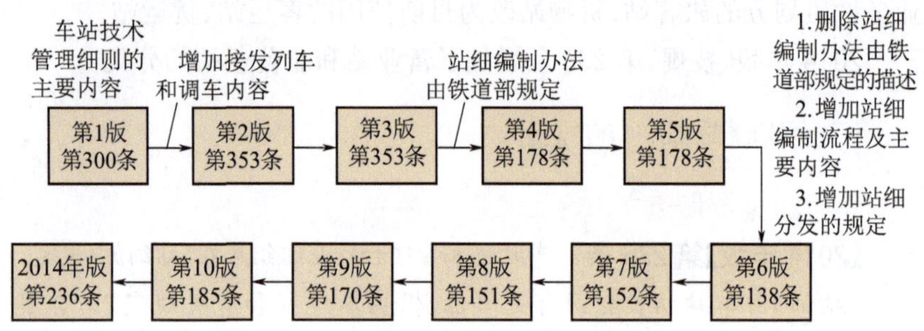

图 10-30　2014 年版《技规》第 236 条演变过程

各版《技规》的发展演变主要有以下特点：

1. 名称变化。《站细》在 1950 年 5 月 1 日开始施行的**第 1 版**《技规》中称为车站技术管理细则，主要包括各种设备的使用方法及接发列车与调车工作的规定；1950 年 9 月 14 日发布了《车站技术管理细则编订办法》，共有总则和编订办法两章 42 节，详细规定了需要在车站技术管理细则中明确的主要内容。**第 4 版**开始其名称改为车站行车组织细则，至**第 6 版**开始则明确为车站行车工作细则(以下简称站细)，此后一直沿用。

2. 具体规定上的变化可分为两个阶段，一是**第 1 版**至**第 5 版**只要求车站制定《站细》，但内容要求不在《技规》中体现；二是**第 6 版**至 **2014 年版**增加了《站细》主要内容，以及向相关处所和单位分发《站细》或摘录的规定。车站是多部门、多工种联合作业的场所，而《站细》又是在站作业人员必须共同遵守的作业准则，因此《站细》中的相关资料需由有关单位提供，同时应由车站会同有关单位进行编制和修改。

四、车站道岔管理的规定

(一)2014 年版条文内容及说明

【2014 年版】第 237 条　站内线路的道岔及车站与其他单位所管线

路相衔接的道岔(包括防护道岔),由车站负责管理。

人工扳动的道岔或道岔组,应由值班扳道员一人负责管理。个别道岔无专人负责的,由指定的人员兼管。根据需要,可将数个道岔组组成道岔区,设扳道长领导道岔区的工作。

车站集中操纵的道岔,应由车站值班员负责,未设车站值班员的由信号长(员)负责。驼峰集中操纵的道岔,应由驼峰值班员负责。

道岔组、道岔区的范围划分,人工扳动道岔的清扫分工,道岔加锁的钥匙、电动转辙机手摇把管理办法,均应在《站细》内规定。电动转辙机手摇把,要实行统一编号、集中管理,建立登记签认制度。集中操纵道岔的清扫分工由铁路局规定。

本条是有关车站道岔管理的规定。

(二)溯源情况

【第1版】第262条　道岔组在任何时间应仅有一人即值班扳道员管理之,该员对其所管理道岔之行车安全直接负责。道岔组应备有必需之信号用器具及其他为正常管理道岔所必需之物品、工具、材料等。

第263条　加锁道岔之钥匙,应由值班站长保管之,如设有主任扳道员之车站或由主任扳道员保管之。

下列重要道岔之钥匙,须由值班站长保管之:

1. 引向停有装危险品车辆或救援列车线路之道岔。
2. 未配属于道岔组之站内或区间内正线上引向岔线之道岔。
3. 两正线之穿心道岔。
4. 避难线及安全线之道岔。

与2014年版《技规》第237条相关的内容在第1版中分别由第262、263条规定,其中第262条规定道岔由扳道员一人负责管理,第263条则规定了不同情况下加锁道岔钥匙的保管人。

(三)演变过程

2014年版《技规》第237条演变过程如图10-31所示。

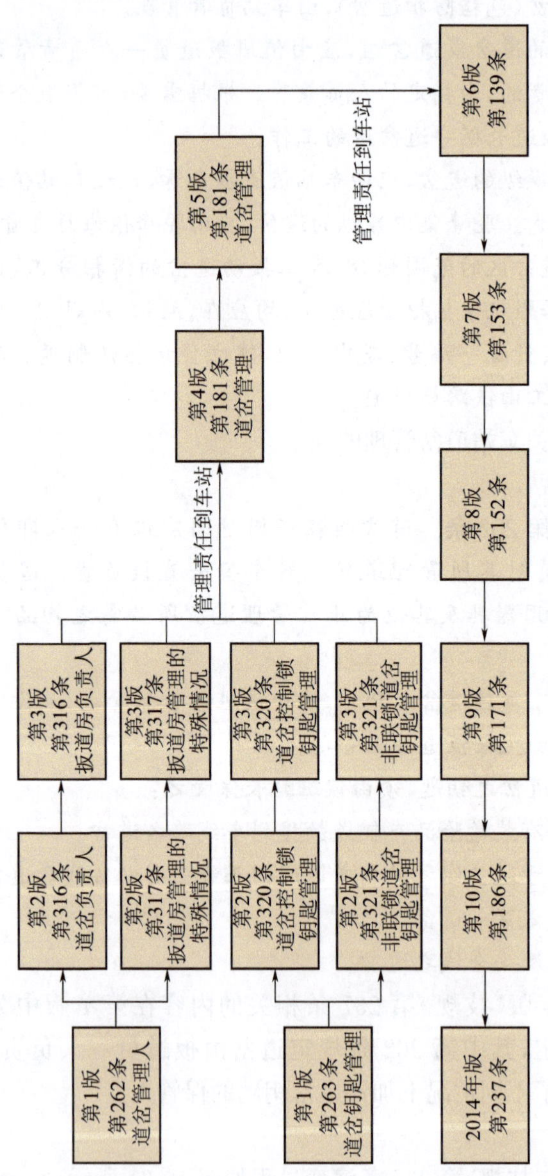

图 10-31 2014 年版《技规》第 2 条演变过程

第 2 版将**第 1 版**中的第 262、263 条扩充为 4 条，其中第 316 条规定了扳道房、信号楼、机械化驼峰调车场等不同情况下负责管理道岔的人员；第 317 条规定了允许一人管理两个扳道房及车站值班员管理的情况；第 320 条规定了加入及未加入站内闭塞的道岔钥匙保管人；第 321 条规定了钥匙由车站值班员保管的几种未装有联锁的重要道岔。

第 4 版将有关道岔管理的内容整合进第 181 条，但职责仅明确到车站或其他单位。

第 6 版第 139 条重新纳入**第 1 版**中明确的道岔或道岔组由扳道员一人负责管理的规定，同时增加电气集中的信号楼由车站值班员管理，并明确有关道岔管理的分工应在《站细》内规定。此后各版基本延续本版的规定，文字表述略有变化。

第 7 版“第 153 条　……电动转辙机手摇把的保管办法，均应在《站细》内规定”，将电动转辙机手摇把的管理纳入《技规》，并规定车站制定保管办法。

第 9 版第 171 条增加“……电动转辙机手摇把，要实行统一编号，集中管理，建立登记签认制度。”原因是 1997 年开始，铁道部为加强电动转辙机手摇把管理，防止随意使用，发布文件规定电动转辙机手摇把的使用应经调度命令同意。后经过数年现场实践，确定了电动转辙机手摇把管理及登记签认使用的原则，并在铁道部层面强化了电动转辙机手摇把的管理，防止现场随意使用手摇把转换电动道岔。

2014 年版改为“要实行统一编号、集中管理，建立登记签认制度。集中操纵道岔的清扫分工由铁路局规定”，要求由铁路局规定集中操纵道岔的清扫分工。

五、道岔定位的规定

(一)2014 年版条文内容及说明

【2014 年版】第 238 条　道岔除使用、清扫、检查或修理时外，均须

保持定位。

道岔的定位规定如下：

1. 单线车站正线进站道岔，为由车站两端向不同线路开通的位置；

2. 双线车站正线进站道岔，为各该正线开通的位置；

3. 区间内正线道岔及站内正线上其他道岔（引向安全线、避难线的除外），为正线开通的位置；

4. 引向安全线、避难线的道岔，为安全线、避难线开通的位置；

5. 到发线上的中岔，为到发线开通的位置；

6. 其他由车站负责管理的道岔，由车站规定。

车站道岔的定位，应在《站细》内记明。

集中操纵的道岔及不办理接发列车的非集中操纵的道岔可不保持定位（到发线上的中岔和引向安全线、避难线的道岔除外）。

段管线道岔的定位，由各段自行规定。

本条是有关道岔定位的规定。

（二）溯源情况

【第1版】第258条 各道岔应保持定位（设有继电联锁装置者除外），定位系指：

1. 单线线路车站之正线入站道岔，向应进入正线开通之位置。

2. 双线线路正线上之道岔，向各该正线开通之位置。

3. 站内及区间内正线上引向岔线及其他站管线之道岔向正线开通之位置。

4. 引向避难线或安全线之道岔向避难线或安全线开通之位置。

5. 其他站管线道岔之定位由站长规定之。

道岔之定位应于车站技术管理细则内及其摘录内注明之。

道岔于下列情形时可变位：

1. 列车到达与出发时。

2. 进行调车工作时。

3. 机车车辆占线时。

4. 道岔进行清扫、检查及修理时。

本条从第 1 版《技规》开始即有相关规定，此后不断改进和完善。

(三)演变过程

2014 年版《技规》第 238 条演变过程如图 10-32 所示。

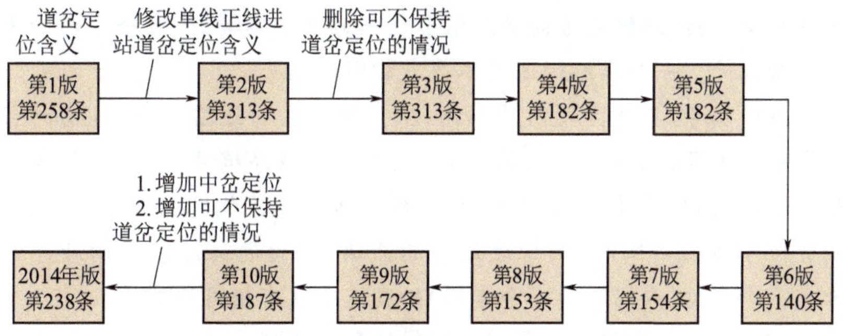

图 10-32　2014 年版《技规》第 2 条演变过程

2014 年版《技规》第 238 条主要变化为单线车站正线进站道岔的定位规定、可不保持道岔定位的情形、中岔定位的规定。具体如下：

在**第 1 版**中，单线车站正线进站道岔的定位规定为正线开通位置，按照此规定，在办理相对方向同时接车时，任何一端的列车一旦操纵不当冒进进站信号机，就可能导致列车正面冲突，因此在**第 2 版**中修改为“由车站两端向不同线路开通的位置”。

在**第 1、2 版**中规定了可不保持道岔定位的 4 种情形，但该 4 种情形为办理相应作业所必需，因此在**第 3 版**中删除了此内容。

2014 年版第 238 条一是补充了中岔定位的规定。到发线主要用于接发列车，为减少振动和确保接发列车安全，规定到发线上的中岔以到发线开通的位置为定位。二是除了集中操纵的道岔之外，补充了不办理接发列车的非集中操纵道岔可不保持定位的规定，可减轻作业人员的劳动强度，减少作业人员在站场内的走行，更有利于作业安全。

六、车站道岔及股道编号原则

(一)2014 年版条文内容及说明

【2014 年版】第 239 条 车站道岔及股道编号。

道岔编号,从列车到达方向起顺序编号,上行为双号,下行为单号;尽头线上,向线路终点方向顺序编号。车站划分车场时,每个车场的道岔单独编号。一个车站的道岔不得有相同的编号。

股道编号,单线区段内的车站,从靠近站舍的线路起,向远离站舍方向顺序编号;双线区段内的车站,从正线起顺序编号,上行一侧为双号,下行一侧为单号;尽头式车站,向终点方向由左侧开始顺序编号,如站舍位于线路一侧时,从靠近站舍的线路起,向远离站舍方向顺序编号。一个车站(分场时为一个车场)的股道不准有相同的编号。

本条规定了车站道岔及股道编号的基本原则。

(二)溯源情况

【第 1 版】第 255 条 每一站线应有固定之号码。

本条从第 1 版《技规》开始就有相关的规定。

(三)演变过程

2014 年版《技规》第 239 条演变过程如图 10-33 所示。

《技规》第 239 条的变化分为股道编号和道岔编号两部分,具体如下:

1. 股道编号。股道编号规定的变化可以分成 4 个阶段。第一个阶段即**第 1 版**,仅原则性规定站内所有线路均应编号,但具体编号方法未作说明;第二个阶段为**第 2、3 版**,增加了同一个车站或车场内的线路编号不得相同的规定,同时明确编号方法由当时的铁道部规定;第三个阶段为**第 4、5 版**,删除了编号原则,仅规定“按铁道部规定的编号方法编号”;第四个阶段为**第 6 版**至 **2014 年版**,具体规定了单线、双线和尽头式车站的股道编号方法。从这个变化过程中可以观察到,对于能够简明扼要地进行规范的内容,尽量避免另外行文规范。

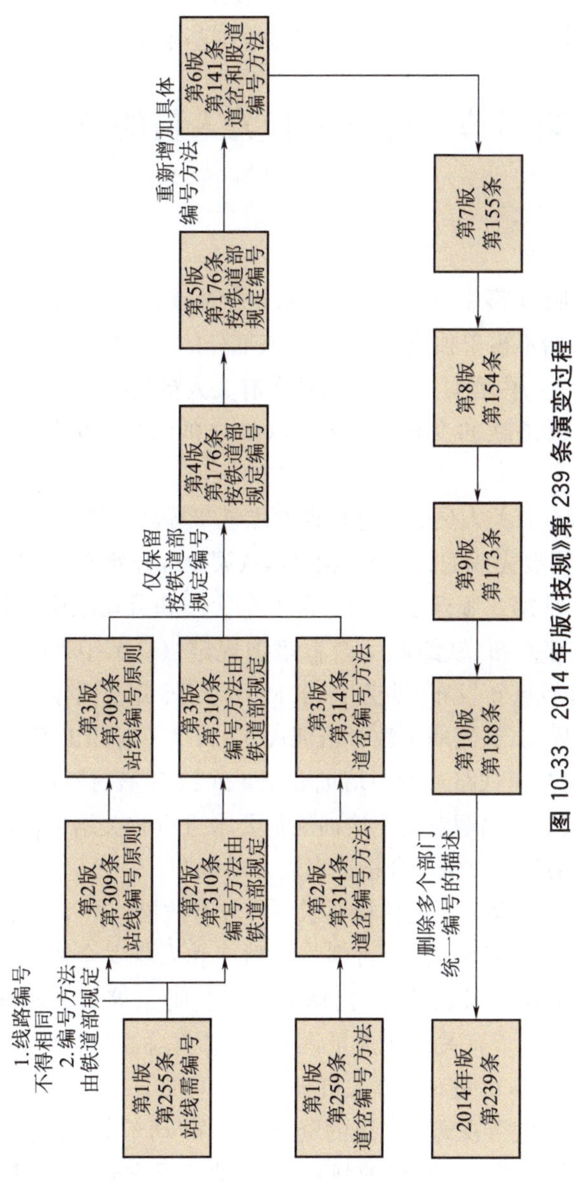

图 10-33　2014 年版《技规》第 239 条演变过程

2. 道岔编号。除了**第 4、5 版**要求“按铁道部规定的编号办法编号”之外，**第 6 版**开始其他版本的道岔编号原则基本没有变化。

第四节　对行车有关人员的要求

一、概述

从第 1 版到第 10 版，最后一编均为对铁路工作人员的要求；从 2014 年版开始不再单独成编，而是将该部分的主要内容纳入本节中，同时将标题改为与内容更适应的“对行车有关人员的要求”。

纵观各版条款的变化，既有一以贯之的规定，也有与时俱进的要求。

1. 对行车有关人员的教育培训要求逐步提高。第 1 版至第 5 版给出了就职前需要完成的具体考试项目，从第 4 版开始增加任职期间定期考核的要求，从第 6 版开始增加日常安全生产和劳动纪律教育的要求。2006 年铁道部发布《铁路职工教育培训规定》(铁劳卫〔2006〕240 号)，2012 年修订后重新发布(铁劳卫〔2012〕170 号)并于同年 8 月 10 日起施行。修订后的《铁路职工教育培训规定》新增了对职工安全教育的要求，提高了对高速铁路工种的培训要求。2014 年版《技规》据此进行了修改，明确按照铁路职业技能培训规范要求进行相关培训，并获得相应职业资格证书和岗位培训合格证书后方可任职。

2. 对行车有关人员的体检要求一直没有放松。行车工作事关铁路运输安全，不能有任何闪失，否则将对财产和人身安全造成严重威胁；其中有不少工作对人员的体力、精力、视觉、听觉等具有较高的要求。通过体检确保行车有关工作人员满足相应岗位的要求，既是对铁路运输安全工作负责，也是对工作人员自身安全负责。

3. 始终高度重视驾驶人员的资质。机车、动车组、自轮运转特种设备的驾驶人员既需要有高度的判断力、敏捷的反应能力，也需要有丰富的实践经验，方能在列车运行过程中临危不乱，妥善处理各种突发状况，保障行车安全。2005 年铁道部发布《铁路机车和自轮运转车辆驾驶员资格许可办法》，交通部分别于 2013 年、2019 年进行修订并重新发布《铁路机车车辆驾驶人员资格许可办法》，增加了铁路机车车辆驾驶人员资格许可准入退出、工作职责、考试组织、信用管理、监督检查及处罚等规定，并补充了提高铁路机车车辆驾驶资格许可工作效能的有关要求，进一步规范了铁路机车车辆驾驶人员资格许可工作，强化了对铁路企业和驾驶人员的安全管理要求。

二、对行车有关人员任职的要求

(一)2014 年版条文内容及说明

【2014 年版】第 240 条 行车有关人员，在任职、提职、改职前，必须按照铁路职业技能培训规范要求，进行拟任岗位资格性培训，并经职业技能鉴定和考试考核，取得相应职业资格证书和岗位培训合格证书后，方可任职。

在任职期间，须按照铁路职业技能培训规范等规定，定期参加岗位适应性培训和业务考试，考试不合格的，不得继续履职。

本条是对行车有关人员任职要求的规定，包含两个含义：一是行车有关人员任职、提职、改职前必须取得相应证书，二是任职期间要参加培训并考试合格。

(二)溯源情况

【第 1 版】第 449 条 凡与行车有关之工作人员，参加铁路工作时应经过考试，以测验其下列各方面之知识是否合格：

1. 本规程中与该工作人员有关之部分。
2. 信号处理规则。
3. 有关本身之职务细则。
4. 最低限度之技术知识。

与行车无关之工作人员，应熟知有关本身之职务细则及最低限度之信号知识。

第450条 录用时之考试，由管理局长所指定之委员会办理之。

第451条 每一铁路工作人员应定期经过关于学识方面的考试，并须受定期检查，考察其所负职务是否认真完成。

第452条 每一经过录用考试及定期考试之工作人员，应得考试委员会所发给载有考试成绩的合格证明书。

对行车有关人员任职的要求从第1版《技规》开始即有相关规定。

(三)演变过程

2014年版《技规》第240条演变过程如图10-34所示。

历版《技规》的差异主要体现在以下几点：

1. 任职资格的依据。**第1版至第3版**要求考试合格，并取得载有考试成绩的合格证书；**第4版至第9版**则未明确要求持有证书；**第10版**发布时，有关任职资格的要求更加规范化，当时的铁道部与劳动和社会保障部根据《中华人民共和国职业分类大典》所列铁道行业职业（工种）范围，结合铁路运输生产实际和劳动组织调整的需要，按照国家制定标准的编写要求，共同制定并颁布了车站值班员等77个铁道行业特有职业（工种）《国家职业标准》，铁路行车有关人员应按照相应《国家职业标准》和铁路职业技能培训要求参加培训和考试，并参加职业技能鉴定，取得相应等级的职业资格证书和相关岗位任职资格；**2014年版**进一步明确以岗位培训合格证作为岗位任职资格的认定依据，行车有关人员任职需要持有双证，即职业资格证书和岗位培训合格证，有关任职资格的要求更加规范化。

2. 考试主体和考试内容。除**第2、3版**要求所有铁路工作人员都要参加入职考试以外，其他各版均明确考试主体为行车有关人员；**第1版至第5版**规定了考试的知识范围，但由于技术设备、运输组织、运营经验等方面的变化和积累，规章制度也在不断调整和进步，因此**第6版至2014年版**仅对培训和考试要求做了原则性规定，不再规定具体知识范围。

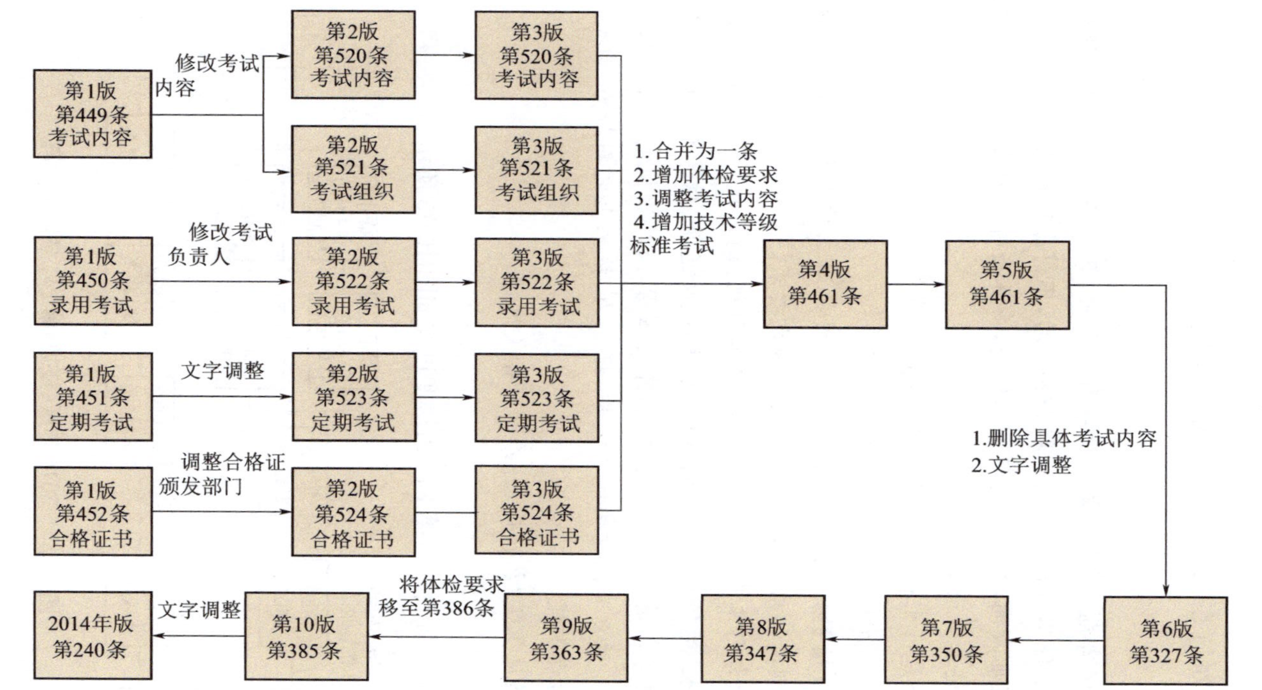

图 10-34　2014 年版《技规》第 240 条演变过程

三、对行车有关人员体检的要求

(一)2014 年版条文内容及说明

【2014 年版】第 241 条 行车有关人员,在任职前必须经过健康检查,身体条件不符合拟任岗位职务要求的,不得上岗作业。

在任职期间,要定期进行身体检查,身体条件不符合任职岗位要求的,应调整工作岗位。

本条是行车有关人员体检的要求。

(二)溯源情况

【第 1 版】第 453 条 每一被录用之铁路工作人员应经过体格检查,以鉴别其体格是否合于所担任职务之要求。

直接与行车有关之工作人员(机车司机、副司机、司炉、调度员、站长、副站长、运转员、车长、调车员、连结员、扳道员、信号员、机车引导员及轫钩员等),进行体格检查时,应特别注意其听觉、视觉及神经系统之健全,并应注意其注意力能否集中、记忆力、技术上之判断力、机智、正确性及行动敏捷。

本条从第 1 版《技规》开始即有相关规定。

(三)演变过程

2014 年版《技规》第 241 条演变过程如图 10-35 所示。

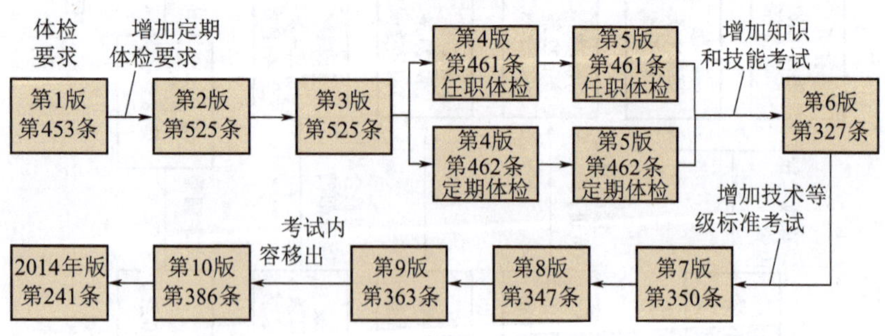

图 10-35 2014 年版《技规》第 241 条演变过程

历版《技规》主要变化如下：

1. 行车岗位和体检项目。**第 1 版**规定所有入职的铁路工作人员均应体检，特别列举了行车有关人员的岗位及其需要进行检查的项目。但在铁路运营过程中，岗位设置及名称均可能发生变化；体检项目也与运营经验的积累和医学发展有关，这些都不宜在《技规》做过于具体的规定。因此，从**第 2 版**开始不再列举行车岗位及体检项目。

2. 任职期间的体检。**第 1 版**仅规定了入职时需要进行体检，但行车属于重要岗位，对工作人员的健康要求更高，而人随着年龄等因素的变化，身体情况也可能发生变化，因此从**第 2 版**开始，增加了行车有关人员定期体检的规定。

3. 岗位变化时的体检。**第 1 版**至**第 5 版**仅规定了行车有关人员入职时需要体检，但不同岗位的要求可能存在差异，工作人员在岗位调整后是否适应，同样需要通过体检来确认。因此，从**第 6 版**开始，增加了改职、提职时也要体检的规定。

四、行车有关人员的日常教育

(一)2014 年版条文内容及说明

【2014 年版】第 242 条　对行车有关人员，应进行日常安全生产知识和劳动纪律的教育、考核，并有计划地组织好在职人员的日常政治和技术业务学习。

本条是有关行车人员日常安全生产知识和劳动纪律教育的要求。

2002 年 11 月 1 日起施行的《中华人民共和国安全生产法》(2021 年修正版为第 28 条)规定："生产经营单位应当对从业人员进行安全生产教育和培训，保证从业人员具备必要的安全生产知识，熟悉有关的安全生产规章制度和安全操作规程，掌握本岗位的安全操作技能，了解事故应急处理措施，知悉自身在安全生产方面的权利和义务。未经安全生产教育和培训合格的从业人员，不得上岗作业。”2005 年 4 月 1 日起施行的《铁路安全运输保护条例》第 43 条规定：“铁路运输企业应当加强对从业人员的安全教育和培训”；2014 年 1 月 1 日起施行、取代《铁路安全运输保护条例》的《铁路安全管理条例》第 5 条规定：“从事铁路建设、运输、设备制造维修的单位应当加强安全管理……加强对从业人员的安全教育培训”。

（二）溯源情况

【第 6 版】第 331 条 铁路各级领导对职工，特别是新职工，应加强安全生产知识和遵守劳动纪律的教育，并有计划地组织好在职人员的日常技术业务学习和脱产轮训工作。

凡未经技术业务训练和技术考核即任职使用，造成严重不良后果的，领导应负一定责任。

本条从第 6 版《技规》第 331 条开始出现相关的规定。

（三）演变过程

2014 年版《技规》第 242 条演变过程如图 10-36 所示。

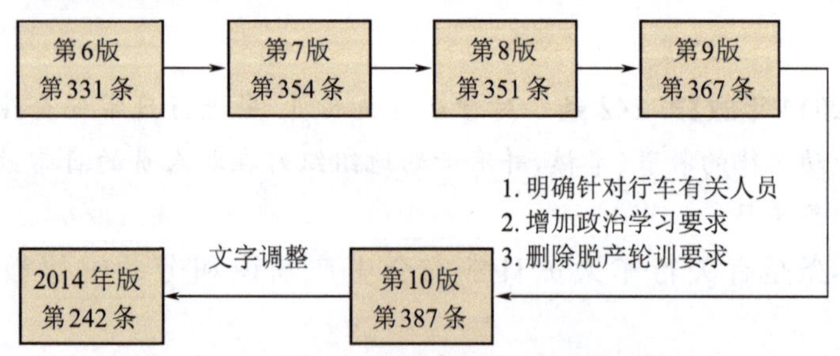

图 10-36 2014 年版《技规》第 242 条演变过程

从**第 10 版**第 387 条开始，明确本条款的规范对象为行车有关人员；除业务学习之外，增加了政治学习的要求。

第 6 版至第 9 版中规定了未经培训考核即任职作业、造成严重后果的，追究领导责任，**第 10 版**开始则删除了该规定。

五、驾驶人员的任职要求

（一）2014 年版条文内容及说明（第一次修订）

【2014 年版】第 243 条 驾驶机车、动车组、自轮运转特种设备（铁路救援起重机除外）的人员，必须持有国家铁路局颁发的驾驶证。变更驾驶机（车）型前，必须经过相应的技术培训并考试合格。

实习和学习驾驶机车、动车组、自轮运转特种设备和操纵信号或重要机械、设备及办理行车作业的人员，必须在正式值乘、值班人员的亲自指导和负责下，方准操作。

本条是有关机车、动车组、自轮运转特种设备驾驶人员任职要求及实习司机操作的规定。

（二）溯源情况

【第 1 版】第 454 条 不足十八岁之人员，不得委任下列与行车直接有关之职务：机车司机、副司机、司炉、调度员、站长、副站长、运转员、车长、调车员、连结员、溜放装置之制动员、扳道员、信号员、养路及桥梁领工员、养路工长、巡道员、道口看守员、桥梁看守员、通信信号工、工长及领工员、列车检车乘务员及检车员等。

禁止录用未持有司机证之司机。司机证仅可发给以副司机之资格已走行五万公里以上，或以实习司机资格走行一万公里以上，并经考试合格者。

本条从第 1 版《技规》开始即有相关规定。

（三）演变过程

2014 年版《技规》第 243 条演变过程如图 10-37 所示。

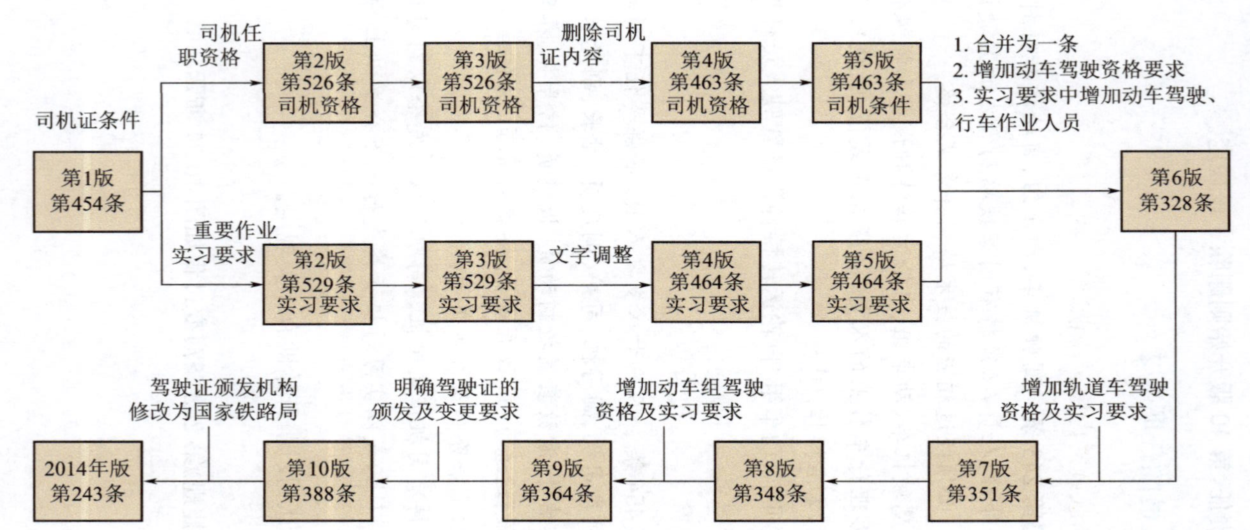

图 10-37　2014 年版《技规》第 243 条演变过程

历版《技规》对司机资格证明的规定见表 10-2。

表 10-2　历版《技规》对司机资格证明的规定

《技规》版本	资格证明	颁证机构	实习司机的规定
第 1 版	司机证	—	—
第 2 版	机车司机证,考试合格	—	在直接服务于此项设备人员的监督与负责下
第 3 版	机车司机证,考试合格	—	在直接服务于此项设备人员的监督与负责下
第 4 版	机车司机合格证	—	在负责使用各该项机械、设备人员的直接监督和负责下
第 5 版	机车司机合格证	—	在负责使用各该项机械、设备人员的直接监督和负责下
第 6 版	机车、动车驾驶证	—	在正式值乘、值班人员的亲自指导和负责下
第 7 版	机车、动车、轨道车驾驶证	—	在正式值乘、值班人员的亲自指导和负责下
第 8 版	机车、动车、轨道车驾驶证	—	在正式值乘、值班人员的亲自指导和负责下
第 9 版	机车、动车、轨道车驾驶证	—	在正式值乘、值班人员的亲自指导和负责下
第 10 版	机车、动车组、动车、自轮运转特种设备驾驶证	铁道部	在正式值乘、值班人员的亲自指导和负责下
2014 年版	机车、动车组、自轮运转特种设备驾驶证	国家铁路局	在正式值乘、值班人员的亲自指导和负责下

1. 司机资格证明。**第1版**至**第3版**要求机车司机必须持有司机证，**第2、3版**同时还要求考试合格；**第4、5版**改为司机合格证；**第6版**在机车之外增加了动车驾驶证；**第7版**至**第9版**又在机车、动车的基础上增加了轨道车驾驶证；**第10版**增加了动车组驾驶证，同时把轨道车驾驶证改为自轮运转特种设备驾驶证；**2014年版**删除了动车驾驶证。所谓自轮运转特种设备，是指在铁路营业线上运行的铁路轨道车、救援起重机及铁路施工、维修专用车辆（包括架桥机、铺轨机、接触网作业车、大型养路机械等），其定义更科学，涵盖的范围更广。

2. 颁证机构。从**第1版**至**第9版**均未明确各种驾驶证的颁证机构，容易造成管理上的混乱；**第10版**《技规》中明确机车、动车组、自轮运转特种设备驾驶证由当时的铁道部统一颁发；**2014年版**《技规》发布时铁路已完成政企分开的体制改革，铁路行业行政管理职能由国家铁路局承担，机车、动车组、自轮运转特种设备驾驶证改由国家铁路局颁发。

3. 有关实习司机的规定。从**第2版**开始增加了有关实习司机的规定，其中**第2版**至**第5版**有关实习司机的规定单设一条，从**第6版**开始则与有关驾驶证的要求合为一条。各版之间文字上有调整，但含义基本一致，即实习和学习司机必须在正式值乘、值班人员的亲自指导和负责下方准操作。

六、行车有关人员着装及语言要求

（一）2014年版条文内容及说明

【2014年版】第244条 行车有关人员在执行职务时，必须坚守岗位，穿着规定的服装，佩戴易于识别的证章或携带相应证件，讲普通话。

本条规定了行车有关人员在执行职务时的着装及语言要求。

（二）溯源情况

【第2版】第532条 凡与行车有关的铁路工作人员，和铁道部及各管理局的领导人员，在执行职务中，如未规定专用作业服装时，均应穿着规定的制服和佩带有识别的证章。

本条从第 2 版《技规》第 532 条开始有此规定。

(三)演变过程

2014 年版《技规》第 244 条演变过程如图 10-38 所示。

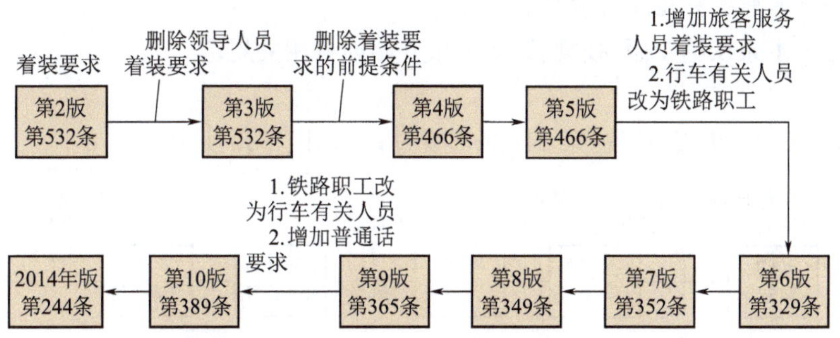

图 10-38　2014 年版《技规》第 244 条演变过程

历版《技规》的变化主要体现在以下几个方面：

1. 需按规定着装的人员范围。**第 2 版**规定凡与行车有关的铁路工作人员、铁道部及各管理局的领导人员，在执行职务时须"穿着规定的制服和佩带有识别的证章"；**第 3 版**为与行车有关的铁路工作人员；**第 4 版**和**第 5 版**中规定为"与行车直接有关的"铁路工作人员，涵盖的范围更小一些；**第 6 版**至**第 9 版**为铁路职工；**第 10 版**开始又恢复为行车有关人员。

2. 工作语言的要求。根据教育部 2019 年《中国语言文字概况》，汉语有十大方言，各方言区内又分布着若干次方言和许多种"土语"。随着改革开放和经济社会的发展，行车有关人员的构成越来越多样化，跨地域就业的人员越来越多，使用各自方言沟通越来越困难，因此从**第 10 版**开始，要求行车有关人员执行职务时应讲普通话。

七、行车有关人员接班前的纪律要求

(一)2014 年版条文内容及说明

【2014 年版】第 245 条　行车有关人员，接班前须充分休息，严禁饮酒，如有违反，立即停止其所承担的任务。

本条规定了行车有关人员作业前休息与禁止饮酒的要求。

(二)溯源情况

【第 1 版】第 458 条　发现在执行职务时酒醉之工作人员，应立即停止其职务并追究其责任。

本条从第 1 版《技规》第 458 条开始即有相关规定。

(三)演变过程

2014 年版《技规》第 245 条演变过程如图 10-39 所示。

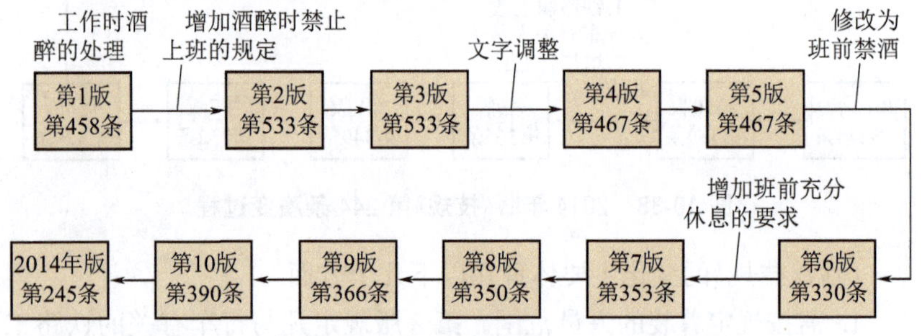

图 10-39　2014 年版《技规》第 245 条演变过程

1. 接班前严禁饮酒。各版之间要求基本一致，但文字描述稍有出入。**第 1 版**规定了执行职务时发现工作人员酒醉的处理；**第 2 版至第 5 版**除了规定执行职务时发现酒醉的处理之外，还规定酒醉或酒后禁止上班；从**第 6 版**开始改为接班前严禁饮酒，本质上两者含义并无不同，只是改变了表达方式，更容易被人接受。

2. 接班前充分休息。行车工作事关人民生命财产安全，为保证行车人员精力充沛地投入工作，从**第 7 版**开始增加了接班前应充分休息的规定。

八、行车公寓管理的规定

(一)2014 年版条文内容及说明

【2014 年版】第 246 条　行车公寓是专为乘务人员服务的生产设

施，应实行标准化管理。应有良好的通信、网络（铁路办公网）、叫班管理设备和乘务管理设备，有生活、服务、学习、文娱、健身等设施和接送乘务人员的交通工具。应保证乘务人员随到随宿，不间断地供给热食及开水。室内应有卫浴设施，经常保持适当的温度，整洁和安静的休息条件；室外应绿化、美化。

铁路各级领导应关心公寓工作，铁路局长每半年至少检查一次公寓工作。

本条规定了行车公寓设备设施配置及管理的要求。

（二）溯源情况

【第2版】第423条 为保证列车运行图所规定的机车与列车乘务人员的正常休息，在各折返地点，应有专设的公寓。机车与列车乘务人员公寓内，应有必要的休息室、卫生及文化生活上的设备（食堂、厨房、干燥器、喷水浴室、洗衣房、俱乐部及其他），以及乘务人员使用的必要设备、家具、寝具及贴身衬衣。

所有机车与列车乘务人员公寓，应保持模范的整洁状态。

本条从第2版《技规》第428条开始有相关规定。

（三）演变过程

2014年版《技规》第246条演变过程如图10-40所示。

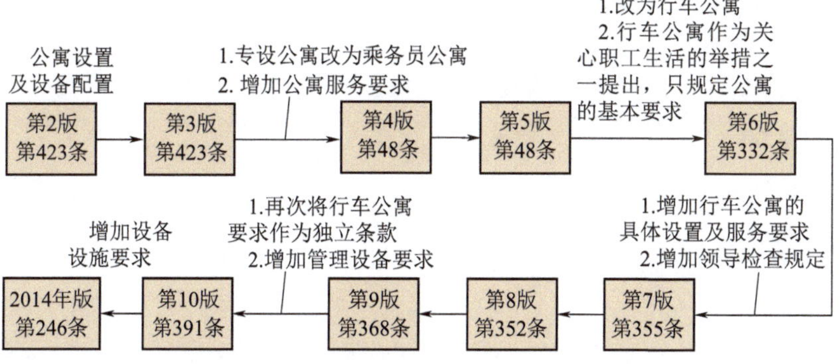

图10-40 2014年版《技规》第246条演变过程

1. 公寓接待范围。**第2版**至**第5版**《技规》中的公寓名称为“乘务员公寓”，根据1963年出版的《中华人民共和国铁路技术管理规程解说》，乘务员公寓主要接待机车乘务员，以保证不分昼夜工作的机车乘务员能够得到充分的休息。从**第6版**开始，《技规》中的公寓名称改为“行车公寓”，但1995年3月11日发布的《铁路乘务员公寓管理办法》(铁劳〔1995〕28号)中仍称为“乘务员公寓”，在该办法中规定，乘务员公寓主要“接待执行行车任务的定点交路的机车乘务员、客运乘务员(乘警、检车员)、运转车长、列车货运员”；1999年9月1日发布的《铁路行车公寓管理规则》(铁运〔1999〕111号)规定，行车公寓主要接待“按图定交路执行运输任务的机车乘务员(含指导司机)、客运乘务员(含乘警、检车员)、运转车长等行车乘务人员”。

2. 公寓设备设施配置。**第1版**至**第9版**(**第6版**除外)的《技规》条款中对公寓设备设施的配置提出了非常具体的要求，各版之间略有变化，主要包括生活、服务、学习和文娱设施；从**第10版**开始不再规定具体设施，同时增加了乘务管理等设备和健身设施的配置要求，**2014年版**中还增加了网络配置要求，以适应信息化管理的需要。

3. 对各级领导的要求。铁路行车公寓是专为执行铁路运输任务的乘务人员提供食宿等服务的生产性设施，是铁路运输生产的重要组成部分，因此从**第7版**开始，增加了铁路各级领导关心并检查公寓工作的要求。

第十一章

编组列车

第一节　一般要求
第二节　列车中车辆的编挂
第三节　列尾装置的摘挂及运用
第四节　列车中机车的编挂
第五节　机车车辆重量及长度
第六节　列车制动限速及其编组要求
第七节　列车中车辆的连挂
第八节　列车中的车辆检查及修理

第一节　一般要求

一、概述

列车编组质量直接关系铁路运输生产组织工作质量，对列车安全有序运行有重要作用。本节是关于编组列车的一般要求。列车应按《技规》、列车编组计划和列车运行图规定的编挂条件、车组、重量或长度编组。

按《技规》规定编组列车，是指车辆编入列车的技术条件、隔离限制、自动制动机数量、编挂要求、列车尾部挂车条件、编入列车的机车编挂位置、装载危险及易燃货物车辆编入列车的隔离限制等，必须符合《技规》中有关"编组列车"的规定。同时，对于编挂装载超限货物车辆和特种车辆，还要执行《铁路超限超重货物运输规则》等规章的规定及有关临时指示。

按列车编组计划和列车运行图规定编组列车，主要是指列车种类、去向、编组内容、车组和车辆的编挂位置必须符合列车编组计划的规定。列车牵引重量、长度必须符合列车运行图的规定。当跨及两个及其以上区段的直通或直达列车，各区段规定的牵引重量、长度不同时，还应符合列车编组计划规定的基本组的重量和长度。

列车重量标准是根据机车牵引力及列车运行、区段内限制坡度等因素，通过计算、试运行和各种类型机车牵引重量的平衡，最后取整而定的。列车长度是根据运行区段内各站到发线的有效长，并预留 30 m 的附加制动距离来确定的。编组列车时，其重量或长度应满足列车运行图规定的各区段牵引定数或换长。

超重列车是实际牵引重量超过运行图规定的该区段货物列车牵引重量标准(考虑规定的波动尾数)的货物列车。积极提高列车重量，能节省机车运用台数、提高区段通过能力、降低运输成本。但如随意开行超重列车，由于受机车性能、司机操纵技术水平等的限制，可能造成运缓、区间停车或会让不当打乱运行秩序。为此，编组超重列车时，在编组站、区段站应商得机务段调度员的同意；在中间站应得到司机的同意。并均须经列车调度员准许，以便指挥行车时心中有数，保证列车运行有序。

超长列车是实际牵引长度超过运行图规定的该区段货物列车计算长度的货物列车。在具体车站行车作业中，列车的长度超过车站到发线的有效长，不能在车站正常进行会让等作业时，须按超长列车办理。

各铁路局集团公司制定超长列车运行办法时，要考虑区段内的具体条件，如各站到发线的有效长及数目、接近车站的线路纵断面等情况。在调车线长度不足时，还应确定分部编组与技术检查如何配合及到达甩车的办法等。开行超长列车时，列车调度员必须事先有计划地向各有关站、段布置，特别要注意列车会让计划。单线区段应避免对开超长列车，避免给中间站会车带来困难。超长列车内不宜挂超限及其他限速车辆。各站应根据铁路局集团公司制定的超长列车运行办法，按本站和机务、列检等具体条件，制定出相应的接发超长列车办法，并纳入《站细》。

动车组以外的旅客列车应严格按规定的编组表编组，编挂隔离车。在装设集中联锁的区段，并设有列车运行监控装置时，有确保列车运行安全的运行控制设备，在此条件下运行的旅客列车可不挂隔离车。

军用列车的编组，涉及军事人员或物资的运输，按军运有关规定办理。

二、编组列车的基本要求

（一）2014 年版条文内容及说明

【2014 年版】第 247 条 列车应按本规程、列车编组计划和列车运行图规定的编挂条件、车组、重量或长度编组。

列车重量应根据机车牵引力、区段内线路状况及其设备条件确定。编组超重列车时，编组站、区段站应商得机务段调度员同意，在中间站应得到司机的同意，并均须经列车调度员准许。

列车长度应根据运行区段内各站到发线的有效长，并须预留 30 m

的附加制动距离确定。超长列车运行办法，由铁路局规定。

动车组以外的旅客列车按列车编组表编组，机车后第一位编挂一辆未搭乘旅客的车辆作为隔离车。行李车、邮政车、发电车等非乘坐旅客的车辆应分别挂于机车后第一位和列车尾部，起隔离作用；在装设集中联锁的区段，并设有列车运行监控装置时，旅客列车可不挂隔离车。如隔离车在途中发生故障摘下时，可无隔离车继续运行。局管内旅客列车经铁路局长批准，可不隔离。

军用列车的编组，按有关规定办理。

本条是关于编组列车的基本要求。

（二）溯源情况

【第 2 版】第 378 条　列车必须完全按照本规程、列车编组计划及列车运行图编成之。

编组列车就是按列车种类、用途和运输性质，根据《技规》、列车编组计划和列车运行图规定的编挂条件、车组、重量或长度编组，将车辆或车组选编成车列。编组列车是保证运输生产高效有序进行的关键，因此第 2 版《技规》即开始对此进行相关规定。

（三）演变过程

2014 年版《技规》第 247 条演变过程如图 11-1 所示。

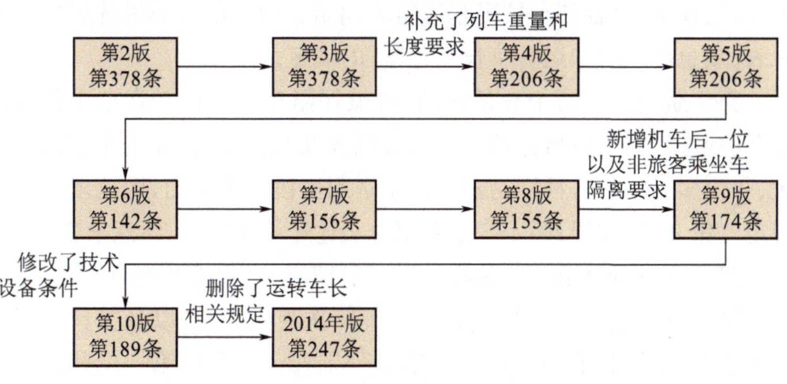

图 11-1　2014 年版《技规》第 247 条演变过程

第 4 版《技规》第 206 条为保证编组列车的质量，对相关要求作出了进一步的细化要求，将列车重量的要求纳入列车编组规定中，明确了列车重量应根据机车牵引力、区段内线路状况等条件确定。将列车长度的要求纳入列车编组规定中，明确列车长度应根据列车运行区间内各站的到发线有效长度确定。此外，对编组列车的职责进行了明确分工并落实主体责任人，为正确编组提供了人员保障。**第 5 版**《技规》第 206 条保持了**第 4 版**条款内容不变。

第 6 版《技规》第 142 条将“正确编成的负责人为线路值班员，无线路值班员时，由车站值班员或助理值班员负责”修改为“编组超重列车时，编组站、区段站应商得机务（折返）段值班员同意，在中间站应得到司机的同意，并均须经列车调度员准许”，新增了“预留 30 m 的附加制动距离”、“旅客列车按客车编组表编组。列车最后一辆的后端应有风表、紧急制动阀和运转车长乘务室”以及“军用列车的编组，按其规定办理”的规定。为保证操纵列车的运行安全，如果随意开行超重列车，受机车性能或司机操作限制，可能影响运行秩序，因此，增加了编组超重列车时，编组站、区段站需征求机务（折返）段值班员以及中间站应征得司机同意的规定。为确保列车站内行车安全，增加了预留 30 m 附加制动距离确定列车长度的规定。为保证旅客列车的安全和便于运转车长工作，增加了“旅客列车按客车编组表编组。列车最后一辆的后端应有风表、紧急制动阀和运转车长乘务室”的规定。

第 7 版《技规》第 156 条新增“机械保温车组应挂于列车中部或后部”的规定。由于机械保温车组装有仪表及其他设备，在列车前部冲动大、灰尘多、污染多，特别是蒸汽机车牵引区段尤为突出，因此增加了本规定。**第 8 版**《技规》第 155 条对部分表述进行了修改，原意未变。

第 9 版《技规》第 174 条将“段值班员”修改为“段调度员”，新增“机车后第一位编挂一辆未搭乘旅客的车辆作为隔离车”以及“行李车、邮政车、发电车等非乘坐旅客的车辆应分别挂于机车后第一位和列车尾部起隔离作用；在装有集中联锁计算机监测设备、列车运行监控记录装置的区段，旅客列车可不挂隔离车。如隔离车在途中发生故障摘下时，可无隔离车继续运行。局管内旅客列车经铁路局长批准，可不隔离”的规定。由于岗位职责的变化，在**第 9 版**中，将机务(折返)段值班员修改为机务段(折返)调度员，强调了行李车、邮政车、发电车等未搭乘旅客的车辆应挂于机后第一位和列车尾部起隔离作用。同时，按有条件的取消隔离车的原则，不能以上述车辆做隔离车时，明确了在装有计算机检测设备、列车运行监控装置的区段，跨局列车可不挂隔离车。

第 10 版《技规》第 189 条将“在装有集中联锁计算机监测设备、列车运行监控记录装置的区段，旅客列车可不挂隔离车”修改为“在装设集中联锁的区段，并设有列车运行监控记录装置或列车超速防护系统时，旅客列车可不挂隔离车”，表述更加准确，不挂隔离车的条件更具体。

2014 年版《技规》第 247 条删除了“列车最后一辆的后端应有压力表、紧急制动阀和运转车长乘务室”以及“机械冷藏车组应尽量挂于货物列车中部或后部”的规定，将“旅客列车按旅客列车编组表编组”修改为“动车组以外的旅客列车按列车编组表编组”。随着旅客列车安装列尾装置，取消了运转车长，**2014 年版**《技规》将与运转车长相关的规定删除。动车组为固定编组，不遵循本条款规定，特此明确。机械冷藏车的连挂要求移至 **2014 年版**《技规》第 252 条。

三、动车组编挂重联的相关规定

2014 年版条文内容及说明

【2014 年版】第 248 条　动车组为固定编组。单组动车组运用状态下不得解编，两组短编组同型动车组可重联运行。救援等特殊情况下，两组不同型号的动车组可重联运行。

动车组禁止加挂各型机车车辆(无动力调车时的调车机、救援机车、无动力回送时的本务机车及回送过渡车除外)；动车组禁止编入其他列车。

超过检修期限的动车组禁止上线运行(经车辆部门鉴定的回送动车组除外)。

本条款为新增条款，根据《铁路 200～250 km/h 既有线技术管理办法》(铁科技〔2008〕222 号)第 98 条增加动车组编组的规定。

1. 动车组为动车和拖车组成的动力分散式固定编组，不能任意分解或与其他机车车辆混编运行。遇有特殊情况须挂运时，应整列动车组挂运。

2. 动车组实行以走行公里周期为主、时间周期为辅的计划性预防修，超过了检修期限的，由于超期运行，其各部技术状态将会发生变化，可能产生不易发现的隐患，直接威胁行车和人身安全，因此禁止上线运行，但为使动车组尽早入厂、段施修，经车辆部门鉴定走行部等良好后，可上线回送。因此，明确了“超过检修期限的动车组禁止上线运行(经车辆部门鉴定的回送动车组除外)”。

四、机车车辆禁止编入列车的规定

(一)2014 年版条文内容及说明

【2014 年版】第 249 条 下列机车车辆禁止编入列车：

1. 插有扣修、倒装色票的及车体倾斜超过规定限度的；

2. 曾经发生冲突、脱轨、火灾、爆炸或曾编入发生特别重大、重大、较大事故列车内以及在自然灾害中损坏，未经检查确认可以运行的；

3. 装载货物超出机车车辆限界，无挂运命令的；

4. 装载跨装货物(跨及两平车的汽车除外)的平车，无跨装特殊装置的；

5. 平车及敞车装载货物违反装载和加固技术条件的；

6. 未关闭侧开门、底开门以及平车未关闭端、侧板的(有特殊规定者除外)；

7. 由于装载的货物需停止自动制动机的作用，而未停止的；

8. 企业自备机车、车辆、自轮运转特种设备和城市轨道车辆、进出口机车车辆过轨时，未经铁路机车车辆人员检查确认的；

9. 缺少车门的(检修回送车除外)；

10. 超过定期检修期限的客车车辆(经车辆部门鉴定的回送客车除外)禁止编入旅客列车。

本条款是关于禁止编列车的机车车辆规定,为了保障行车安全,在编组列车时,对其所挂的车辆,在技术条件上必须有一定的要求。因此,对于不具备开行条件的机车车辆应禁止编入列车。

(二)溯源情况

【第 1 版】第 325 条　禁止将下列车辆编入列车:

1. 技术状态不良,危及行车安全之车辆。

2. 弹簧下沉不平衡,并超过规定限度之重车。

3. 曾经脱轨或曾编于发生重大事故列车,而尚未经过检查确认可以安全行驶之车辆。

4. 无定期检查标之车辆,但由工厂用特种单据,以自轮运转按货物回送之车辆不在此限。

5. 装载货物超出边缘横梁 300 mm 以上或超出车辆规定限界之平车,同时关于上述平车并无特别指示时。

6. 载有跨装二车以上货物之平车,而该平车并无运送上述货物之特殊装置者。

该规定首次出现在第 1 版《技规》,历版条款变化主要体现在移动装备技术条件的演变。

为避免出现列车脱轨、超限、超载等危及行车安全的事故发生,本条明确了六种不得编入列车的情况,包括轮缘过薄而超过限度易发生脱轨;轮面擦伤易造成行车跳动;轴根透锈、车钩高过限度等原因造成的技术条件不良;弹簧下沉不平衡易导致车体倾斜、重心不稳,影响转向架转动或导致弹簧吊杆折断等情况。

(三)演变过程

2014 年版《技规》第 249 条演变过程如图 11-2 所示。

第 2 版《技规》第 383 条增加了"七、两平车连结,其一为二轴车,另一为四轴车,而货物跨装在两平车上时;八、平车、砂石车及敞车装载货

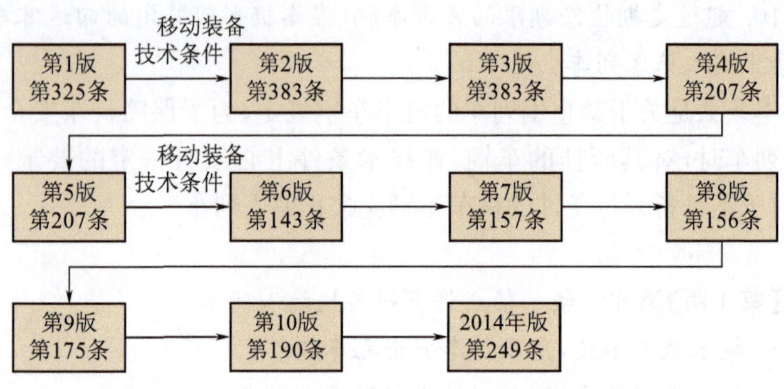

图 11-2 2014 年版《技规》第 249 条演变过程

物，违反装车的技术条件或违反无盖车上货物牢固的技术条件时；九、不关闭端侧板的平车，但经铁道部特殊规定者除外；十、开着底开门的敞车，或用一个搭扣的扣铁关闭底开门的敞车；十一、装载须停车手制动机作用并关闭自动制动机的货物的车辆，而未停止或未关闭时”五种情况并对原规定进行了部分的文字调整。因为：跨装车容易出现通过小半径曲线发生脱轨倾覆或由于车钩缓冲装置的伸缩使货物窜动；平车、砂石车及敞车装载货物，违反装车的技术条件时，会造成货物窜动或发生货物坠落，危及行车安全；不关闭侧板的平车在运行中会产生掀动，从而导致超出机车车辆限界，危及沿线信号设备及线路附近人员安全；底门不关闭容易刮花道岔，甚至脱落危及行车安全，如底开门的两个扣铁只扣一个，经过运行震动，可能自行开放，也会危及行车安全；根据装载货物性质（易燃、易爆）要求关闭自动制动机，是因为制动时闸瓦与车轮摩擦产生火星或高温，特别在长大坡道时，可能引起装载货物燃烧或爆炸。**第 3 版**《技规》第 383 条对本条款仅做了部分文字修改。

第 4 版《技规》第 207 条删除了“两平车连结，其一为二轴车，另一为四轴车，而货物跨装在两平车上时”的规定，**第 4 版**《技规》中已经删除了有关二轴平车的规定。**第 5 版**《技规》第 207 条保持了本条规定内容不变。

第 6 版《技规》第 143 条将**第 5 版**《技规》中的“1. 技术状态不良危

及行车安全的车辆；2. 弹簧下沉不平衡，引起车体倾斜超过规定限度或车体及底架碰击走行部时”合并修改为“1. 插有扣修、倒装色票的及车体倾斜超过规定限度的”，删除了“4. 没有定期修理标记的车辆，但按货物运送的自轮运转车辆除外”的规定，新增了“8. 未经车辆部门指定连挂位置和运行速度以及没有调度命令准许挂运的二轴车辆（守车及连挂守车前位的检衡车除外）；9. 厂矿企业自备机车车辆过轨时，未经铁路机车车辆人员检查确认”的要求。插有色票的车辆多为故障车辆，凡经检车人员确定，因车辆技术状态不良需要扣修，或重车因技术状态不良需要倒装而进行摘车修理的车辆，均应插上有关色票。二轴车已被淘汰，基本上不使用，因其车型小、结构单薄、技术状态落后，不能适应当前载重大、速度高的行车要求。为保证铁路行车安全，厂矿企业自备的机车车辆，在进入铁路营业线行驶时，其各部分的技术状态应符合铁路规章及有关规定的要求。

第7版《技规》第157条将“9. 厂矿企业自备机车车辆过轨时，未经铁路机车车辆人员检查确认的”修改为“9. 厂矿企业自备机车、轨道起重机、车辆过轨时，未经铁路机车车辆人员检查确认的”，并新增了“10. 缺少车门的（检修回送车除外）”。随着装备的发展，将轨道起重机纳入规定当中。对于缺少车门的车辆（回送车除外），装货后，容易造成货物窜出、坠落或丢失，不能保证货物的完整或安全。

第8版《技规》第156条删除了“8. 未经车辆部门指定连挂位置和运行速度，以及没有调度命令准许挂运的二轴车辆（守车及连挂守车前位的检衡车除外）”，因为二轴车已不再投入使用。

第9版《技规》第175条将“4. 装载跨装货物的平车，无跨装特殊装置的”修改为“4. 装载跨装货物（跨及两平车的汽车除外）的平车，无跨装特殊装置的”，因为二轴车已不再投入使用。由于装载跨及两平车的汽车时，不需要跨装特殊装置，故不受本条规定限制。

第10版《技规》第190条，一是在标题中增加了“机车”，与内容更一致；二是增加了不能编入列车的损坏机车车辆条件；三是将“轨道起重机"纳入"自轮运转特种设备",统一称谓,涵盖范围更广。

2014年版《技规》第249条与第10版《技规》第190条相比,一是在禁止编入列车的车辆中增加曾经发生火灾或爆炸的车辆;二是删除已不再使用的砂石车和底开门采用扣铁的车辆;三是增加了城市轨道车辆、进出口机车车辆过轨时未经铁路机车车辆人员检查确认也不能编入列车的规定;四是将"厂矿企业"改为"企业",表述更为准确;五是将第10版第193条内容中的一部分合并到本条中,增加"超过定期检修期限的客车车辆(经车辆部门鉴定的回送客车除外)禁止编入旅客列车"的规定。

第二节 列车中车辆的编挂

一、概述

本节是关于列车中车辆编挂的要求,包括编挂危险、易燃、超限货物或特种车辆的隔离限制以及旅客列车、货物列车编挂要求三方面内容。

1. 由于危险和易燃货物遇高热、摩擦、冲击或与其他物质接触而有剧烈反应,容易引起燃烧、爆炸,侵入人体造成中毒或伤亡等危害,因此规定相关隔离限制。

2. 旅客列车、回送客车底运行速度高,安全条件要求比较严,牵引重量比较小,因此规定旅客列车的编挂要求。

3. 因客车与货车车辆构造、车钩强度不同,对客车编入货物列车回送时的辆数予以限制,因此规定货物列车的编挂要求。

二、编挂危险、易燃、超限货物或特种车辆时的隔离限制

(一)2014年版条文内容及说明

【2014年版】第250条 装载危险、易燃等货物的车辆编入列车的隔离限制,按《铁路车辆编组隔离表》(附件10)执行。编挂超限货物车辆或特种车辆时,按国家及铁路总公司有关规定或临时指示办理。

附件 10 铁路车辆编组隔离表

货物种类（品名编号）		隔离标记	距牵引的内燃、电力机车，推进运行或后部补机及使用火炉的车辆	距乘坐旅客的车辆	距装载雷管及导爆索（11001，11002，11007，11008）的车辆△7	距装载除雷管及导爆索以外爆炸品的车辆△8	距装载易燃普通货物的敞车、平车	距装载高出车帮易窜动货物的车辆	备注
气体（含空罐车）	易燃气体 非易燃无毒气体 毒性气体	△1	4	4	4	4	2	2	运输气体类危险货物重、空罐车时，每列编挂不得超过3组。每组间的隔离车不得少于10辆
一级易燃液体 一级易燃固体 一级易于自燃的物质 一级氧化性物质 有机过氧化物 一级毒性物质（剧毒品） 一级酸性腐蚀性物质 一级碱性腐蚀性物质 一级其他腐蚀性物质		△2	2	3	3	4	2		运输原油时，与机车及使用火炉的车辆可不隔离。 运输硝酸铵时，与机车及使用火炉的车辆隔离不少于4辆

续上表

货物种类（品名编号）		隔离标记	距牵引的内燃、电力机车，推进运行或后部补机及使用火炉的车辆	距乘坐旅客的车辆	距装载雷管及导爆索（11001、11002、11007、11008）的车辆⑦	距装载除雷管及导爆索以外爆炸品的车辆⑧	距装载易燃普通货物的敞车、平车	距装载高出车帮易窜动货物的车辆	备注
放射性物质（物品）（矿石、矿砂除外）		③	2	4	×	×	2	1	×标记表示不能编入同一列车
七〇七	一级	④	4	4	4	4	4	2	一级与二级编入同一列车时，相互隔离2辆以上，停放车站时相互隔离10 m以上，严禁明火靠近
	二级	⑤	4	4	4	4	4	2	

续上表

货物种类（品名编号）		隔离标记	距牵引的内燃、电力机车，推进运行或后部补机及使用火炉的车辆	距乘坐旅客的车辆	距装载雷管及导爆索（11001，11002，11007，11008）的车辆△7	距装载除雷管及导爆索以外爆炸品的车辆△8	距装载易燃普通货物的敞车、平车	距装载高出车帮易窜动货物的车辆	备注
敞车、平车装载的易燃普通货物及敞车装载的散装硫磺		△6	2	2	2	2			装载未涂防火剂的腐朽木材的车辆，运行在规定的区段和季节须与牵引机车隔离10辆，如隔离有困难时，各铁路局与邻局协商规定隔离办法
爆炸品	雷管及导爆索（11001，11002，11007，11008）	△7	4	4		4	2	2	
	除雷管及导爆索以外的爆炸品	△8	4	4	4		2	2	

注：1. 小运转列车及调车隔离规定，由铁路局自行制定。
2. 有标记△的车辆与装载蜜蜂的车辆运输时按有关规定办理。
3. 空罐车可不隔离（气体类危险货物除外）。

本条是编挂危险、易燃、超限货物或特种车辆时的隔离限制的要求。根据危险和易燃货物的特性，装有上述货物的车辆编入列车时，要施行必要的隔离，一是使易燃、易爆物品与火源隔离，二是万一发生意外时，能尽量减少或避免扩大损失。由于正常的行车组织方法和货物装载都是按照机车车辆限界确定的。如超出这个限界的范围，运行上应有一定的限制，方能保证安全。所以在列车中编挂装载超限货物的车辆时，应按国家及国铁集团的有关规定执行。因特种车辆种类很多，又不是经常挂运，而挂运时每种车辆的任务不同，所以编挂的要求也不同，事先不宜做出统一的规定。因此，遇有挂运时，根据情况，按国家及国铁集团临时指示办理。

（二）溯源情况

【第 2 版】第 372 条 装有特种货物的车辆，装有一级易燃液体、酸类及液化气体的罐车，液化气体卸后的空罐车，及装有一切危险货物的棚车，在进行调车时，应以不少于四轴的装有非危险货物及非易燃货物的车辆或空车与机车（不论机车燃料的种类）隔离。

本条相关规定首次出现在第 2 版《技规》。为避免在调车作业过程中出现易燃易爆等危险货物燃烧爆炸所导致的影响机车及机务人员人身安全事故的发生，规定了应以不少于四轴的装有非危险货物及非易燃货物的车辆或空车与机车隔离。

（三）演变过程

2014 年版《技规》第 250 条演变过程如图 11-3 所示。

第 3 版《技规》第 372 条将“装有一切危险货物的棚车”修改为“装有铁道部指定的危险货物的棚车”，“装有特种货物的车辆”修改为“装有特种货物及易燃货物的车辆（装载易燃货物的棚车门窗关闭严密者可不隔离）”。明确了危险货物的指定范围，由于门窗关闭的棚车安全性较高，因此不纳入本规定进行限制。

第 4 版《技规》第 214 条在“调车”基础上将“编入列车”纳入隔离范围，删除了“应以不少于四轴的装有非危险货物及非易燃货物的车辆或

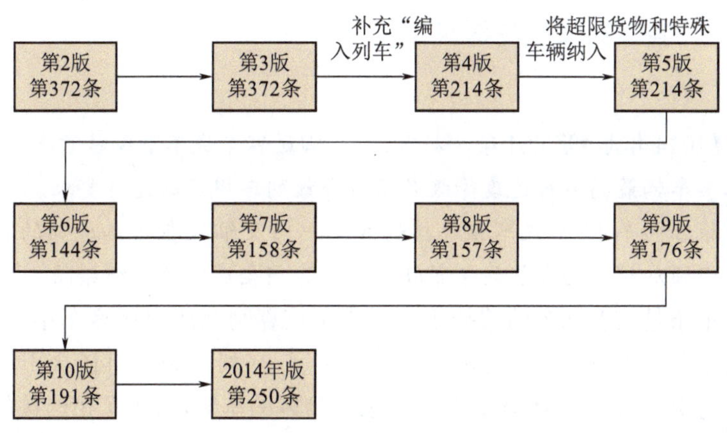

图 11-3　2014 年版《技规》第 250 条演变过程

空车与机车（不论机车燃料的种类）”的规定。除调车作业外，为保证正常行车安全，减少危险品等发生事故所造成的损失，对于编入列车也进行了相关规定。

第 5 版《技规》第 214 条将“应按第二表实行隔离”修改为“在铁路危险货物运输规则里规定”，明确了隔离方式根据专业技术规章规定执行。

第 6 版《技规》第 144 条新增了“编挂超限货物车辆或特殊车辆时，按交通部货物运输规章规定或临时指示办理”，并对危险、易燃货物进行了简化说明。因为除了危险易燃货物外，超限以及特种车辆同样会对正常运输安全产生影响，因此需要按相关规定执行。**第 7、8、9 版**《技规》仅将“交通部”改为“铁道部”，其余未有修改。**第 10 版**《技规》第 191 条在**第 9 版**规定基础上进行了文字调整。

2014 年版《技规》第 250 条将“执行铁道部危险货物运输规章规定”修改为“按《铁路车辆编组隔离表》（附件 10）执行”，“按铁道部货物运输规章规定或临时指示办理”修改为“按国家及铁路总公司有关规定或临时指示办理”。根据铁路管理体制的改革进行了相应的单位主体修改。

三、旅客列车的编挂规定

(一)2014 年版条文内容及说明

【2014 年版】第 251 条 旅客列车、回送客车底不准编挂货车，编入的客车车辆最高运行速度等级必须符合该列车规定的速度要求。

旅客列车中，与机车相连接的客车端门及编挂在列车尾部的客车后端门须加锁。动车组列车驾驶室与旅客乘坐席间的门须锁闭。

本条是旅客列车的编挂规定。货车核算闸瓦压力比客车小，会使全列车制动力减弱，降低规定的运行速度，在列车制动时还会引起冲动。为保证旅客安全，旅客列车中乘坐旅客的车辆，与机车相连接的客车端门及编挂在列车尾部的客车后端门必须加锁。为避免动车组列车司机的工作受干扰，动车组列车驾驶室与旅客乘坐席间的门须锁闭。因此，本条款规定了旅客列车的编挂要求以及前后端客车车门锁闭规定。

(二)溯源情况

【第 2 版】第 389 条 在干线上运行的旅客列车中，禁止编入货车。在特殊情况下，管理局长有权将货车(平车及罐车除外)附挂于局管内的旅客列车(特别快车及快车除外)。

跨局旅客列车附挂货车时，须经铁道部长或主管运输的副部长许可，方可办理。

在旅客列车中附挂货车时，只限四轴车并不得超过二辆。

本条相关规定首次出现在第 2 版《技规》，主要变化体现在市郊铁路加挂货车、客车端门加锁以及货车加挂要求等方面。

为避免旅客列车编挂货物列车导致的牵引及制动力不足，可能产生的危及旅客行车安全的事故发生，对干线运行的旅客列车非特殊情况下禁止编入货车。

(三)演变过程

2014 年版《技规》第 251 条演变过程如图 11-4 所示。

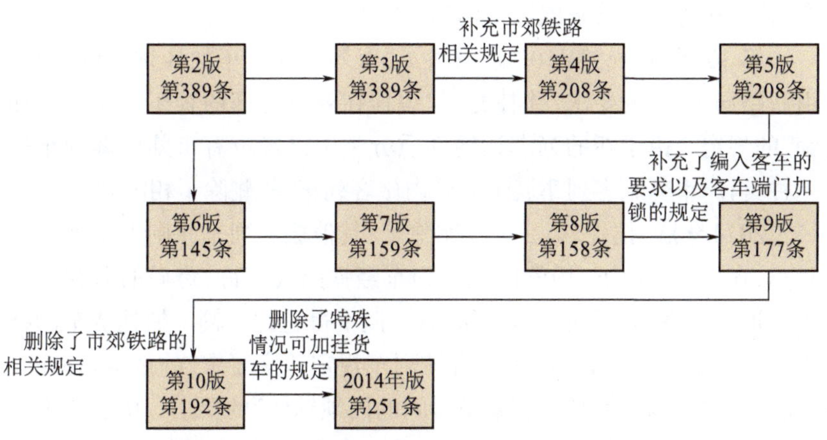

图 11-4 2014 年版《技规》第 251 条演变过程

第 4 版《技规》第 208 条将“在干线上运行的旅客列车中，禁止编入货车”修改为“旅客列车原则上不准编挂货车”；“在旅客列车中附挂货车时，只限四轴车并不得超过 2 辆”修改为“方可加挂货车，最多以两辆为限。此项货车的构造及技术状态，须能保证按该列车的正常速度安全运行”，并补充了“市郊旅客列车连挂货车的限制，由铁路局根据具体情况另行规定。”随着城际铁路、市郊铁路的不断发展，铁路部门加强了对支线铁路旅客列车的管理工作。

第 6 版《技规》第 145 条明确了货车加挂的位置为“列车后部”，并根据部门职能变化将“铁道部运输局”改为“交通部”。此外，对部分表述进行了修改。**第 7 版**《技规》第 159 条将“交通部”改回为“铁道部”。

第 9 版《技规》第 177 条新增了“快速旅客列车不准编挂货车，编入的客车车辆最高运行速度等级必须符合该列车规定的速度要求”以及“客运列车中乘坐旅客的车辆，与机车、货车相连接的客车端门须加锁”的规定。由于快速旅客列车运行速度高，要求编入的车辆最高运营速度必须符合该列车的速度等级，以保证其安全运行，因此不准编入货车。为保证人员安全，按规定不挂隔离车的旅客列车、混合列车中与机车、货车相连接的乘坐旅客车辆端门应加锁。

第10版《技规》第192条删除了"市郊旅客列车加挂货车的办法，由铁路局规定"的要求，并补充了"编挂在列车尾部的客车后端门须加锁"的规定。由于新的列车运输性质分类中已经没有市郊旅客列车这一种类，原市郊旅客列车属于局管内旅客列车，故删除了相关规定。

2014年版《技规》第251条删除了"其他旅客列车原则上不准编挂货车，在特殊情况下，局管内旅客列车经铁路局准许，跨局的旅客列车经铁道部准许，方可在列车后部加挂，但不得超过2辆。加挂货车的技术状态和最高运行速度，须符合该列车规定速度要求"的规定，补充了"动车组列车驾驶室与旅客乘坐席间的门须锁闭"的要求。由于旅客列车、回送客车底运行速度高，安全条件要求比较严，牵引重量比较小，且货车核算闸瓦压力比客车小，会使全列车制动力减弱，降低规定的运行速度，在列车制动时还会引起冲动。同时，部分动车组以外的旅客列车还要在高速铁路运行，安全要求高，所以规定所有旅客列车均不准编挂货车。此外，为避免动车组列车司机的工作受干扰，动车组列车驾驶室与旅客乘坐席间的门须锁闭。

四、货物列车编挂的特殊规定

2014年版条文内容及说明

【2014年版】第252条 客车编入货物列车回送时，客车编挂辆数不得超过20辆，应挂于列车中部或后部。

装有密接式车钩的客车原则上应附挂旅客列车回送。需附挂货物列车回送时，不得超过10辆，其后编挂的其他车辆不得超过1辆。

客车与平车、平集共用车以外的货车连挂时，不得与货车有人力制动机端连挂；客车与平车、平集共用车人力制动机端连挂时，平车、平集共用车的人力制动机不得使用，处于非工作状态。

机械冷藏车组应尽量挂于货物列车中部或后部。

军用及其他对编挂位置有特殊要求的客车按有关规定办理。

本条为 2014 年版《技规》新增条款。

由于密接式车钩的客车构造等原因，在回送时原则上应附挂旅客列车回送。确需附挂货物列车回送时，其后编挂的其他车辆不得超过 1 辆。允许密接式车钩的客车后编挂 1 辆其他车辆，主要考虑便于尾部加挂货车列尾装置等因素。

客车与货车有人力制动机的一端连挂时，可能损坏客车风挡或货车闸台（平车、平集共用车的人力制动机处于非工作状态时除外）。因此规定客车与平车、平集共用车以外的货车连挂时，不得与货车有人力制动机端连挂；客车与平车、平集共用车人力制动机端连挂时，平车、平集共用车的人力制动机不得使用，处于非工作状态（折叠式人力制动机须处于折叠状态）。

机械冷藏车组有各种机械设备和管道，发生冲动时易损坏，应尽量挂于货物列车中部或后部。

军用及其他对编挂位置有特殊要求的客车，应根据特殊编挂要求，按有关规定办理。

第三节　列尾装置的摘挂及运用

一、概述

本节是关于列尾装置摘挂及运用的规定，包括列尾装置的安全配备要求、列尾装置装卸的作业分工以及列尾装置安全检查的规定。

列车尾部安全防护装置简称列尾装置，包括货物列车尾部装置和旅客列车尾部装置。其用于使机车乘务员准确掌握列车尾部风压，确认列车完整；当车辆折角塞门被意外关闭时，司机可直接操纵“列尾装置”，使其强行排风，使列车制动停车；该装置还可以起列车标志作用，为接发列车人员确认列车完整提供条件。曾经在运用列尾装置之前，货物列车尾部要加挂守车和配备一名运转车长。普通旅客列车尾部也必须有一名运转车长值守，人工监控列车状态和制动管压力。但随着国家的高速发展，铁路的货运量也急剧上升，各铁路局不得不加开货运列车。但早已停产的守车数量确严重不足，经常编组完一列车却发现无守车可用，编制站的预编守车量增加，严重影响列车编组速率。

1993 年，为了提高铁路运输效率，实现提质增效和减少运输成本，加上自动闭塞线路技术的成熟，铁道部决定取消干线自动闭塞线路的守车运用，保留单线半自动闭塞线路守车运用。因为当时第一代列尾装置还没正式投入使用，而半自动闭塞线路区间无轨道电路，车站无法确认是否有列车车厢遗留在区间里，所以单线铁路暂时保留了守车。

1997 年对成都列尾和 1999 年对西铁感应的货列尾装置进行鉴定，并且投入使用。从而使我国单线铁路基本上取消了守车，中国铁路的守车时代基本宣告结束，铁路正式进入列尾时代。货物列车尾部装置如图 11-5 所示。

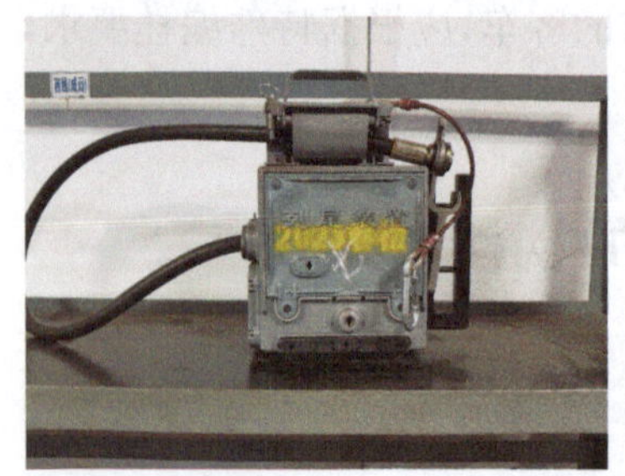

图 11-5 货物列车尾部装置

2014 年 10 月 15 日起，全国普速旅客列车正式开通使用旅客列车尾部安全防护装置(简称客车列尾装置，缩写为 KLW)。

客车列尾系统由旅客列车尾部安全防护装置(KLW)和列车防护报警设备(LBJ)两部分组成，KLW 设备主机安装在客车车厢内，由车辆部门统一管理，因此，规定其尾部主机的安装与摘解、风管及电源的连结与摘解，由车辆部门负责。LBJ 设备安装在机车驾驶室内，由司机负责操控。旅客列车尾部装置如图 11-6 所示。

图 11-6　旅客列车尾部装置

二、列尾装置的摘挂及运用

(一)2014 年版条文内容及说明

【2014 年版】第 253 条　动车组以外的旅客列车应安装列尾装置。特殊情况下，无法安装或使用列尾装置时，应制定具体办法。

半自动闭塞区段货物列车尾部须挂列尾装置，其他区段货物列车尾部宜挂列尾装置。货物列车尾部未挂列尾装置时应以吊起尾部车辆软管代替尾部标志。尾部车辆软管的吊起，有列检作业的列车由列检人员负责，无列检作业的列车由车务人员负责。

为保证旅客运输及货物运输安全，防止列车因脱钩等原因溜逸或滞留区段，对确认列车全列完整以及尾部车辆状态良好进行了相关规定。

(二)溯源情况

【第 1 版】第 331 条　列车编组应将守车挂于列车之尾部，凡三轴及二轴之空重货车混编于其他车辆时，应挂于列车后部。

本条相关规定首次出现在第 1 版《技规》，主要变化体现在技术设备、人员配置变化等方面。守车是运转车长执行职务及乘用的车辆，专备货物列车或混合列车使用，因为运转车长必须在列车尾部执行职务，所以守车必须连挂在列车尾部，因此，守车须风闸手闸完备，并配备车长阀气压表，便于车长能随时了解全列车风闸通风状态，而遇有必要时，可利用车长阀使列车停车，至于旅客列车的尾部，同样应该挂具有上述设备的客车，以代守车的用途。

(三)演变过程

2014 年版《技规》第 253 条演变过程如图 11-7 所示。

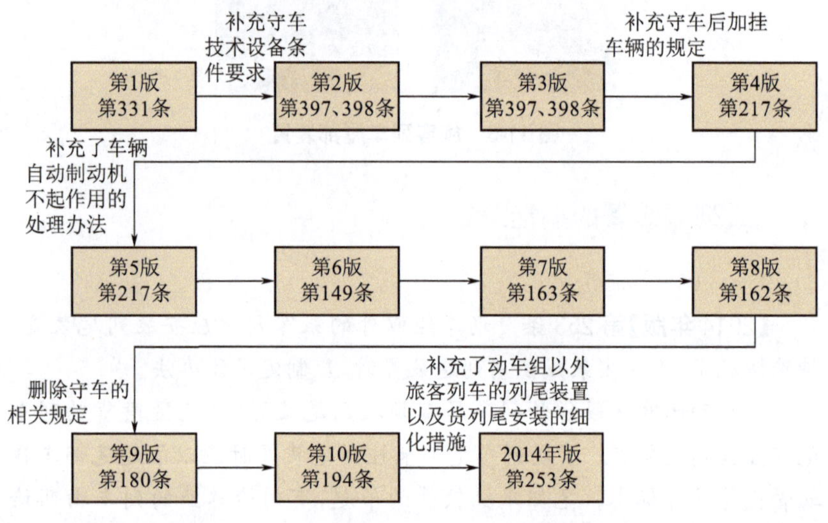

图 11-7 2014 年版《技规》第 253 条演变过程

第 2 版《技规》第 397、398 条增加了守车应配备设备的具体规定以及守车后的连挂要求。为满足运转车长确认列车通风良好等工作需要，明确规定了守车应备有紧急制动阀及风表。为解决部分不适合中部编挂车辆的运输需要，对其编挂在守车后部的条件进行了明确。

第 4 版《技规》第 217 条补充了“在守车后部加挂中间站摘解的车辆时，不得超过 10 辆，重量不得超过 600 t。上述加挂车辆之后，可不加挂守车”以及“守车、未挂守车的小运转列车尾部车辆及守车后加挂的车辆的最后一辆的自动制动机作用均须良好”的规定。货物列车守车后部准许加挂到达本区段中间站摘解的车辆，主要是为了减少中间站的调车作业和加速车辆的周转。但因守车较一般车辆体轻、梁及连结装置较弱，在列车发生冲动时，易于造成破损或脱轨，又不便于运转车长瞭望，因此，其后加挂车辆时，既不得超过 10 辆，也不得超过 600 t。

第 5 版《技规》第 217 条补充了“如该加挂车辆的自动制动机不起作用时，须由车辆人员采取保证不致脱钩的措置后，方准挂运”的规定。若所挂车辆的自动制动机不起作用，应由车辆人员用铁线将该车车钩与守车车钩牢固捆绑在一起，保证不致脱钩。

第 6 版《技规》第 149 条删除了“上述加挂车辆之后，可不加挂守车”以及“守车、未挂守车的小运转列车尾部车辆及守车后加挂的车辆的最后一辆的自动制动机作用均须良好”的规定，车辆须配备性能良好的自动制动机已在其他条款规定，无需进行重复规定。由于对守车后加挂车辆进行了限制，因此加挂车辆后可不再加挂守车，删除此规定对原意无影响。

第 9 版《技规》第 180 条删除了与守车相关的规定，补充了列尾装置的相关要求。由于货物列车取消守车后，为保证列车运行安全，增加了货物列车须安装列尾装置的规定，以列尾装置替代守车和运转车长。取消守车后，不存在守车后部加挂车辆的情况。原最后一款经修改后移至第 188 条。

2014 年版《技规》第 253 条增加旅客列车（动车组除外）加挂列尾装置后的规定，删除了“小运转列车是否挂列尾装置，由铁路局根据列车运行距离长短等条件确定”，并将“货物列车尾部须挂列尾装置”修改为“半自动闭塞区段货物列车尾部须挂列尾装置，其他区段货物列车尾部宜挂列尾装置。货物列车尾部未挂列尾装置时应以吊起尾部车辆软管代替尾部标志。尾部车辆软管的吊起，有列检作业的列车由列检人员负责，无列检作业的列车由车务人员负责”。

由于旅客列车列尾装置是保证列车运行安全的重要装备，因此规定动车组以外的旅客列车均应安装列尾装置,旅客列车安装列尾装置后,原运转车长需保留的部分职能分别由司机、车辆乘务员、车站人员担当。对于特殊情况无法安装或使用列尾装置时,应另行制定具体办法。

半自动闭塞区间没有列车占用检查设备,因此规定半自动闭塞区段货物列车须挂列尾装置;其他区段应根据线路实际情况确定货物列车是否挂列尾装置。对按规定应挂货列尾的列车,遇特殊情况无法加挂货列尾时,比照货列尾故障(丢失)办理。自动闭塞、自动站间闭塞区段不挂列尾装置时,如其中有个别区间为半自动闭塞时,为统一行车组织方式,货物列车在该区间可不挂列尾装置,但应有其他确认列车完整到达车站的手段。货物列车尾部未挂列尾装置时,为便于作业人员确认列车完整,规定以吊起尾部车辆软管代替尾部标志。因列检需进行列车自动制动机的试验等作业,为提高作业效率,规定尾部车辆软管的吊起,有列检作业的列车,由列检人员负责;对无列检作业的列车,则由车务人员负责。

三、列尾相关作业分工

(一)2014 年版条文内容及说明

【2014 年版】第 254 条 旅客列车列尾装置尾部主机的安装与摘解、风管及电源的连结与摘解,由车辆部门负责。

货物列车列尾装置尾部主机的安装与摘解,由车务人员负责。软管连结,有列检作业的列车,由列检人员负责;无列检作业的列车,由车务人员负责。特殊情况,由铁路局规定。

随着技术设备的进步,货物列车尾部装置的出现取代了运转车长的工作职能,随后旅客列车的列尾装置也得到了推广应用。为保障列尾装置的应用情况良好,需对相关人员的职责进行明确。

(二)溯源情况

【第 9 版】第 181 条 货物列车列尾装置主机的安装与摘解,由车务人员负责。制动软管连结，有列检作业的列车，由列检人员负责；无列检作业的列车，由车务人员负责。

本条相关规定首次出现在第 9 版《技规》，主要变化体现在技术设备的发展。

新技术设备投入应用，取代了运转车长和守车，需要明确货物列车列尾装置安装与摘解以及制动软管连结情况的职责分工。列尾装置尾部主机安装好后，对有列检作业的列车，因列检需进行列车自动制动机的试验等作业，尾部软管不能立即与列尾装置尾部主机连结，为提高作业效率，减少列尾装置作业人员的等待时间，规定尾部主机软管的连结，由列检人员负责。对无列检作业的列车，尾部主机软管的连结，则由车务人员负责。此条款为统一货物列车列尾装置的使用和管理，以确保列尾装置能够起到确认列车制动性能以及完整性的功能。

(三)演变过程

2014 年版《技规》第 254 条演变过程如图 11-8 所示。

图 11-8　2014 年版《技规》第 254 条演变过程

第 10 版《技规》第 195 条增加了“特殊情况，由铁路局规定”，为解决不同铁路局人员配置不同导致的作业分工不同的问题。

2014 年版《技规》第 254 条增加了“旅客列车列尾装置尾部主机的安装与摘解、风管及电源的连结与摘解，由车辆部门负责”，由于旅客列车列尾装置尾部主机装备在客车车厢内，由车辆部门统一管理，规定其尾部主机的安装与摘解、风管及电源的连结与摘解，由车辆部门负责。

四、列尾装置使用前的检测

(一)2014 年版条文内容及说明

【2014 年版】第 255 条 列尾装置在使用前,必须按规定进行检测,合格后方可投入运用。

列尾装置是保障列车安全运行的重要设备,应保证其在运用中保持良好的技术状态。为此,在使用前,列尾设备的管理维护部门必须按规定进行检测,合格后方可投入运用。严禁检测不合格的列尾设备投入运用。

(二)溯源情况

【第 9 版】第 182 条 列尾装置在使用前,必须按规定进行检测,合格后方可投入运用。

本条相关规定首次出现在第 9 版《技规》。

(三)演变过程

2014 年版《技规》第 255 条演变过程如图 11-9 所示。

图 11-9 2014 年版《技规》第 255 条演变过程

本条款未发生过变化。

第四节 列车中机车的编挂

一、概述

本节是关于列车中机车编挂要求的规定。从本务机车及补机连挂限制、机车回送以及单机挂车限制三方面开展规定。

铁路机车回送方式分为:单机、专列、附挂、托运。按回送用途分为：新造机车出厂回送、检修机车出入机车造修企业（单位）回送、机车调拨回送、日常运输调整回送及特殊任务回送等。按回送状态分为：有动力回送和无动力回送。铁路机车回送时，内燃机车原则上采用有动力回送；电力机车跨交路区段回送时，原则上采用无动力回送。

单机挂车指未挂车辆在线路上运行的机车，准许顺路机车连挂车辆运行，是利用机车牵引力、加速车辆周转的一种辅助措施。

二、本务机车及补机连挂规定

（一）2014年版条文内容及说明

【2014年版】第256条　工作机车应挂于列车头部，正向运行（牵引小运转、路用、救援列车的机车除外）；无转向设备的，可逆向运行。

双机或多机牵引时，本务机车的职务由第一位机车担当。

补机原则上应挂于本务机车的前位或次位，在特殊区段或需途中返回时，经铁路局批准，可挂于列车后部，如后部补机不接软管时，由铁路局规定保证安全办法。

工作机车应挂于列车头部，正向运行。因为机车在设计和制造时，其技术性能和作业条件主要是按正向运行考虑的。这便于乘务员瞭望，又能充分发挥机车的最大牵引效能。但无转向设备或担当小运转、救援及路用列车的机车，因客观条件限制及工作性质的需要，允许逆向运行。

双机或多机牵引时，为了保证运行安全，由第一位机车担当本务机车，负责操纵列车；第二位及以后的机车应根据本务机车的要求进行操纵。

补机原则上挂于本务机车的前位或次位，主要是便于彼此联系、配合，防止发生挤坏车辆或断钩事故。如补机挂于列车头部，所属补机也应该执行本务机车的职务。这样有利于司机瞭望和操纵列车，对列车平稳运行，防止事故均有好处。在特殊区段或补机需途中返回时，经铁路局集团公司批准，可将补机挂于列车后部，但应接通软管，加强相互间的联系与配合，做到同步操作以及列车平稳运行，保证列车安全。对需要途中返回的补机（包括越过一个区间），可不连结软管，以避免区间停车摘管造成列车起动困难或降低通过能力，此项行车办法和安全措施由铁路局集团公司规定。

（二）溯源情况

【第1版】第360条 本务机车应于列车前部连挂之，其头部必须面向列车前进方向。

如双机牵引时，易于通过曲线之机车应连挂在最前面，倘该两机车均易于通过时，则其中轻型机车应连挂于前部。

本条主要规定了本务机车及补机连挂位置，自第1版《技规》以来，随着机车类型的发展，从蒸汽机车到内燃机车再到电力机车的推广使用，根据机车的牵引特性，双机牵引的连挂规定也逐步发生变化。

（三）演变过程

2014年版《技规》第256条演变过程如图11-10所示。

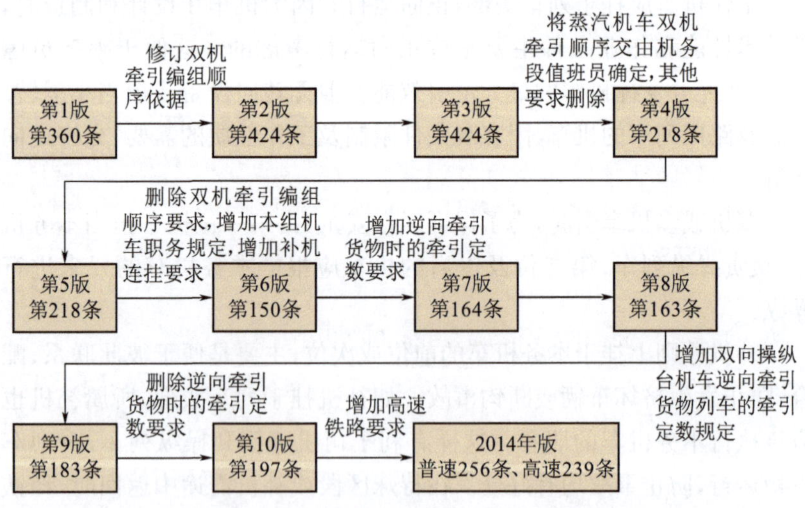

图11-10 2014年版《技规》第256条演变过程

1. 本务机车连挂位置

本条自**第 1 版**起规定机车挂于列车前部正向运行，这一规定直至目前 **2014 年版**仍在执行。

第 6 版，增加了补充说明：

（1）正向运行的规定调车和牵引小运转、市郊、路用列车的机车因客观条件限制及工作性质不同，可不执行本条规定；

（2）机车逆向牵引列车时，比照正向牵引定数减少 15%，主要理由是：

①机车逆向牵引，由于煤水车在前，转向迟钝，受速度 55 km/h 的限制。因此，在线路纵断面变化较大的区段内，不能利用列车动能闯坡；

②机车逆向运行时，乘务员瞭望条件受到很大限制；

③起动列车或在上坡道运行时，由于撒砂量减少，影响机车降低黏着牵引力，有造成途停事故的可能。

第 9 版，因设双向操纵台的机车无逆向牵引货物列车的情况，无须降低其牵引定数，故对减少牵引定数的规定增加了补充说明。

在**第 10 版**中，由于“机车逆向牵引货物列车时，牵引定数按正向减少 15%”，主要是针对蒸汽机车而定，而蒸汽机车此时已全部退出使用，因此删除该条款。

2. 多机牵引时本务机车担当规定

对于双机牵引时的本务机车担当，为了保证运行安全，自**第 6 版**开始加入规定：双机牵引时，本务机车的职务，由第一位机车负责。

第 10 版《技规》补充了多机重联的情况，增加规章适用范围，至 **2014 年版**没再发生变化。

3. 多机牵引时的连挂顺序

第 1 版《技规》中，为了使列车运行时较为灵便，规定了双机牵引时易于通过曲线的机车挂于首位，又因为轻型机车在首位更易于起引导作用，故规定了若两机车均易于通过时，则其中轻型机车应连挂于前部。

在第 2 版与第 3 版中，对此条规定进行了较大的改动，将排序的原则改为空压机的效率以及是否具备导轮，并加入了电力、内燃牵引时的连挂方式要求，原因是双机牵引的状态下由首位机车的总风缸进行全列供风，较高的空压机效率可以减少打风次数并且有效防止列车欠压运行。至第 4 版与第 5 版，由于全路配属的机车型号相对固定与统一，将此条规定删除，仅保留双蒸汽机车的牵引编组顺序规定，交由机务段值班员确定。

在第 6 版中，移除了蒸汽机车的编组规定，并规定了补机原则上挂于本务机车的前位或次位，主要是便于彼此联系、配合，保证安全，防止发生挤坏车辆或断钩事故。如补机挂于列车头部，虽属补机也应执行本务机车的职务。这样有利于司机瞭望和操纵列车，对列车平稳运行，防止事故均有好处。在特殊区段或补机需途中返回时，经铁路局批准，可将补机挂于列车后部，但应接通风管，保证列车安全。对需要途中折返的补机(包括越过一个区间的)，可不连结风管，以避免区间停车摘管而降低通过能力。此项行车办法和安全措施，应由铁路局规定。至 2014 年版，延续了此项规定。

三、机车回送规定

(一)2014 年版条文内容及说明(第一次修订)

【2014 年版】第 257 条 铁路局所属的内燃机车回送时，原则上采用有动力方式；电力机车跨交路区段回送时，原则上采用无动力方式。回送机车在交路区段外单机运行时，应派带道人员添乘。

铁路局所属的机车附挂回送时，原则上附挂货物列车；走行部和制动装置良好的客运机车(出入厂、段的修程机车除外)需附挂旅客列车跨铁路局回送时，按铁路总公司调度命令办理。

回送机车，应挂于本务机车次位，挂有重联机车时为重联机车次位。20‰及以上坡道的区段，禁止办理机车专列回送。

回送铁路救援起重机，应挂于列车后部。铁路救援起重机的回送限制速度见第 14 表，第 14 表以外的按设计文件要求速度回送。

表 14　铁路救援起重机回送限制速度表

型　号	名　称	回送速度(km/h)
NS2000	200 t 伸缩臂式铁路救援起重机	120
	吊臂平车	120
NS1600	160 t 伸缩臂式铁路救援起重机(1 680 t·m)	120
	吊臂平车	120
NS1600	160 t 伸缩臂式铁路救援起重机(1 600 t·m)	120
	吊臂平车	120
NS1601	160 t 伸缩臂式铁路救援起重机	120
	吊臂平车	120
NS1602	160 t 伸缩臂式铁路救援起重机	120
	吊臂平车	120
N1601	160 t 固定臂式铁路救援起重机	85
	吊臂平车	85
N1602	160 t 固定臂式铁路救援起重机	85
	吊臂平车	85
NS1601G	160 t 伸缩臂式铁路救援起重机	120
	吊臂平车	120
NS1602G	160 t 伸缩臂式铁路救援起重机	120
	吊臂平车	120
NS1251	125 t 伸缩臂式铁路救援起重机	120
	吊臂平车	120

续上表

型　号	名　称	回送速度(km/h)
NS1252	125 t 伸缩臂式铁路救援起重机	120
	吊臂平车	120
NS1001	100 t 伸缩臂式铁路救援起重机	80
	吊臂平车	80
N1002	100 t 固定臂式铁路救援起重机	80
	吊臂平车	80
NS100G	100 t 伸缩臂式铁路救援起重机	80
	吊臂平车	80

铁路局集团公司所属机车因配属、局间调拨或入厂、段检修,以及检修完毕后返回本段等原因,产生机车回送。为了充分利用不同类型机车的特点特性以及保障回送过程的安全,本条主要规定了不同类型机车以及救援吊车回送时的附挂方式、附挂列车类型以及附挂位置。

(二)溯源情况

【第 1 版】第 363 条　无火机车及吊车回送时,应照铁道部长特定之细则办理。非工作之机车,得连挂于本务机车之次位,其数目由铁道部长规定之。

回送动车时,应连挂于货物列车尾部。

本条主要规定了回送机车附挂位置,非工作机车挂于本务机车次位,原因是机车重量大,如挂于列车中部或后部,在列车制动时,容易发生断钩事故。遇列车紧急制动时,还可能将其前位的车辆挤坏。回送动车应挂于货物列车尾部。

(三)演变过程

2014 年版《技规》第 257 条演变过程如图 11-11 所示。

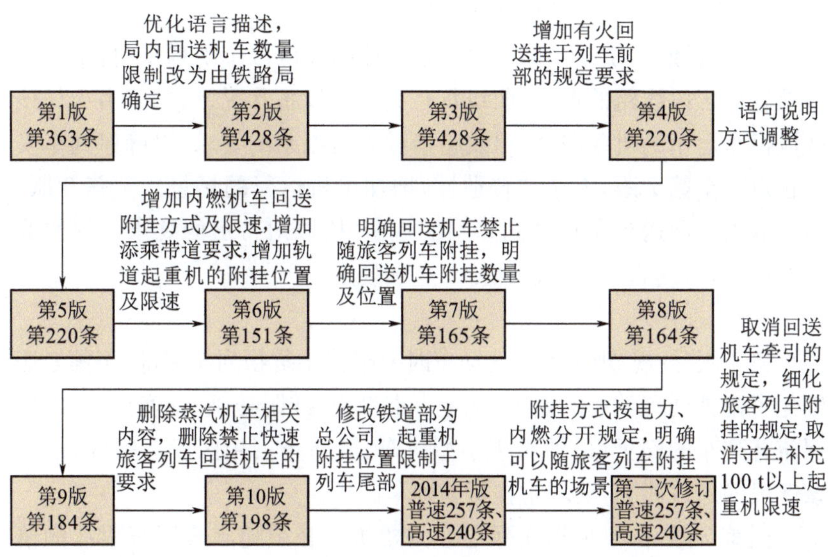

图 11-11　2014 年版《技规》第 257 条演变过程

1. 回送机车附挂方式规定

自第 6 版起，《技规》增加了关于机车回送的附挂方式选择：蒸汽机车回送时，原则上应有火牵引货物列车，原因是充分利用机车牵引力，尽可能牵引货物列车，快速回送。

至第 9 版，由于机车回送不只是蒸汽机车回送，将蒸汽机车回送改为“机车跨牵引区段”；另外全路各区段机车均上“三项”设备，机车三项设备在所担当的区段以外不能使用，因而将“有火牵引”改为“有动力附挂”，同样，单机回送也不得牵引列车。非电化区段不存在电力机车有动力附挂，所以将此种类型排除在外。

2014 年版《技规》(第一次修订)将机车类型加入考虑，为了充分利用区间通过能力，内燃机车在保证供给燃料的情况下，应尽量有动力回送；为保证电力机车回送安全，电力机车跨交路区段回送，考虑接触网、LKJ 数据以及司机对线路的熟悉程度，应采取无动力方式。

2. 回送机车添乘带道规定

在第6版中，由于当回送机车在非原担任区段牵引列车时，乘务员不熟悉该区段线路的坡道、曲线及有关行车设备状况，增加了由担任该区段机车运用的机务段，派出线路指导人员添乘的要求，以确保列车安全正点。至第7版，为增加普适性，增加单机运行的场景。至第9版，由于取消了回送机车跨区间牵引的规定，所以对带道的要求仅保留为单机运行，后续版本《技规》维持了这项规定。

3. 回送机车附挂列车规定

第1版《技规》规定了回送动车时要附挂于货物列车尾部，至第6版细化了附挂列车类型的要求，规定不准牵引(或附挂于)旅客列车，以确保旅客列车的安全，另外对于小型机车，为防止占用区段运行线、浪费该区段的通过能力，要求附挂货物列车回送。

至第7版，由于现场实际存在内燃机车必须随旅客列车附挂的情况，故将此类型的情况交由《铁路机车运用规程》规定：

遇有下列情况之一时，内燃机车可在本段担当的区段内随旅客列车附挂回送：

(1)因临时加开旅客列车或内燃机车临时发生故障，又无内燃机车顶替，须另派内燃机车接运时，可随旅客列车附挂，实行多机牵引。有重联线的，必须联挂好。

(2)内燃机车在外段发生故障，但走行部良好，急需返段检修时，可在保证安全正点的前提下，挂于特别旅客快车以外的其他旅客列车机车次位回送。

在第9版中，由于现有绝大部分机车的最高运行速度达不到快速旅客列车运行速度的要求，为保证快速旅客列车安全、正点，平稳运行，禁止其附挂回送机车，遇特殊情况需要铁道部发布命令。

在第10版中，取消了对“快速旅客列车禁止附挂回送机车”的限制，减少了特殊情况下回送机车对运输能力的影响。

在2014年版《技规》(第一次修订)后，考虑走行部和制动装置良好的客运机车附挂旅客列车回送(出入厂、段的修程机车除外)安全能够保证,有利于提高机车回送效率,所以允许机车按铁路总公司调度命令办理附挂旅客列车跨铁路局回送。

4. 回送机车连挂位置的规定

第1版至**第5版**,回送机车均要求挂于本务机车次位,主要是考虑到机车重量大,如挂于列车中部或后部,在列车制动时,容易发生断钩事故。遇列车紧急制动时,还可能将其前位的车辆挤坏。在**第4版**中,为提高运输效率,要求回送机车进行牵引,在有带道人员的前提下,可以挂于列车头部进行牵引。

后续除**第6版**要求连挂位置按铁路局自行规定办理外,其他各版均维持了本务机车次位的要求。在**第10版**中,由于双机重联牵引的情况出现,所以补充为"挂于本务机车次位,挂有重联机车时为重联机车次位。"

关于轨道起重机的回送连挂,自**第6版**开始加入:由于轨道起重机回送时,因其不起制动作用,连挂的位置,以在列车中后部为宜。**第7版**中明确了回送轨道起重机,一律挂于列车中部或守车前部。**第9版**由于货物列车取消守车后,不存在"守车前部",改为"列车后部"。**第10版**考虑到铁路救援起重机自重大、制动快,规定挂于列车后部以减轻列车制动时产生的纵向冲动,删除了挂于列车中部的规定。

5. 回送机车连挂数量的规定

第1版《技规》没有对连挂数量进行具体规定,仅要求铁道部长规定,后续至**第6版**,连挂数量改为由各铁路局具体规定。

至**第7版**,将各类型机车的回送限制数量进行了明确,由于机车回送限制条件复杂,因此规定货物列车附挂蒸汽机车每列不得超过2台;专列回送,每列不得超过5台;由于机车制动条件限制,20‰及其以上坡度的区段,禁止办理机车专列回送。因受桥梁限制,必须隔离回送的区段、连挂台数、隔离限制,由于各桥梁实际情况不同,由铁路局根据具体情况规定。

至**第 10 版**,因全路已无蒸汽机车上线运行,故删除了"附挂蒸汽机车每列不得超过两台;专列回送,每列不得超过五台;内燃、电力机车回送台数不限"。且全路经过几次提速后,线路、桥梁质量大幅提高,对机车重联已无隔离要求,故删除了"受桥梁限制必须实行隔离回送的区段,其连挂台数、隔离限制,由铁路局规定",如因桥梁病害等原因临时需实行机车隔离回送时由各铁路局自行规定连挂台数、隔离限制等。

6. 回送机车限制速度的规定

第 6 版中第一次加入了无动力回送机车的限制速度。

(1)蒸汽机车无火回送时,分"不卸连杆"与"卸除连杆"两种。不卸连杆的机车,系指只卸下摇杆和偏心杆(主要是减少汽缸、汽室的阻力和防止运动部件的磨耗)。另外,将十字头、合并杆、月牙板加以固定,并在滑板和主曲拐上涂上软干油,用木板加以防护。"卸除连杆"的无火机车,一般均为走行部技术状态不良的机车。因卸除连杆后,各动轮间失去控制,动轮的均衡铁不可能在统一的规定位置上,容易对线路产生较大的冲击作用。另外,因动轮轴颈与轴箱间的间隙增大,走行时会产生较大的晃动,因此限制速度较"不卸连杆"的机车更加严格。

(2)轨道起重机回送时,轨道起重机所规定的不同回送速度,主要是考虑到起重机本身走行部分的弱点和其重心偏高以及起重臂的横向摆动大等因素。

关于蒸汽机车的回送限制速度,**第 6 版**至**第 9 版**逐步根据机型进行修订,至**第 10 版**由于蒸汽机车的退役,删除了"蒸汽机车无火回送限制速度表"。

关于轨道起重机的回送限制速度,**第 6 版**至**第 8 版**按照轨道起重机的自重来进行划分:45 t 以上,每小时不超过 50 km;16～44 t,每小时不超过 45 km;15 t 以下,由铁路局规定。在**第 9 版**中,按照轨道起重机的型号来进行区分,补充了 100 t 及其以上轨道起重机回送限制速度,并改为表格形式更醒目。

四、单机挂车的限制要求

(一)2014 年版条文内容及说明

【2014 年版】第 258 条 单机挂车的辆数，线路坡度不超过 12‰的区段，以 10 辆为限；超过 12‰的区段，由铁路局规定。

单机挂车时，应遵守下列规定：

1. 所挂车辆的自动制动机作用必须良好，发车前列检(无列检时由车站发车人员)按规定进行制动试验；

2. 连挂前按规定彻底检查货物装载状态，并将编组顺序表和货运单据交与司机；

3. 在区间被迫停车后的防护工作由机车乘务组负责，开车前应确认附挂辆数和制动主管贯通状态是否良好；

4. 列车调度员应严格掌握，不得影响机车固定交路和乘务员劳动时间；

5. 不准挂装载爆炸品、超限货物的车辆。

单机挂车时，可不挂列尾装置。

本条主要规定了单机挂车的辆数限界以及必须遵守的各项工作要求。

(二)溯源情况

【第 1 版】第 362 条 如单机运行于下坡道不超过 17‰之区间时，准许连挂 10 重轴或 20 空轴以内之车辆。

于超过 17‰之下坡道运转之单机，其准许连挂之车数由管理局长另定之。

于上述情形下，列车乘务组之职务，由机车乘务组代行之。

本条主要规定了单机挂车时在不同坡道上的挂车辆数限制，同时明确规定了列车乘务组的职能由机车乘务组代行。

(三)演变过程

2014 年版《技规》第 258 条演变过程如图 11-12 所示。

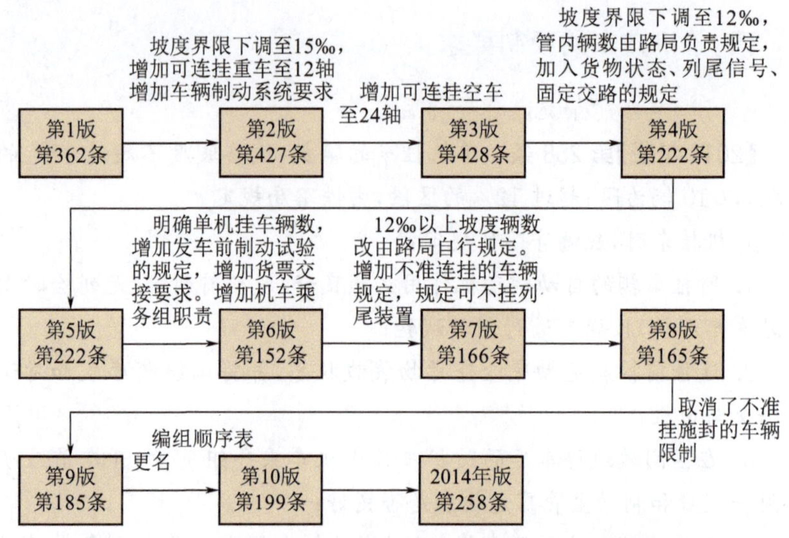

图 11-12 2014 年版《技规》第 258 条演变过程

1. 单机挂车坡度界限与辆数规定

在**第 1 版**《技规》中，规定的坡度界限是 17‰，这个坡度界限的设置目的是考虑到机车乘务组监护附挂车辆的条件限制，所以单机挂车不宜过多，在这个坡度以下的挂空车 20 轴，重车 10 轴；在这个坡度以上的，由各铁路局自行规定。至**第 2 版**，为了保证列车行车安全的同时提高车辆运转效率，将坡度界限下调为 15‰，同时增加了允许连挂的重车轴数。在**第 4 版**中，将管内的单机附挂规定的权力下放至各铁路局，同时将跨局运行的坡度界限再次下调至 12‰，在此限界内的挂车辆数不再区分空、重车，统一为 10 辆，在此以上的由涉及路局进行协商确定。至**第 6 版**，明确规定无论是否跨局，在 12‰以上坡道运行的单机挂车由于限制因素较多，辆数不得超过 5 辆。在**第 7 版**中，由于考虑到具体坡度、牵引动力、牵引定数不同，单机挂车辆数不宜全路统一规定，故 12‰以上坡度区段由铁路局自行规定，延续至今。

2. 车辆制动系统规定

本条规定自**第 3 版**开始加入《技规》，目的是保证单机运行时能有足够的闸瓦压力，至**第 4 版**细化了要求：不仅加入自动制动系统，还要确保每 100 t 列车重量的闸瓦压力，不得低于规定标准。**第 6 版**中将描述修订为“车辆自动制动机作用必须良好”，更加便于理解，同时为防止有关闭折角塞门的车辆发车，导致尾部车辆脱钩溜走，增加了发车前列检人员（无列检时由车站发车人员）应按规定进行制动试验的规定。

3. 车辆的货物装载规定

为了保证货物在运行途中的完整和行车安全，**第 4 版**中加入此项规定，至**第 6 版**中为了明确责任分工，增加编组顺序表和货票交与司机的规定。

4. 车列尾部信号的规定

为了车列的完整性易于分辨，在**第 5 版**中加入了由加挂车辆站负责加挂尾部信号的规定。这项规定在现场实际中由于条件限制难以执行，故在**第 6 版**及之后的《技规》中删除。且单机挂车时，由于车辆数少，运行距离短，规定可不挂列尾装置。

5. 不得影响正常机车、人员交路的规定

第 4 版中首次加入这项规定，单机挂车作为利用机车牵引力、加速车辆周转的一种辅助措施，重点还是在辅助，不能因为单机挂车而影响了机车、乘务员的正常运用。至**第 7 版**，对单机挂车要求严加控制，不能随意指示单机挂车，因此增加了“列车调度员应严格掌握”的内容。

6. 运行途中防护工作

在**第 1 版**《技规》中就有“列车乘务组之职务，由机车乘务组代行之。”的规定，至**第 4 版**将要求具体化为区间被迫停车时的防护工作，**第 6 版**增加确认附挂车辆有无脱钩和关闭折角塞门等情况的职责，后续版本在此基础上进行了文字描述上的修订，规定本身延续至今。

7. 禁止连挂车辆类型的规定

鉴于爆炸品危险性较大，运行上要求隔离；超限货物在运输条件上有限制；施封车辆装载的货物一般都是贵重物资，而单机挂车没有运转车长值乘，司机在进行乘务工作的同时，不能完全承担运转车长的职

责，所以在第7版《技规》中增加了不准挂装载爆炸品、超限货物和施封的车辆的规定。至第9版，货物列车取消运转车长后，单机挂车与货物列车的运输条件相同，因此取消了不准挂施封的车辆限制。

第五节 机车车辆重量及长度

一、概述

本节是关于机车车辆重量及长度的规定。

机车重量及长度表供有关部门设计、计算股道有效长、列车重量和机务部门运用管理时使用。车辆重量及长度表是供有关部门验算货物列车自动制动机的闸瓦压力，确定列车重量，计算股道容纳车数与列车长度等使用。

铁路救援起重机重量及长度表的数据也是供有关部门验算货物列车自动制动机的闸瓦压力，确定列车重量，计算股道容纳车数与列车长度等使用。

二、机车、车辆编入列车时的重量及长度的规定

(一)2014年版条文内容及说明(第一次修订)

【2014年版】第259条 机车、车辆、铁路救援起重机编入列车时，重量及长度按第15、16、17表确定。

第15表 机车重量及长度表

种类	机型	自重(t)	换算长度	备注
电力	SS_1	137	1.9	
	SS_{3B}	276	4.0	按双节计算
	SS_4	184	3.0	按双节计算
	SS_3、SS_6、SS_{6B}、SS_7、SS_{7B}、6K	138	2.0	

续上表

种类	机 型	自重(t)	换算长度	备 注
电力	SS_{7C}	132	2.0	
	SS_{7D}、SS_{7E}、SS_9	126	2.0	
	SS_8	87/89	1.6	无列车供电/有列车供电
	8G、DJ_1	184	3.2	按双节计算
	8K	184	3.4	按双节计算
	HXD_1	200	3.2	按双节计算
	HXD_2	200	3.5	按双节计算
	HXD_{1B}、HXD_{2B}、HXD_{3B}	150	2.1	
	HXD_{1C}、HXD_{2C}	138/150	2.1	
	HXD_3、HXD_{3C}	138/150	1.9	
	HXD_{1D}、HXD_{3D}	126	2.1	
内燃	DF_4、DF_{4B}、DF_{4C}、DF_{4D}	127	1.9	
	DF_5、DF_7、DF_{7B}、DF_{7C}	130	1.7	
	DF_{7D}	132	1.7	山区型自重127 t，双司机室机车换长1.8
	DF_{7E}	145	1.8	
	DF_{7G}	132	1.8	
	DF_8	130	2.0	
	DF_{8B}	131	2.0	25 t轴重DF_{8B}自重139 t
	DF_{11}	133	1.9	
	DF_{11G}	133	2.0	
	DFH_2	58	1.2	
	DFH_3	84	1.7	

续上表

种类	机　　型	自重(t)	换算长度	备　　注
内燃	DFH5	81	1.4	
	BJ	84	1.5	
	ND2	114	1.6	
	ND3	122	1.7	
	ND5	126	1.8	
	NY6、NY7	124	2.1	
	HXN5	150	2.1	
	HXN3	150	2.0	
	NJ2	138	1.9	

第 16 表　车辆重量及长度

1. 客　　车		
客车种类	平均每辆总重量(t)	平均每辆换算长度
各种客车	按车体外部标记计算	按车体外部标记计算
2. 货　　车		
货　车　种　类	平均每辆自重(t)	平均每辆换算长度
标记载重 60 t 四轴棚车(P62K、P63K)	24.0	1.5
标记载重 58 t 四轴棚车(P64K)	25.4	1.5
标记载重 58 t 四轴棚车(P64AK)	25.7	1.5
标记载重 58 t 四轴棚车(P65)	26.0	1.5
标记载重 70 t 四轴棚车(P70)	24.9	1.6
标记载重 60 t 四轴敞车(CF、CFK)	22.4	1.2
标记载重 60 t 四轴敞车(C62A、C62AK)	21.7	1.2

续上表

货　车　种　类	平均每辆自重(t)	平均每辆换算长度
标记载重 60 t 四轴敞车(C_{62B}、C_{62BK})	22.3	1.2
标记载重 61 t 四轴敞车(C_{63}、C_{63A})	22.5	1.1
标记载重 61 t 四轴敞车(C_{64K})	23.0	1.2
标记载重 60 t 四轴敞车(C_{61})	23.0	1.1
标记载重 70 t 四轴敞车(C_{70})	23.8	1.3
标记载重 70 t 四轴敞车(C_{70E})	24.0	1.3
标记载重 80 t 四轴敞车(C_{80}、C_{80B})	20.0	1.1
标记载重 100 t 六轴敞车(C_{100A}、C_{100AH})	26.0	1.4
标记载重 50 t 四轴集装箱平车(X_{1K})	19.8	1.3
标记载重 60 t 四轴集装箱平车(X_{6A})	17.8	1.3
标记载重 60 t 四轴集装箱平车(X_{6K})	18.0	1.2
标记载重 70 t 四轴集装箱平车(X_{4K})	21.8	1.8
标记载重 70 t 四轴集装箱平车(X_{70})	22.4	1.2
标记载重 80 t 四轴集装箱平车(X_{2K})	22.0	1.8
标记载重 60 t 四轴平车(N_{17AK})	21.0	1.3
标记载重 60 t 四轴平车(N_{17GK})	21.9	1.3
标记载重 60 t 四轴平车(N_{17K})	20.5	1.3
标记载重 60 t 四轴平集共用车(NX_{17AK})	22.9	1.3
标记载重 60 t 四轴平集共用车(NX_{17K})	22.4	1.3
标记载重 60 t 四轴平集共用车(NX_{17BK})	22.9	1.5
标记载重 70 t 四轴平集共用车(NX_{70})	23.8	1.5
标记载重 70 t 四轴平集共用车(NX_{70A})	3.8	1.3
标记载重 53 t 四轴罐车(G_{60K})	21.0	1.1
标记载重 60 t 四轴罐车(G_{70K})	20.4	1.1

续上表

货 车 种 类	平均每辆自重(t)	平均每辆换算长度
标记载重 70 t 四轴罐车(GQ70)	23.6	1.1
标记载重 70 t 四轴罐车(GN70)	23.8	1.1
标记载重 70 t 四轴罐车(GHA70)	23.8	1.2
标记载重 70 t 四轴氧化铝粉罐车(GF70)	23.6	1.2
标记载重 50 t 四轴毒品车(W5SK)	26.5	1.5
标记载重 60 t 四轴毒品车(W6S)	24.6	1.5
标记载重 70 t 四轴毒品车(W70S)	25.2	1.6
标记载重 60 t 石碴车(K13K)	21.5	1.1
标记载重 70 t 石碴车(KZ70)	23.8	1.1
标记载重 60 t 煤炭漏斗车(K18K)	24.0	1.3
标记载重 70 t 煤炭漏斗车(KM70)	23.8	1.3
标记载重 60 t 散装粮食车(L17K)	23.5	1.3
标记载重 60 t 散装粮食车(L18)	23.8	1.3
标记载重 70 t 散装粮食车(L70)	24.8	1.5
标记载重 60 t 散装水泥车(U60)	26.0	1.2
标记载重 60 t 散装水泥车(U60WK)	24.5	1.1
标记载重 60 t 散装水泥车(U61WK)	22.3	1.1
标记载重 20 t 双层小汽车运输车(SQ5)	37.0	2.4
标记载重 22 t 双层小汽车运输车(SQ6)	36.2	2.4
标记载重 40 t 机械冷藏车(B10A)	41.1	2.0

注:1. 旅客列车重量按客车总重(包括旅客及行李的重量)计算,回送空客车按自重计算。

2. 列车中其他各型货车的自重及换算长度和货物的重量按《铁路货车统计规则》规定计算。

3. 机车、车辆长度的计算,以前后两钩舌内侧面距离按 11 m 为换算单位(一辆),各型机车、车辆按上述换算单位得出的比值,称为换算长度。

第 17 表　铁路救援起重机重量及长度表

型　号	名　　称	自重(t)	换算长度
NS2000	200 t 伸缩臂式铁路救援起重机	208	1.5
	吊臂平车	45	2.2
NS1600	160 t 伸缩臂式铁路救援起重机(1 600 t·m)	192	1.4
	160 t 伸缩臂式铁路救援起重机(1 680 t·m)	205	1.4
	吊臂平车	45	2.2
NS1601	160 t 伸缩臂式铁路救援起重机	186.4	1.1
	吊臂平车	42	2.2
NS1602	160 t 伸缩臂式铁路救援起重机	184	1.1
	吊臂平车	38	1.8
N1601	160 t 固定臂式铁路救援起重机	187	1.1
	吊臂平车	38	1.9
N1602	160 t 固定臂式铁路救援起重机	190	1.1
	吊臂平车	40	2.2
NS1601G	160 t 伸缩臂式铁路救援起重机	186.4	1.1
	吊臂平车	38	1.9
NS1602G	160 t 伸缩臂式铁路救援起重机	186.4	1.1
	吊臂平车	40	2.2
NS1251	125 t 伸缩臂式铁路救援起重机	139	1.0
	吊臂平车	40	1.9
NS1252	125 t 伸缩臂式铁路救援起重机	138	1.1
	吊臂平车	40	1.9

续上表

型　号	名　　称	自重(t)	换算长度
NS1001	100 t 伸缩臂式铁路救援起重机	138	1.0
	吊臂平车	32	1.8
N1002	100 t 固定臂式铁路救援起重机	132	1.0
	吊臂平车	31.4	1.8
NS100G	100 t 伸缩臂式铁路救援起重机	140	1.0
	吊臂平车	32	1.8

本条规定了机车、车辆编入列车时的重量及长度。

1. 自重是指机车不装载燃料或车辆不装载旅客、货物时的空车重量。由制造厂根据设计要求确定，明显标识在车体外表面上。

计算重量与计算方法及条件有关，在机车车辆设计时一般是按机车装载燃料或车辆满载旅客、货物时总重量计算的重量。

电力机车计算重量统一表示为按轴重计算的标准重量，未列入偏差值；内燃机车计算重量为自重加燃油重量。根据实际运用情况，部分机车按双节计算重量及长度。

2. 根据铁路机车车辆装备的发展，增加了新型机车、车辆。第 15 表、第 16 表列出了主型机车、车辆，不包括杂小车型和未定型的机车、车辆。其他各型货车的自重及换算长度和货物的重量按《铁路货车统计规则》等规定计算。

本条款在第 2 版《技规》首次出现，此后的变化主要根据机车、车辆以及救援吊车的更新换代进行修订。

(二)溯源情况

【第 2 版】第 381 条　在不同类型的机车车辆编入一列车时，其重量及长度按下表确定之：

列车重量及长度确定表

一、客　　车		
客　车　种　类	平均每辆总重量(t)*	换算长度
车长 24 m 及其以上的六轴客车	62	2.2
车长 23 m 及其以上的四轴客车	58	2.1
车长 22 m 及其以上的四轴客车	55	2.0
车长 21 m 及其以上的四轴客车	50	1.9
车长 20 m 及其以上的四轴客车	48	1.8
车长 19 m 及其以上的四轴客车	43	1.8
车长 18 m 及其以上的四轴客车	38	1.6
车长 17 m 及其以上的四轴客车	36	1.6
车长 16 m 及其以上的四轴客车	34	1.5
车长 15 m 及其以上的四轴客车	30	1.4
其他客车	按车体外部标记的总重量(自重加载重)	按车体外部标记
二、货　　车		
货　车　种　类	平均每辆自重(t)	换算长度
标记载重 60 t 的四轴棚车	24.5	1.5
标记载重 50 t 的四轴棚车	21.6	1.3
标记载重 40 t 的四轴棚车	20.0	1.0

* 注:为方便读者阅读,本书在引用早期《技规》版本时,将旧有数字、单位表示形式(如"六公尺""七公厘"等),按《出版物上数字用法》(GB/T 15835—2011)、《有关量、单位和符号的一般原则》(GB/T 3101—1993)规定进行了替换。

续上表

货　车　种　类	平均每辆自重(t)	换算长度
标记载重 30 t 的四轴棚车	16.5	1.0
标记载重 25 t 的四轴棚车	17.0	1.0
标记载重 20 t 的四轴棚车	13.4	0.7
标记载重 20 t 的二轴棚车	9.6	0.8
标记载重 15 t 的二轴棚车	9.5	0.8
标记载重 50 t 的四轴敞车	24.0	1.3
标记载重 45 t 的四轴敞车	16.5	1.0
标记载重 30 t 的四轴敞车	15.0	1.0
标记载重 20 t 的二轴敞车	9.3	0.7
标记载重 15 t 的二轴敞车	8.7	0.7
标记载重 50 t 的六轴平车	28.9	1.9
标记载重 60 t 的四轴平车	21.0	1.2
标记载重 50 t 的四轴平车	20.0	1.2
标记载重 40 t 的四轴平车	20.0	1.2
标记载重 30 t 的四轴平车	12.9	1.0
标记载重 20 t 的二轴平车	6.4	0.8
标记载重 15 t 的二轴平车	9.0	0.9
标记载重 60 t 的四轴煤车	25.8	1.4
标记载重 50 t 的四轴煤车	21.4	1.2
标记载重 40 t 的四轴煤车	18.1	1.2

续上表

货 车 种 类	平均每辆自重(t)	换算长度
标记载重 30 t 的四轴煤车	15.9	1.1
其他货车(包括守车)	按车体外部标记	按车体外部标记
三、非工作机车(略)		

注一 计算旅客列车重量时,按客车总重量(包括旅客、手提行李及行李的重量)计算。

注二 列车中货物的重量:

1. 货物的重量按每车的货物票据确定之。

2. 如某车货物重量在货物票据内未记明时,则此车在顺路最近有轨道衡的车站过秤以前,其货物重量即按其规定的技术装载量计算;如技术装载量在运单内亦未记明时,即按该车的载重量计算。

注三 机车车辆长度的计算,以前后两钩舌内侧面距离 11 m 为换算单位,各型机车车辆按此算出之比例值称为换算辆数(简称换长)。

每一列车的换算长度,应记入列车编组顺序表、列车运行日志及列车运行实绩图内。

机车、车辆的重量及换算长度是根据出厂设计规格规定,供有关部门设计、计算股道有效长、列车重量、确定区段机车重联过桥限制和机务部门的运用管理等需要。本条款首次规定了客车、货车以及机车的自重以及换算长度,便于工作人员查找使用。

(三)演变过程

2014 年版《技规》第 259 条演变过程如图 11-13 所示。

第 3 版《技规》第 381 条将“其他货车(包括守车)”修改为“其他货车”,对守车平均每辆自重(t)以及换算长度进行了单独说明。

第 4 版《技规》第 223 条对客车的平均每辆总重量以及平均每辆换算长度统一描述为“按车体外部标记计算”,不再单独说明。针对货车部分,由于二轴车已经逐步淘汰,因此,删除了有关二轴车的规定。随着运输生产的需要,新型货车投入使用,相应补充了四轴砂石车、罐车、

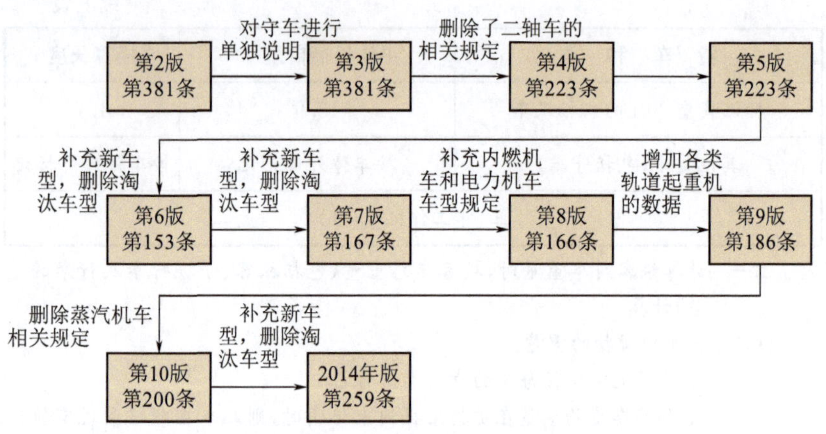

图 11-13　2014 年版《技规》第 259 条演变过程

保温车等多种货车的参数。针对机车部分，根据技术条件的进步，修改了机车类型以及相对应的重量、换算长度。

第 6 版《技规》第 153 条由于同型机车、车辆本身重量不一致，为简化起见，表中数据是根据同型车种综合平均计算出来的重量，因此，对相应车型的参数进行了修改。此外，根据货物载重的增加以及技术设备的更新换代，删除了标记载重 20 t 及 25 t 的四轴棚车、标记载重 24 t 的四轴保温车等多种车型的规定，新增了载重标记 37 t 四轴保温车等多种车型。

第 7 版《技规》第 167 条新增了东风 3/4/5 型，东方红 2/3/5/21 型，ND1/2/4/5/6/7 型，韶山 3 型，北京型机车重量及长度的内容。删除了载重标记 30 t 四轴煤车、载重标记 30 t 四轴煤车（$M_{14/15}$）两项，因为这两种车型已被淘汰。

第 8 版《技规》第 166 条针对机车部分，补充了内燃机车和电力机车的车型参数；针对货车部分，新增了标记载重 50 t 四轴毒品车、风动石砟车、散装粮食车、散装水泥车以及家畜车等车型的参数。删除了载重标记 30.40 t 四轴棚车，载重标记 30 t 四轴保温车等车型的规定。

第 9 版《技规》第 186 条修改补充了新型车辆的自重及换算长度。将“冰保车”改为“加冰冷藏车”更加准确。上述数据为验算货物列车闸瓦压力、确定列车重量、计算列车长度的依据。根据运输需要增加了各类轨道起重机的自重和换算长度。

第 10 版《技规》第 200 条随着蒸汽机车的淘汰，删除了有关蒸汽机车的内容。电力机车计算重量统一表示为按轴重计算的标准重量，未列入偏差值；内燃机车计算重量为自重加燃油重量。根据实际运用情况，部分机车按双节计算重量及长度。根据铁路机车车辆装备的发展，新增了新型机车车辆，更新了各表的数据，并对部分注释内容进行了修改。表中列出了主型机车车辆，不包括杂小车型和未定型的机车车辆。其他各型货车的自重及换算长度和货物的重量按原铁道部《铁路货车统计规则》规定计算。

2014 年版《技规》第 259 条将“轨道起重机”统一改为“铁路救援起重机”，表述更加准确；更新了机车、车辆重量及长度表，补充了 HXD1、标记载重 100 t 六轴敞车以及 NS2000 等多种新车型，删除了已淘汰的多种货车车型。

三、动车组的长度、重量及最高运行速度规定

2014 年版条文内容及说明（第一次修订）

【2014 年版】第 260 条 动车组的长度、重量及最高运行速度按第 18 表规定。

第 18 表 动车组长度、重量及最高运行速度表

动车组类型	换算长度	整备重量 (t)	计算重量 (t)	最高运行速度 (km/h)
CRH1A-200	19.4	429.7	483.1	200
CRH1A-250	19.4	432.6	483.1	250

续上表

动车组类型	换算长度	整备重量（t）	计算重量（t）	最高运行速度（km/h）
CRH1A-A	18.6	431.0	480.0	250
CRH1B	38.8	857.6	961.5	250
CRH1E(不锈钢车体)	38.8	887.8	942.2	250
CRH1E(铝合金车体)	37.2	910.9	987.0(按座票定员)	250
CRH2A	18.3	375.8	425.9	250
CRH2B	36.5	745.3	846.3	250
CRH2E	36.5	813.1	869.8	250
CRH2E(纵向卧铺车)	37.5	836.2	915.4	250
CRH2G	18.3	393.3	442.3	250
CRH3A	19.1	438.9	487.9	250
CRH5A	19.2	430.0	479.7	250
CRH5G	19.2	429.0	478.0	250
CRH5E	38.0	927.3	999.9	250
CRH2C 一阶段	18.3	381.8	431.9	310
CRH2C 二阶段	18.3	401.5	451.6	350
CRH3C	18.2	432.0	476.6	310/350
CRH380A	18.5	411.4	452.3	350
CRH380AL	36.6	836.5	924.4	350
CRH380B	18.5	450.8	495.3	350
CRH380BG	18.5	454.9	499.4	350

续上表

动车组类型	换算长度	整备重量（t）	计算重量（t）	最高运行速度（km/h）
CRH380BL	36.3	893.1	977.3	350
CRH380CL	36.4	902.8	987.0	350
CRH380D	19.6	464.7	510.0	350
CR400AF	19.0	427.8	472.3	350
CR400BF	19.0	461.8	506.3	350
CRH6F	18.3	383.4	471.6	160
CRH6A	18.3	382.2	417.9	200

注：CRH3C型动车组齿轮箱传动比为2.793 1时，最高运行速度为310 km/h；齿轮箱传动比为2.429时，最高运行速度为350 km/h。

本条款在2014年版《技规》中首次出现。

按照8辆或16辆编组方式，明确动车组重量、换算长度和最高运行速度，其中重量包含整备重量及计算重量。

整备重量包含动车组空车自重和整备品重量；计算重量包含空车自重、整备品重量及额定定员载重。

单组动车组为固定编组，有8辆或16辆编组；由两组短编组动车组重联而成的16辆动车组，基本按照8辆编组的长度、重量的二倍进行换算。

第六节　列车制动限速及其编组要求

一、概述

本节是关于列车制动限速及编组要求的规定。

关门车是指为保证货车内货物的运输安全或因车辆制动系统故障而关闭制动支管上的截断塞门，使自动制动机失去制动作用的车辆。考虑到现场实际情况中出现个别车辆自动制动机故障而无法恢复的情况，现场难以处置，全列停车对运输影响较大，而随着制动机性能的提升，个别车辆制动机故障不对整列货车的安全运行造成太大的影响，因此可以根据要求编挂关门车。

最高运行速度是指列车在运行中可能达到的最高速度，不能超过机车、车辆设计的最高速度(即构造速度)。列车实际运行的最高速度还受到牵引动力、制动能力和线路条件的限制。

列车紧急制动距离是指列车由开始使用紧急制动(操纵自动制动阀到非常位)至完全停止的距离。在任何坡道上，列车紧急制动距离均应满足相关规定，因此在下坡道上制动能力不足时，有必要根据相应的制动限速表限定列车运行速度。

二、保证列车运行安全的换算闸瓦压力要求

(一)2014 年版条文内容及说明

【2014 年版】第 261 条 动车组以外的列车的换算闸瓦压力，按第 19、20 表规定计算。

第 19 表 机车计算重量及每台换算闸瓦压力表

种类	机　　型	计算重量(t)	换算闸瓦压力(kN)
电力	SS3、SS6	138	700
	SS1	138	830
	SS3B、SS6B	138	680
	SS4	184	900
	SS7	138	1 100

续上表

种类	机　型	计算重量(t)	换算闸瓦压力(kN)
电力	SS_{7E}、SS_9	126	770
	SS_8	90	520
	DJ_1	184	1 120
	6K	138	780
	8G、8K	184	880
	HXD_1、HXD_2	200	900(320)
	HXD_{1B}、HXD_{2B}、HXD_{3B}	150	680(240)
	HXD_{1C}、HXD_{2C}、HXD_3、HXD_{3C}	138/150	680(240)
	HXD_{1D}、HXD_{3D}	126	790(280)
内燃	DF_4、DF_5、DF_7、DF_8、DF_{11}	138	680
	DF_{11G}、DF_{11Z}	145	770
	DF_{7B}、DF_{7C}、DF_{7D}	138	680
	DF_{8B}	150	900
	BJ	90	680
	ND_5	135	800
	HXN_5、HXN_3	150	680(240)
	NJ_2	138	620(220)

注:1. 表中为按铸铁闸瓦换算闸瓦压力。

2. 新型机车根据 120 km/h 速度下紧急制动距离在 1 100 m 以内的要求计算,括弧内为按 H 高摩合成闸瓦换算闸瓦压力。

第20表 车辆换算闸瓦压力表

<table>
<tr><th rowspan="3">种类</th><th rowspan="3" colspan="3">车　型</th><th colspan="3">每辆换算闸瓦压力(kN)</th></tr>
<tr><th colspan="2">自动制动机
列车主管压力</th><th rowspan="2">人力
制动机</th></tr>
<tr><th>500 kPa</th><th>600 kPa</th></tr>
<tr><td rowspan="10">客车</td><td>普通客车
(120 km/h)</td><td colspan="2">(踏面制动)</td><td></td><td>(350)</td><td>(80)</td></tr>
<tr><td rowspan="9">新型客车
(盘形制动，
120 km/h，
140 km/h，
160 km/h)</td><td rowspan="4">120 km/h</td><td>自重 41～45 t</td><td></td><td>137(412)</td><td rowspan="4">13</td></tr>
<tr><td>自重 46～50 t</td><td></td><td>147(441)</td></tr>
<tr><td>自重 51～55 t</td><td></td><td>159(477)</td></tr>
<tr><td>自重≥56 t</td><td></td><td>173(519)</td></tr>
<tr><td colspan="2">双　层</td><td></td><td>178(534)</td><td>13</td></tr>
<tr><td rowspan="4">140 km/h 及
160 km/h</td><td>自重 41～45 t</td><td></td><td>146(438)</td><td rowspan="4">13</td></tr>
<tr><td>自重 46～50 t</td><td></td><td>156(468)</td></tr>
<tr><td>自重 51～55 t</td><td></td><td>167(501)</td></tr>
<tr><td>自重≥56 t</td><td></td><td>176(528)</td></tr>
<tr><td colspan="4">特快货物班列中的车辆(盘形制动，160 km/h)</td><td></td><td>180(540)</td><td>13</td></tr>
<tr><td rowspan="4">货车</td><td rowspan="2">快速货物
班列中的车辆
(18 t 轴重)</td><td colspan="2">重车位</td><td></td><td>140</td><td>40</td></tr>
<tr><td colspan="2">空车位</td><td></td><td>55</td><td>40</td></tr>
<tr><td rowspan="2">普通货车
(21 t 轴重)</td><td colspan="2">重车位</td><td>145</td><td>165</td><td>40</td></tr>
<tr><td colspan="2">空车位</td><td>60</td><td>70</td><td>40</td></tr>
</table>

续上表

种类	车　型		每辆换算闸瓦压力(kN)		
			自动制动机 列车主管压力		人力 制动机
			500 kPa	600 kPa	
货车	普通货车 (23 t 轴重)	重车位	160	180	40
		空车位	65	75	40
	重载货车 (25 t 轴重)	重车位	170	195	50
		空车位	70	80	50

注:1. 按 H 高摩合成闸瓦计算,括弧内为按铸铁闸瓦计算。

2. 空重车自动调整装置的空重位压力比为 1∶2.5;对装有空重车手动调整装置的车辆,当车辆总重(自重+载重)达到 40 t 时,按重车位调整。

3. 旅客列车、特快及快速货物班列自动制动机主管压力为 600 kPa;其他列车为 500 kPa。长大下坡道区段货物列车及重载货物列车的自动制动机主管压力,由铁路局根据管内相关试验结果和列车实际操纵需要可提高至 600 kPa;遇机车换挂需将自动制动机列车主管压力由 600 kPa 改为 500 kPa 时,摘机前应对列车主管实施一次 170 kPa 的最大减压量操纵。

4. 快运货物班列车辆和货车以外的其他车辆,在列车主管压力为 500 kPa 时的闸瓦压力,按 600 kPa 时的闸瓦压力的 1∶1.15 换算。

列车制动限速受每百吨列车重量换算闸瓦压力及下坡道坡度限制。计算制动距离 800 m 的普通货物列车(计长 88.0 及以下列车)按第 21 表规定;计算制动距离 1 400 m 的 120 km/h 货物列车按第 22 表规定;快速货物班列按第 23 表规定。普通旅客列车按第 24 表规定;140 km/h 旅客列车按第 25 表规定;160 km/h 旅客列车按第 26 表规定。列车下坡道制动限速随下坡道千分数的增加而递减,坡道每增加 1‰,限速减少 1 km/h 左右。

第21表 普通货物列车制动限速表(km/h)

(计算制动距离800 m,H高摩合成闸瓦/L低摩合成闸瓦)

P / v / i	每百吨列车重量(机车除外)的换算闸瓦压力(kN)													
	100	120	140	160	180	200	220	240	260	280	300	320	340	360
0	78/55	83/59	88/63	94/66	/69	/72	/75	/78	/81	/83	/85	/87	/89	/91
1	76/53	81/57	87/61	93/64	/67	/71	/74	/77	/80	/82	/84	/86	/88	/90
2	75/52	80/56	86/60	92/63	/66	/70	/73	/76	/79	/81	/83	/85	/87	/89
3	74/51	79/55	85/58	91/61	/65	/69	/72	/75	/78	/81	/83	/85	/87	/89
4	73/49	78/53	84/57	90/60	95/64	/68	/71	/74	/77	/80	/82	/84	/86	/88
5	72/48	77/52	83/55	89/59	94/63	/67	/70	/73	/76	/79	/81	/83	/85	/87
6	71/46	76/50	82/54	88/58	93/62	/66	/69	/72	/75	/78	/80	/82	/84	/86
7	70/44	75/48	81/52	87/56	92/60	/64	/67	/71	/74	/77	/80	/82	/84	/86
8	69/43	74/47	80/51	86/55	91/59	/63	/67	/70	/73	/76	/79	/81	/83	/85
9	68/41	73/46	79/50	85/54	90/58	/62	/66	/69	/72	/75	/78	/80	/82	/84
10	67/39	72/44	78/49	84/53	89/57	95/61	/65	/68	/71	/74	/77	/79	/81	/83
11	65/37	70/42	76/47	82/51	87/55	93/60	/64	/67	/70	/73	/76	/78	/80	/82
12	64/36	69/41	75/45	81/50	86/54	92/59	/63	/66	/69	/72	/75	/77	/79	/81
13	63/34	68/39	74/43	80/48	85/53	91/58	/62	/65	/68	/71	/74	/76	/78	/80
14	61/32	67/37	72/42	78/47	84/52	90/57	/61	/64	/67	/70	/73	/75	/77	/79
15	60/31	66/36	71/41	77/46	83/51	89/55	95/59	/63	/67	/70	/72	/74	/76	/78
16	59/30	65/35	70/40	76/45	82/50	88/54	94/58	/62	/66	/69	/71	/73	/75	/77
17	58/28	64/33	69/38	75/43	81/48	87/53	93/57	/61	/65	/68	/70	/73	/75	/77

续上表

P / v / i	每百吨列车重量(机车除外)的换算闸瓦压力(kN)													
	100	120	140	160	180	200	220	240	260	280	300	320	340	360
18	56/27	62/32	68/37	74/42	80/47	86/52	92/56	/60	/64	/67	/70	/72	/74	/76
19	55/26	61/31	67/36	73/41	79/46	85/50	91/55	/59	/63	/66	/69	/71	/73	/75
20	54/24	60/29	66/34	72/39	78/44	84/49	90/54	95/58	/62	/65	/68	/71	/73	/75

注：1. 根据第 20 表普通货物列车最高速度为 90 km/h 时，每百吨列车重量按 H 高摩合成闸瓦换算闸瓦压力不得低于 150 kN。

2. 列车装备条件：H 高摩合成闸瓦/L 低摩合成闸瓦。

3. 对于超过 20‰的下坡道，列车制动限速表由铁路局根据实际试验规定。

4. i 为下坡道千分数(‰)；P 为每百吨列车重量的换算闸瓦压力，单位 kN；v 为货物列车制动限速，单位 km/h。

5. 适用计长 88.0 及以下、速度 90 km/h 及以下的货物列车(快速货物班列除外)。

第 22 表　120 km/h 货物列车制动限速表(km/h)

(计算制动距离 1 400 m，H 高摩合成闸瓦)

P / v / i	每百吨列车重量(机车除外)的换算闸瓦压力(kN)						
	140	150	160	170	180	190	200
0	120						
1	119						
2	118						
3	117						
4	115	119					
5	114	118					
6	113	117					

续上表

P / v / i	每百吨列车重量(机车除外)的换算闸瓦压力(kN)						
	140	150	160	170	180	190	200
7	112	116	119				
8	110	114	118				
9	109	113	117				
10	108	112	116	119			
11	106	110	114	117			
12	105	109	113	116			
13	104	108	112	115			
14	102	106	110	114	117		
15	101	105	109	113	116		
16	100	104	108	112	115		
17	98	102	106	110	114		
18	97	101	105	109	113	116	
19	96	100	104	108	112	115	
20	95	99	103	107	111	114	117

注:1. 根据第20表普通货物列车最高速度为120 km/h时,每百吨列车重量按H高摩合成闸瓦换算闸瓦压力不得低于150 kN。

2. 由于制动热负荷限制,最高速度不超过120 km/h。

3. 本表中的闸瓦压力为按照H高摩合成闸瓦的换算闸瓦压力 。

4. i 为下坡道千分数(‰);P 为每百吨列车重量的换算闸瓦压力,单位kN;v 为货物列车制动限速,单位km/h。

5. 适用计长88.0及以下、速度120 km/h的货物列车(快速货物班列除外)。

第 23 表 快速货物班列制动限速表(km/h)
(计算制动距离 1 100 m，H 高摩合成闸瓦，30 辆以下编组，18 t 轴重)

P / v / i	每百吨列车重量(机车除外)的换算闸瓦压力(kN)							
	130	140	150	160	170	180	190	200
0	106	109	113	116	119			
1	105	108	112	115	118			
2	104	107	111	114	117			
3	103	106	110	113	116	119		
4	102	105	109	112	115	118		
5	100	103	107	111	114	117	120	
6	99	102	106	110	113	116	119	
7	98	101	105	109	112	115	118	
8	97	100	104	108	111	114	117	
9	96	99	103	107	110	113	116	119
10	94	98	101	105	108	111	115	118
11	93	97	100	104	107	110	114	117
12	92	96	99	103	106	109	113	116
13	91	95	98	102	105	109	112	115
14	90	94	97	101	104	108	111	114
15	88	92	95	99	103	107	110	113
16	87	91	94	98	102	106	109	112

续上表

v \ P / i	每百吨列车重量(机车除外)的换算闸瓦压力(kN)							
	130	140	150	160	170	180	190	200
17	86	90	94	98	101	105	108	111
18	85	89	93	97	100	104	107	110
19	84	88	92	96	99	103	106	109
20	82	86	90	94	98	102	105	108

注:1. 根据第 20 表快速货物班列最高速度为 120 km/h 时,每百吨列车重量按 H 高摩合成闸瓦换算闸瓦压力不得低于 175 kN。

2. 由于制动热负荷限制,最高速度不超过 120 km/h。

3. 本表中的闸瓦压力为按照 H 高摩合成闸瓦的换算闸瓦压力。

4. i 为下坡道千分数(‰);P 为每百吨列车重量的换算闸瓦压力,单位 kN;v 为货物列车制动限速,单位 km/h。

第 24 表　旅客列车制动限速表(km/h)

(计算制动距离 800 m,高磷铸铁闸瓦)

v \ P / i	每百吨列车重量的换算闸瓦压力(kN)													
	500	520	540	560	580	600	620	640	660	680	700	720	740	760
0	106	107	109	110	111	112	113	114	115	116	117	118	119	120
1	105	107	108	109	110	111	113	114	115	116	117	118	118	119
2	105	106	107	109	110	111	112	113	114	115	116	117	118	118
3	104	105	107	108	109	110	111	112	114	115	116	117	117	118
4	103	105	106	107	109	110	111	112	113	114	115	116	117	117
5	102	104	106	107	108	109	110	111	112	113	114	115	116	116
6	102	104	105	106	107	109	110	111	112	113	114	115	116	116

续上表

v　P i	每百吨列车重量的换算闸瓦压力(kN)													
	500	520	540	560	580	600	620	640	660	680	700	720	740	760
7	101	103	104	106	107	108	109	110	111	112	113	114	115	115
8	100	102	103	105	106	107	109	110	111	112	113	114	115	115
9	99	101	102	104	105	107	108	109	110	111	112	113	114	114
10	98	100	102	103	104	106	107	109	110	111	112	112	113	113
11	97	99	101	103	104	105	107	108	109	110	111	112	113	113
12	97	99	101	102	103	105	106	107	109	110	111	111	112	112
13	96	98	100	102	103	104	106	107	108	109	110	111	112	112
14	96	98	100	101	102	104	105	106	107	109	110	110	111	111
15	95	97	99	101	102	103	105	106	107	108	109	110	111	111
16	95	97	99	100	101	103	104	105	106	107	108	109	110	110
17	94	96	98	100	101	102	103	105	106	107	108	109	109	110
18	94	96	98	99	100	102	103	104	105	106	107	108	108	109
19	93	95	97	99	100	101	102	103	104	105	106	107	108	109
20	93	95	97	98	99	100	101	102	103	104	105	106	107	108

注：1. 每百吨列车重量的闸瓦压力低于 760 kN 需限速运行。例如 22 型客车(踏面制动)编成列车在每百吨列车重量的闸瓦压力 660 kN 条件下的制动限速为 115 km/h。

2. 对于超过 20‰的下坡道，列车制动限速由铁路局根据实际试验规定。

3. i 为下坡道千分数(‰)；P 为每百吨列车重量的换算闸瓦压力，单位 kN；v 为旅客列车制动限速，单位 km/h。

4. 本表每百吨列车重量的换算闸瓦压力计算包括机车。

5. 本表适用 120 km/h 旅客列车。

第25表 140 km/h旅客列车制动限速表(km/h)

(计算制动距离1 100 m,盘形制动)

v \ P / i	每百吨列车重量的换算闸瓦压力(kN)							
	230	240	250	260	270	280	290	300
0	138	140						
1	137	139						
2	136	138						
3	135	137	140					
4	135	137	139					
5	134	136	138					
6	133	135	137	140				
7	132	134	136	139				
8	132	134	136	139				
9	131	133	135	138				
10	130	132	134	137	140			
11	129	131	133	136	139			
12	128	130	132	135	138			
13	128	130	132	134	137	140		
14	127	129	131	133	136	139		
15	126	128	130	132	135	138		
16	125	127	129	131	134	137	140	
17	125	127	129	131	134	137	139	

续上表

v \ P / i	每百吨列车重量的换算闸瓦压力(kN)							
	230	240	250	260	270	280	290	300
18	124	126	128	130	133	136	139	
19	123	125	127	129	132	135	138	
20	122	124	126	128	131	134	137	139

注：1. 新型客车(盘形制动)每百吨列车重量按高摩合成闸片换算闸瓦压力应在 275 kN 以上 。

2. 对于超过 20‰的下坡道，列车制动限速由铁路局根据实际试验规定。

3. i 为下坡道千分数(‰)；P 为每百吨列车重量的换算闸瓦压力，单位 kN；v 为旅客列车制动限速，单位 km/h。

4. 本表每百吨列车重量的换算闸瓦压力计算包括机车。

第 26 表　160 km/h 旅客列车制动限速表(km/h)
(计算制动距离 1 400 m，盘形制动)

v \ P / i	每百吨列车重量的换算闸瓦压力(kN)								
	230	240	250	260	270	280	290	300	310
0	155	158	160						
1	154	157	159						
2	153	156	159						
3	152	155	158	160					
4	151	154	157	159					
5	150	153	156	159					
6	149	152	155	158	160				
7	148	151	154	157	159				

续上表

v \ P / i	每百吨列车重量的换算闸瓦压力(kN)								
	230	240	250	260	270	280	290	300	310
8	147	150	153	156	159				
9	146	149	152	155	158	160			
10	146	149	152	155	157	159			
11	145	148	151	154	156	159			
12	144	147	150	153	155	158	160		
13	143	146	149	152	155	157	159		
14	142	145	148	151	154	156	158		
15	141	144	147	150	153	155	157	160	
16	140	143	146	149	152	154	157	159	
17	139	142	145	148	151	154	156	159	
18	138	141	144	147	150	153	155	158	160
19	137	140	143	146	149	152	154	157	159
20	137	140	143	146	149	151	153	156	158

注:1. 新型客车(盘形制动)每百吨列车重量按高摩合成闸片换算闸瓦压力应在 275 kN 以上。

2. 对于超过 20‰的下坡道,列车制动限速由铁路局根据实际试验规定。

3. i 为下坡道千分数(‰);P 为每百吨列车重量的换算闸瓦压力,单位 kN;v 为旅客列车制动限速,单位 km/h。

4. 本表每百吨列车重量的换算闸瓦压力计算包括机车。

5. 本表也适用特快货物班列。

本条规定了保证列车运行安全的换算闸瓦压力要求。机车、车辆的换算闸瓦压力表(第 19、20 表)供有关部门设计、计算不同机车、车辆的制动力使用；制动限速表(第21～26表)供有关部门设计、计算不同列车的制动限速使用。

为使运行中的机车车辆减低速度或停车，利用制动机使闸瓦压在车轮踏面上或通过盘形制动作用，以阻止车轮运动，达到减速或停车的目的。这种阻止车轮运动的力通称制动力。列车制动力的大小可用每百吨列车重量的换算闸瓦压力表示(以下简称闸瓦压力)。

列车运行安全的必要条件是限定制动距离，即对不同类型列车的紧急制动距离要求。在各运行区段内任何纵断面的线路上，当列车以最大的容许速度运行中司机使用紧急制动时，该列车应具有能在限定制动距离内停车的制动能力。为此，列车所需的闸瓦压力与列车重量、运行速度及运行区段内的限制下坡道直接相关。如列车重量越大、速度越高、坡道越陡长，则所需要的闸瓦压力也越大，为计算方便起见，以每百吨列车重量为计算单位，即列车单位闸瓦压力＝列车闸瓦总压力(kN)/列车总重量(百吨)。制动限速表的基本原理是根据该闸瓦压力和下坡道条件确定该区段内列车运行的限制速度，亦即列车的运行速度必须和下坡道及列车单位闸瓦压力的限制相适应。按此要求，在编制运行图中确定不同下坡道上的列车速度时，不允许超过所限制的最高运行速度。

根据上述原则，通过理论计算和实际试验结果制定第21～26表。其中每百吨列车重量换算闸瓦压力的根据为我国主型机车和客货车辆的制动能力(第19表、第20表)。在此基础上应用《列车牵引计算规程》电算方法或有关制动距离的计算公式和方法，确定不同坡道区段内列车运行的限制速度，并得到了实际试验结果的验证。

我国普通旅客列车和货物列车的制动机及闸瓦压力不同，旅客列车比货物列车列车管压力的定压高且编组辆数少得多，因此旅客列车的制动效能高于货物列车。在相同条件下(限制下坡道和制动距离)，旅客列车的速度也高于货物列车。根据不同列车运行速度及其紧急制动距离要求，同时考虑不同闸瓦(片)的性能，分别制定普通货物列车使用的第 21 表和普通旅客列车使用的第 24 表。根据旅客列车和货物列车速度的提高及制动装置和限定制动距离的变革,按不同列车速度和限定制动距离的相应规定,分别增加了第 22 表、第 23 表、第 25 表、第 26 表。

(二)溯源情况

【第 2 版】第 400 条 每一列车中自动制动机的数目,应与该区段列车重量、速度及限制下坡道相适合,货物列车按第一表、旅客列车按第二表确定之。

铁道部对货物列车每 100 t 重量,规定统一的最低限度的闸瓦压力。

(第一表)**使用自动制动机的货物列车**(计算制动距离 800 m)

坡度以千分率计算	列车在区间内运行的最大速度(km/h)											
	25	30	35	40	45	50	55	60	65	70	75	80
	每 100 t 的列车重量所需闸瓦的压力吨数如下(机车及煤水车的重量及其制动机除外)											
0	10	10	10	10	10	10	12	16	20	25	31	38
1	10	10	10	10	10	10	13	17	21	26	32	40
2	10	10	10	10	10	11	14	18	22	28	34	41
3	10	10	10	10	10	12	15	19	23	29	35	42
4	10	10	10	10	10	12	16	20	24	30	36	44
5	10	10	10	10	10	13	17	21	25	31	37	45
6	10	10	10	10	11	14	18	22	26	32	39	47
7	10	10	10	10	11	15	19	23	27	33	40	48
8	10	10	10	10	11	15	20	24	29	35	41	49
9	10	10	10	11	12	16	21	25	30	36	43	—
10	10	10	10	11	14	17	21	26	31	37	44	—

续上表

坡度以千分率计算	列车在区间内运行的最大速度(km/h)											
	25	30	35	40	45	50	55	60	65	70	75	80
	每 100 t 的列车重量所需闸瓦的压力吨数如下(机车及煤水车的重量及其制动机除外)											
11	10	10	10	12	15	18	22	27	32	38	46	—
12	10	10	11	13	16	19	23	28	34	40	48	—
13	10	10	11	13	16	20	24	29	35	42	—	—
14	10	10	12	14	17	21	25	30	36	43	—	—
15	10	11	13	15	18	22	27	32	38	45	—	—
16	10	11	13	16	19	23	28	33	39	46	—	—
17	10	12	14	17	20	24	29	34	40	48	—	—
18	11	13	15	18	21	25	30	35	42	—	—	—
19	12	13	16	19	22	26	31	37	44	—	—	—
20	12	14	17	20	23	27	32	38	45	—	—	—

注：对于超过 20‰的坡度，其有作用的制动机数，按照铁道部指示由管理局长根据实际试验以命令规定之。

(第二表)使用自动制动机的旅客列车(计算制动距离 800 m)

坡度以千分率计算	列车在区间内运行的最大速度(km/h)								
	60	65	70	75	80	85	90	95	100
	每 100 t 的列车重量所需闸瓦的压力公吨数如下(包括机车煤水车的重量及其制动机)								
0	30	30	30	30	30	34	41	48	55
1	30	30	30	30	30	35	42	49	56
2	30	30	30	30	31	37	43	50	57

续上表

坡度以千分率计算	列车在区间内运行的最大速度(km/h)								
	60	65	70	75	80	85	90	95	100
	每 100 t 的列车重量所需闸瓦的压力公吨数如下(包括机车煤水车的重量及其制动机)								
3	30	30	30	30	32	38	44	51	59
4	30	30	30	30	33	39	45	52	—
5	30	30	30	30	34	40	46	53	—
6	30	30	30	30	35	41	47	54	—
7	30	30	30	30	36	42	48	55	—
8	30	30	30	31	37	43	49	57	—
9	30	30	30	32	38	44	50	58	—
10	30	30	30	33	39	45	51	59	—
11	30	30	30	34	40	46	53	—	—
12	30	30	31	36	42	48	54	—	—
13	30	30	32	37	43	49	56	—	—
14	30	30	33	39	45	51	58	—	—
15	30	31	34	40	46	53	—	—	—
16	30	32	36	42	48	55	—	—	—
17	30	33	37	43	49	56	—	—	—
18	30	34	38	44	50	58	—	—	—
19	31	35	40	46	52	59	—	—	—
20	32	36	41	47	54	—	—	—	—

注:1. 速度每小时低于 60 km 时,每 100 t 的列车重量的制动压力亦不得少于 30 t。

2. 对于超过 20‰的坡度,其有作用的制动机数,按照铁道部指示由管理局长根据实际试验以命令规定之。

第407条　在按照第一及第二表确定列车必要的制动轴数时，每轴的闸瓦压力规定如下：

顺序号	机车车辆种类	每轴闸瓦压力吨数	
		自动制动	手制动
	客　　车		
1	自重起过10 t	7.2	1.5
2	自重30至40 t	5.5	1.5
3	自重不满30 t	4.5	1.5
	货　　车		
4	标记载重40 t及其以上	3	0.8
5	标记载重25 t至不满40 t	2.3	0.8
6	标记载重不满25 t的二轴货车	2.4	0.8
7	标记载重不满25 t的四轴货车	1.2	0.8
8	装有马托洛索夫分配阀货车在空车位及无空重调整装置者	3.5	2
9	在重车位的四轴货车	5	2
10	在重车位的二轴货车	6	2
11	守　　车	1.5	0.8
	机　　车		
12	蒸汽机车	5.0	
13	蒸汽机车的煤水车	3.0	3.0

注：1. 货车改造代用客车之闸瓦压力按原货车闸瓦压力计算。

2. 装有马托洛索夫分配阀制动机货车每轴载货重量在6 t及其以上时，按重车位调整。

3. 装有马托洛索夫分配阀制动机的车辆编入列车办法，由铁道部以特别命令规定之。

本条款在第 2 版《技规》中首次出现，此后的变化主要体现在闸瓦压力表的数据修改以及车型的补充修订。

本条主要规定了使用自动制动机的货物列车与旅客列车不同速度及坡度下所需闸瓦压力以及相应的每轴闸瓦压力数。凡使用自动制动机的列车，在各该运行区段内的任何纵断面的线路上，当列车以最大的容许速度运行时，司机使用紧急制动后，该列车应具有能在 800 m 制动距离内停车的制动能力。列车需要的闸瓦压力与列车的重量、运行速度及运行区段内的限制下坡道是直接相关的。如列车重量越大，速度越高，坡度越陡长，则所需要的闸瓦压力也越大。所以，规定出列车按重量计算的单位闸瓦压力（为了计算方便起见，以每百吨的列车重量为计算单位）。这个单位的闸瓦压力，应符合该区段内运行速度及限制下坡道的要求。

第一表、第二表就是根据这一原则，通过理论计算和实际试验而制定的。由于旅客列车与货物列车的自动制动机的动作、闸瓦压力和制动缓解时间不同，如旅客列车比货物列车制动主管压力高、车列短，因此，旅客列车制动机的制动效能比物列车好。所以，在相同的条件下（同限制下坡道、同制动距离），旅客列车的速度可以比货物列车提高。

（三）演变过程

2014 年版《技规》第 261 条演变过程如图 11-14 所示。

第 3 版《技规》第 400、407 条根据试验数据、运营经验的总结，对部分数据进行了修改，其他保持了**第 2 版**条款内容不变。

第 4 版《技规》第 227 条新增了“装有 GK 型或两套 E 型制动机的车辆”的相关规定，将“使用自动制动机的货物列车闸瓦压力”修改为“使用自动制动机的货物列车及混合列车闸瓦压力”，适应运输发展需要。**第 5 版**《技规》第 226 条保持**第 4 版**条款内容不变。

第 6 版《技规》第 154 条删除了“货物列车及混合列车每 100 t 重量的最低限度闸瓦压力，由铁道部规定”的要求以及“机车车辆每轴闸瓦压力表”中“注：3. 装有马特洛索夫式分配阀及装有 GK 型或两套 K2

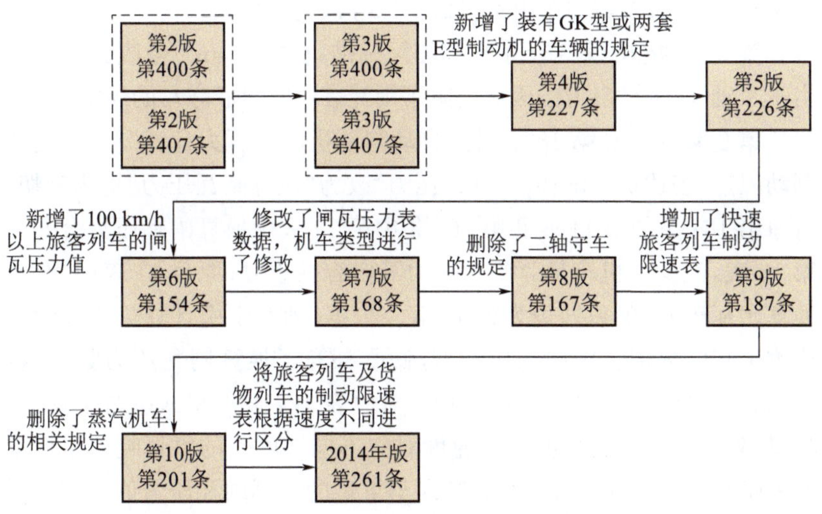

图 11-14 2014 年版《技规》第 261 条演变过程

型制动机的车辆，每轴平均载重量达到 6 t 时，按重车位调整；4. 装有克诺尔式分配阀的车辆，按车上空重调整装置所标示的载重量进行调整”，根据旅客列车运输速度的提升，补充了 100 km/h 以上旅客列车的闸瓦压力值。根据自动制动机的发展，新增了自动制动机主管压力“每平方厘米 5 kg”的规定。

第 7 版《技规》第 168 条将“机车车辆每轴闸瓦压力表”改为“机车、车辆换算闸瓦压力表”，机车、车辆种类中，机车改为主型机车类型，客车改为自动制动机类型，货车增补了自动制动机类型。

根据铁科院的试验和计算，对“使用自动制动机的货物列车及混合列车闸瓦压力表”和“使用自动制动机的旅客列车闸瓦压力表”中的数据，普遍进行了修改，并重新列表。

由于车辆闸瓦成分的变化（原为灰铁闸瓦，现为中磷闸瓦）和自动制动机的改进，摩擦系数有了变化，制动力有了加强，通过铁科院的试验和计算，确定将货物列车每百吨列车重量的闸瓦压力，由不得低于

22 t改为26 t,旅客列车由不得低于30 t改为52 t。

第8版《技规》第167条根据国际标准,将“kg/cm^2”修改为“kPa”。由于二轴守车已经淘汰,因此删除了闸瓦表中“二轴”守车的规定。

第9版《技规》第187条将“自动制动机闸瓦压力计算”改为“列车制动限速”表述更为确切。“闸瓦压力”改为“换算闸瓦压力”更为确切。将原第167条的第11表和第169条中第14表中换算闸瓦压力合并为第18表,减少了机车换算闸瓦压力等内容的重复;原第11表中“车辆换算闸瓦压力”单独列表为第19表。根据《列车牵引计算规程》增加、修改了相应数值。按制动机类型,修改补充了换算闸瓦压力数字,将“保温车”修改为“冷藏车”更确切。对原表12、13的格式进行了修改,将以“列车在区间运行的最大速度对应不同坡度下的每百吨列车重量所需闸瓦的压力”改为以“每百吨列车重量的换算闸瓦压力值对应不同坡度下的列车区间运行最大速度”,便于使用。增加了快速旅客列车制动限速表22、23,根据《列车牵引计算规程》及试验论证修改、补充了表20、21。由于车辆制动系统性能和材质的改善,货物列车取消了中磷闸瓦,旅客列车增加了不同闸瓦条件下的制动限速表。

第10版《技规》第201条更新了换算闸瓦压力表和列车制动限速表及相应的注释。由于列车分类修改,相应删除了代用客车、混合列车的字样。由于蒸汽机车已经淘汰,删除了关于蒸汽机车的相关规定。

2014年版《技规》第261条增加“动车组以外的”限定词,明确本条不适用于动车组列车;更新了换算闸瓦压力表和列车制动限速表及相应的注释;列车分类中行邮行包列车已更改为特快货物班列,相应地修改了注释中的内容。将旅客列车及货物列车的制动限速表根据速度不同进行了区分。

三、列车编挂关门车的规定

(一)2014年版条文内容及说明(第一次修订)

【2014年版】第262条 列车中的机车和车辆的自动制动机,均应

加入全列车的制动系统。

货物列车中因装载的货物规定需停止制动作用的车辆，自动制动机临时发生故障的车辆，准许关闭截断塞门（简称关门车），但列检作业场所在站编组始发的列车中，不得有制动故障关门车。编入列车的关门车数不超过现车总辆数的6%（尾数不足一辆按四舍五入计算）时，可不计算每百吨列车重量的换算闸瓦压力，不填发制动效能证明书；超过6%时，按第261条规定计算闸瓦压力，并填发制动效能证明书交与司机。关门车不得挂于机车后部三辆车之内；在列车中连续连挂不得超过两辆；列车最后一辆不得为关门车；列车最后第二、三辆不得连续关门。对于不适于连挂在列车中部但走行部良好的车辆，经列车调度员准许，可挂于列车尾部，以一辆为限，如该车辆的自动制动机不起作用时，须由车辆人员采取安全措施，保证不致脱钩。

旅客列车、特快货物班列不准编挂关门车。在运行途中（包括在站折返）如遇自动制动机临时故障，在停车时间内不能修复时，准许关闭一辆，但列车最后一辆不得为关门车，120 km/h速度等级及编组小于8辆的140 km/h、160 km/h速度等级列车按规定关门时需限速运行，车辆乘务员须向司机递交限速证明书。

编有货车的军用列车、路用列车编挂关门车时，除有特殊规定外，执行货物列车的规定。

本条规定的主要目的是保证列车在施行制动时有足够的制动能力，确保列车在规定的制动距离内停车，规定列车中机车和车辆的制动机均应加入全列车的制动系统。同时，由于车辆在运行过程中不可避免地会发生制动系统故障，为了在保障安全的前提下保障运输效率，《技规》规定了临时故障的车辆如何处置。

（二）溯源情况

【第2版】第403条 在旅客列车及货物列车中，所有车辆的自动制动机，均应加入全列车的自动制动系统。

第407条 （见2014年版《技规》第261条溯源情况）

本条主要规定了列车中所有车辆的自动制动机必须加入全列制动系统中，同时为了确保制动力满足列车停车需求，又按照机车、车辆类型规定了每轴闸瓦压力吨数。

(三)演变过程

2014 年版《技规》第 262 条演变过程如图 11-15 所示。

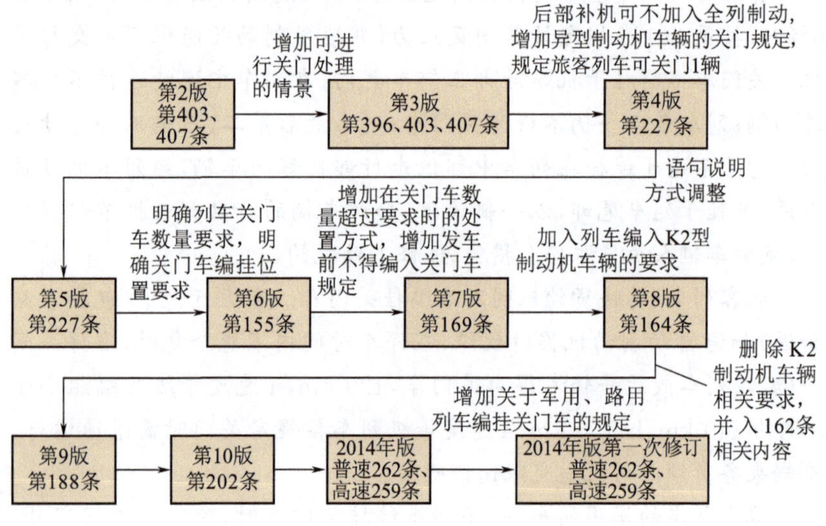

图 11-15　2014 年版《技规》第 262 条演变过程

1. 车辆自动制动机纳入全列制动系统的规定

在第 2 版《技规》中规定所有车辆的自动制动机均应加入全列车的自动制动系统，这一要求直至今天也没有发生改变。

2. 特殊情况可不加入全列制动系统的规定

(1)在货物列车中，遇有装载须关闭自动制动机的货物的车辆

这项规定自第 3 版加入后一直延续至今。

(2)在无列车检修所的车站、临时因故障关闭自动制动机而能通风的车辆

这项规定主要是考虑到现场实际情况中难以处置，且不对整列货车的安全运行造成太大的影响，这项规定自**第 3 版**加入延续至今。

(3)按规定可不接风管的后部补机

第 4 版中加入，由于后部补机如果不加入全列制动系统，向前冲击和发生车钩分离时，该机车不能自动停车，以致溜走，故在**第 6 版**中将这个规定删除。

(4)不适于混编的异形制动机车辆

异型制动机，系指 Q 型阀、马式阀及克诺尔阀等制动机，不准与车辆现行使用的制动机混编，如混编后将影响全列车的制动机作用。在**第 4 版**中加入，在**第 7 版**中严格了编组要求，规定主要列检所所在站编组始发的列车中，不得有制动故障关门车，故这条规定在**第 7 版**中删除。

3. 关门车编入列车数量的规定

由于**第 3 版**开始加入特殊情况可不加入全列制动的规定，在这一版中规定货物列车连续连挂不得超过 8 轴，但在列车最后一辆有自动制动作用的车辆之前，不得超过 4 轴；旅客列车不允许有关门车。

至**第 4 版**，将货物列车编挂数量的规定修订为满足列车每 100 t 重量的闸瓦压力符合该区段运行速度和下坡道限制要求；旅客列车方面，**第 4 版**中放开要求，允许在运行途中遇个别车辆的制动机损坏确实无法修复时，可以关闭，只是同样需要满足上述要求。

在**第 6 版**中，为了不再计算烦琐的每百吨列车重量的闸瓦压力，同时也保证每百吨列车重量的闸瓦压力最低不少于 22 t，规定关门车辆数不超过现车总辆数的 6%(尾数不足一辆按四舍五入计算)；旅客列车细化了要求，只允许关闭一辆。

至**第 7 版**，原规定关门车不得超过现车总辆数的 6%，不尽合理，经常造成因装载货物需要关门的车辆挂不走。为此，铁道部曾于 1973 年，在“关于对新《技规》条文说明的通知”中，做过改变，但未纳入《技规》。这次将“通知”的有关内容纳入，改为“货物列车中因装载的货物规定需停止制动作用的车辆，自动制动机临时发生故障的车辆，准许关闭截断塞门(简称关门车)，但主要列检所所在站编组始发的列车中，不得有制动故障关门车。编入列车的关门车数不超过现车总辆数的6%(尾数不足一辆按四舍五入计算)时，可不计算每百吨列车重量的闸瓦压力，不填发制动效能证明书；超过6%时，按第168条规定计算闸瓦压力，并填发制动效能证明书交与司机，这一规定延续至今。

在**第8版**中加入了关于K2型制动机的特殊规定：列车中编入装有K2型制动机的车辆超过40%时，应按第167条规定计算闸瓦压力，并填写制动效能证明书交与司机，这是考虑到K2型制动机制动力较弱，不能按照简化计算的方式来决定。至**第9版**由于全路货车装有K2型制动机的车辆已很少，在一列车中不会出现超过40%的情况，故删除。

在**2014年版**中，基于安全性的要求，对旅客列车的关门车规定进行了一定程度的细化：120 km/h速度等级及编组小于8辆的140 km/h、160 km/h速度等级列车应按第261条规定计算闸瓦压力。

4. 关门车编挂位置的规定

(1)旅客列车

旅客列车相对简单，自**第4版**开始规定允许加入关门车，但至今的规定一直都是一辆，且不能在列车最后一辆，原因是为避免列车尾部纵向冲动过大，并防止列车最后一辆车分离后溜逸。

(2)货物列车

在**第6版**中加入对于关门车编挂位置的规定："关门车不得挂于机车后部三辆车之内，在列车中连续连挂不得超过二辆，在列车最后一辆有自动制动作用的车辆之前不得超过一辆。"主要是为了保证列车在使用紧急制动时，能确保列车及时发生紧急制动作用，使列车在规定的制动距离内停车。列车施行常用制动与紧急制动的区别，主要在于列车制动主管的减压速度(即司机使用自动制动阀排风和三通阀的局部减压速度)。根据实际试验,全列车制动主管压力下降速度不少于 0.75(kgf/cm^2)/s 时,才能使列车全部车辆发生紧急制动作用。

当在机车后三辆车中有关门车时,虽然司机使用紧急制动,但由于机后有关门车不起制动作用,形成起制动作用的车辆和机车连结风管路过长,因而减压速度慢,就会影响其后部车辆不发生紧急制动作用。

列车中部连续超过两辆以上时,则将使其后部车辆不易起紧急制动作用,各车辆产生瞬间冲动、冲挤现象而关门车本身不起制动作用,冲挤比其他车辆严重,可能造成列车中的车辆破损和发生装载货物移动。

同样如守车前超过一辆,当运转车长使用紧急制动阀时,影响前部车辆不起紧急制动作用。同时,根据《技规》第 149 条规定,在特殊情况下,守车后部还可挂一辆不能制动的车辆,如果允许列车最后一辆有自动制动作用的车辆之前超过一辆关门车,这样形成守车前后四辆车中只有守车起制动作用,如一旦在关门车处分离,不能保证尾部四辆车自动停车,将造成车辆溜走。

至**第 9 版**中,列车尾部的关门车规定修订为列车最后一辆不得为关门车,且最后第二、三辆不得连续关门,这是在守车取消后的情况下使得描述更准确。

同样在**第 9 版**,由于守车的取消,将**第 8 版**第 162 条关于不适于连挂在守车前部但走行部良好的车辆的规定纳入进来,这是由于不适于连挂在守车前部但走行部良好的车辆,一般是指经车辆部门检查确定牵引梁、中梁裂损或制动主管通风不良等车辆,须挂于守车后部,但以一辆为限。这是因为:这些车辆中,有的中梁或牵引梁裂损,其后部即无法再挂其他车辆;有的制动机不起作用,因《技规》第 155 条规定守车前部可挂一辆“关门”车,这样造成守车前后均为“关门”车,如不限制一辆,列车制动时冲挤严重,若一旦脱钩分离,则不能保证自动停车。为了保证安全,便于运转车长照顾,所以规定以一辆为限。若所挂车辆的自动制动机不起作用，应由车辆人员用铁线将该车车钩与守车车钩牢固地捆绑在一起，保证不致脱钩。

(3)军用、路用列车

2014 年版《技规》(第一次修订)时新加入的规定，主要是为了增加关门车规定的适用范围。

四、列车紧急制动距离限制规定

(一)2014 年版条文内容及说明

【2014 年版】第 263 条 列车在任何线路上的紧急制动距离限值按第 27 表规定。

第 27 表 列车紧急制动距离限值表

列车类型	最高运行速度(km/h)	紧急制动距离限值(m)
旅客列车(动车组列车除外)	120	800
	140	1 100
	160	1 400
特快货物班列	160	1 400
快速货物班列	120	1 100
货物列车(货车轴重<25 t,快速货物班列除外)	90	800
	120	1 400
货物列车(货车轴重≥25 t)	100	1 400

本条规定了列车在任何线路上的紧急制动距离限值。列车紧急制动距离是指列车由开始使用紧急制动(操纵自动制动阀到非常位)至完全停止的距离。在任何坡道上，列车紧急制动距离均应满足表中的规定，因此在下坡道上制动能力不足时，有必要根据相应的制动限速表限定列车运行速度。

(二)溯源情况

【第2版】第402条 计算制动距离(即列车于制动前以最大的规定速度运行,通过限制下坡道时,由开始制动至安全停止的最长距离),对使用自动制动机的列车,规定为800 m。

本条在第2版《技规》中首次进行了规定。

本条规定在计算制动距离时,任意列车在任意坡道均为800 m。

(三)演变过程

2014年版《技规》第263条演变过程如图11-16所示。

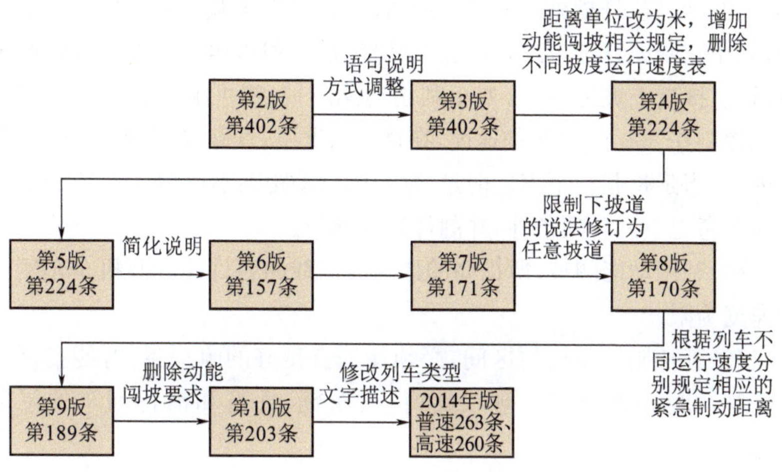

图11-16 2014年版《技规》第263条演变过程

1. 紧急制动距离的规定

自**第2版**开始,规定列车的紧急制动距离为800 m,至**第4版**,为了提高区段的牵引重量和列车运行速度,在限制下坡道上,接近上坡道以前,规定列车可以利用动能闯坡,并适当延长制动距离,最长不超过1 100 m。

在**第8版**中,将限制下坡道这个条件更改说明为“任意线路坡道”,便于理解。

至**第 9 版**，由于列车运行速度的整体提高，根据快速列车行车办法，纳入不同速度等级的制动距离。**第 10 版**中将文字描述转化为表格，更加清晰易懂。在 **2014 年版**《技规》中，又根据现场实际增加的列车类型将紧急制动距离限制进行了细化说明，行邮列车修改为特快货物班列以及快速货物班列等。

2. 货物列车闯坡的制动距离规定

在**第 4 版**中，加入了允许货物列车为闯坡而延长制动距离的规定。

动能闯坡，是指列车在上坡道前有较高的速度，即具有较大的动能，利用它闯坡，可以提高区段的牵引重量和列车运行速度。在限制下坡道上，接近上坡道以前，列车利用动能闯坡，很可能超过本列车制动率能控制在 800 m 停车的速度，在这种情况下，铁路局可在容许速度范围内，适当延长制动距离。但是，延长的制动距离不得超过 1 100 m，还应充分考虑下列各项条件，并制订相应措施。

(1)利用动能闯坡，所提高的速度应以线路容许速度及机车车辆构造速度为限；

(2)延长制动距离的区间，必须保证有良好的瞭望条件，能在延长后的制动距离外及时发现线路行人、车辆、牲畜和前行列车的尾部标志；

(3)进站及通过信号的显示距离，应达到延长后的制动距离再加 200 m 长度(200 m 是司机确认信号时间内列车运行的距离)，如果信号显示距离不足这个长度时，应设置预告信号机，预告信号机与主体信号机的间隔距离，应不少于延长后的制动距离；

(4)自动闭塞区间两架通过信号机的设置距离不应少于延长后制动距离加 200 m 的长度；

(5)制订防护办法时，应根据延长的制动距离确定。

至**第 10 版**中，由于机车牵引能力的提高，取消了原条文中利用货物列车动能闯坡的规定。

第七节 列车中车辆的连挂

一、概述

(一)车钩高度的要求

车钩的高度差,主要是由于车辆的空重、弹簧的强弱、车轮踏面的圆周磨耗、心盘垫板的厚薄,以及线路的状况等原因所造成的。

如果车钩高度差超过规定的范围,当列车运行至道岔、路基松软地段时,车辆上下颠簸,尤其在陡坡线路上,容易发生脱钩而造成列车分离,并且高差过大时,使车钩钩舌牵引面变小,承受不了牵引力,易发生断钩。车钩结构如图 11-17 所示。

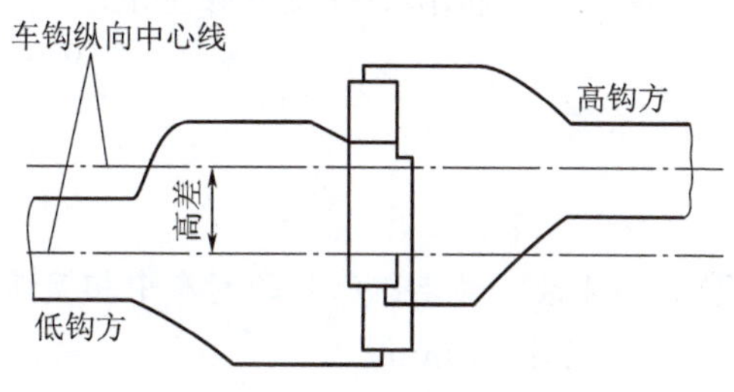

图 11-17 车钩结构

(二)机车与车辆连挂作业分工

机车与车辆的正确连挂是保障列车制动良好、运行安全的关键,因此,需明确机车与车辆连挂过程中的职责分工,具体情况包括:机车与第一辆车的车钩连挂分工、机车与列车第一辆车的车钩摘解分工、机车与第一辆车的软管摘解、连结分工、机车与第一辆车电气连接线的连结与摘解分工、货物列车本务机车在车站调车、列车在途中摘挂车辆、装有密接式车钩的客车车辆摘挂、列车机车连挂动车组等情况。机车与车辆连挂作业分工如图 11-18 所示。

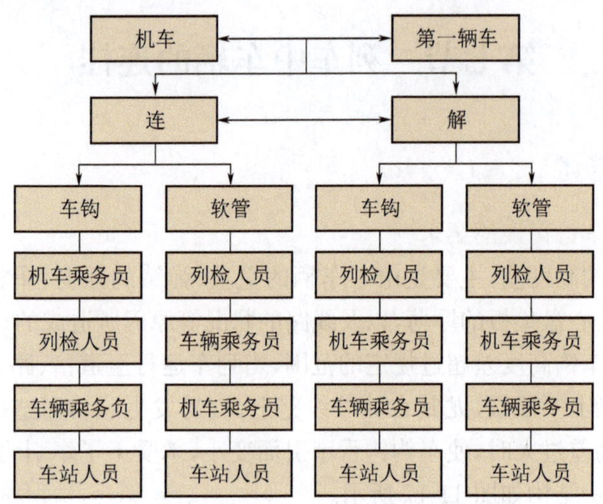

图 11-18 机车与车辆连挂作业分工

二、连挂车钩要求

(一)2014 年版条文内容及说明

【2014 年版】第 264 条 动车组以外的列车中相互连挂的车钩中心水平线的高度差,不得超过 75 mm。

75 mm 高度差是根据车钩中心线水平线距轨面的高度范围规定为 815～890 mm 而定,是为了保证列车中机车车辆连挂时车钩高度的一致性。动车组为固定编组,正常情况下不分解。

(二)溯源情况

【第 1 版】第 348 条 列车中互相连挂车辆之自动连结器中心高之差度,不得超过 75 mm。

本条内容首次出现于第 1 版《技规》。列车运行时,因车辆的空重、装载、车架弹簧刚度、外轮厚薄等不同,各车的连结器中心高度相互间各有差异,尤其当列车在坡道上运转时,上下振动,如果高度相差过多,极易发生脱钩危险,因此规定列车中互相连挂车辆的自动连结器中心高度之差不得超过 75 mm。

(三)演变过程

2014 年版《技规》第 264 条演变过程如图 11-19 所示。

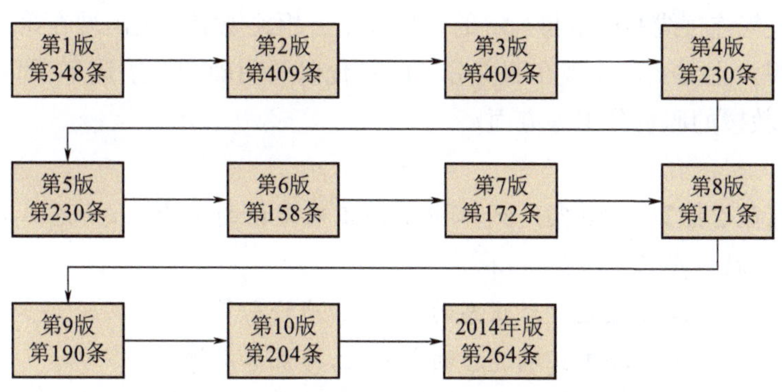

图 11-19 2014 年版《技规》第 264 条演变过程

第 2 版至第 10 版《技规》本条款规定仅对表述进行了修改。2014 年版《技规》第 264 条将限制条件修改为“动车组以外的列车”,因为动车组为固定编组,所以针对动车组的推广需要对限制条件进行修订,表述更加准确。

三、车辆连挂作业分工

(一)2014 年版条文内容及说明

【2014 年版】第 265 条 列车中车辆的连挂,由调车作业人员负责。软管的连结,有列检作业的始发列车由列检人员负责;无列检作业的,由调车作业人员负责。

动车组采用机车调车作业时,随车机械师或动车段(所)胜任人员负责过渡车钩和专用风管的安装与拆卸、电气连接线的连结与摘解并打开车门,调车人员负责车钩连结与摘解、软管摘结。

动车组无动力回送或被救援时,过渡车钩、专用风管的安装与拆卸由随车机械师负责,司机配合。

考虑列车编组相关作业(调车、列检)程序,明确了车辆与车辆之间车钩连挂、软管连结的工作分工。动车组采用机车调车、无动力回送及救援时,须加装过渡车钩,因此,明确过渡车钩和专用风管的安装与拆卸、电气连接线的连结与摘解的工作分工。相关规定首次出现在第 2 版《技规》,主要变化体现在职责分工的变化以及明确动车组调车、回送以及被救援的职责分工等方面。

(二)溯源情况

【第 2 版】第 410 条 列车中车辆正确连挂的负责人,为连结员或进行连挂的车长。

车钩及缓冲装置技术状态的负责人,为检车员。

机车与第一辆车正确连挂的负责人,为机车司机。

本条内容首次在第 2 版《技规》第 410 条进行了规定,列车中车钩是否连挂正确是列车编组质量好坏的重要标志之一,为保证列车中车辆之间连挂以及机车与车辆连挂的可靠性,对相关工作明确了职责分工。

(三)演变过程

2014 年版《技规》第 265 条演变过程如图 11-20 所示。

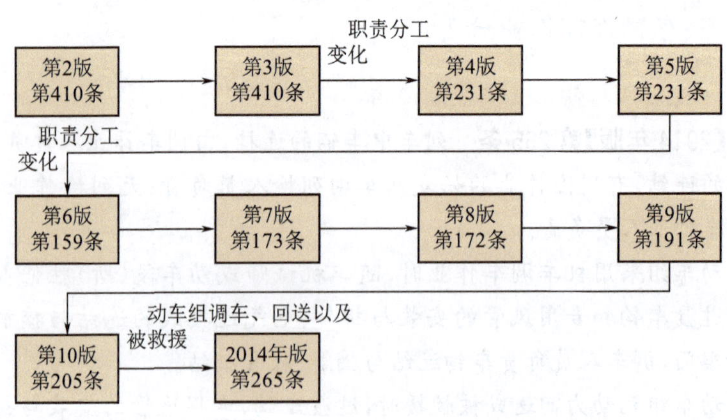

图 11-20 2014 年版《技规》第 265 条演变过程

第 3 版第 410 条保持了本条款规定不变。

第 4 版《技规》第 231 条将"进行连挂的车长"修改为"其他进行调车工作的人员"，"车钩及缓冲装置技术状态的负责人，为检车员"修改为"连接风管为检车员，未配检车员时，由机车乘务组办理"，"机车与第一辆车正确连挂的负责人，为机车司机"修改为"机车与第一辆车的连挂，为机车乘务组"。为缩短连挂时间，提高车辆运用效率，对分工进行了优化。**第 5 版**《技规》第 231 条保持了本条款规定不变。

第 6 版《技规》第 159 条将"为连结员或其他进行调车工作的人员"修改为"由进行调车工作的人员负责"，"连接风管为检车员，未配检车员时，由机车乘务组办理"修改为"连结风管有列检作业的始发列车由检车员负责，无列检作业的由进行调车工作人员负责"，删除了"机车与第一辆车的连挂，为机车乘务组"。为保证连挂质量，提高连挂效率，指定由进行调车作业的人员负责，并在列车编成后进行试拉，确保连挂正确。列检人员在始发列车检查时，也应检查车钩连结状态是否良好，关于机车与车辆的连挂改为第 160 条进行规定。**第 7 版**《技规》第 173 条对表述进行了调整，**第 8 版**《技规》第 172 条保持了**第 7 版**条款规定不变。

第 9 版《技规》第 191 条将"风管"修改为"制动软管"，**第 10 版**《技规》第 205 条将"制动软管"修改为"软管"。因为对于双管供风的列车，软管包括制动软管和总风软管，其他列车仅指制动软管。

2014 年版《技规》第 265 条补充了动车组采用机车调车作业、回送或被救援时的过渡车钩及专用风管连挂等的安装拆卸分工。动车组采用机车调车、无动力回送及救援时，须加装过渡车钩，因此，明确过渡车钩和专用风管的安装与拆卸、电气连接线的连结与摘解的工作分工。

四、列车机车与车辆及动车组的连挂和摘解作业分工

（一）2014 年版条文内容及说明（第一次修订）

【2014 年版】第 266 条　列车机车与第一辆车的连挂，由机车乘务

员负责。单班单司机值乘的由列检人员负责；无列检作业的列车，由车辆乘务员负责；无车辆乘务员的列车，由车站人员负责。

列车机车与第一辆车的车钩摘解、软管摘结，由列检人员负责。无列检作业的列车，车钩、软管摘解由机车乘务员（单班单司机值乘的由车辆乘务员）负责，软管连结由车辆乘务员负责；无车辆乘务员的列车，由机车乘务员（单班单司机值乘的由车站人员）负责。

列车机车与第一辆车电气连接线的连结与摘解由客列检作业人员负责，无客列检作业人员时，由车辆乘务员负责。

货物列车本务机车在车站调车作业时，无论单机或挂有车辆，与本列的车辆摘挂和软管摘结，均由调车作业人员负责。

旅客列车在途中摘挂车辆时，车辆的摘挂和软管摘结，由调车作业人员负责，密封风挡和电气连接线的连结与摘解由车辆乘务员负责，其他由列检作业人员负责，无列检作业人员时，由车辆乘务员负责，必要时打开车门，以便于调车作业。装有密接式车钩的客车车辆摘挂时，过渡车钩的安装与拆卸由列检人员负责，无列检人员时由车辆乘务员负责。

列车机车与动车组过渡车钩的连结与摘解、软管摘结、电气连接线的连结与摘解，由随车机械师负责。

机车与车辆的正确连挂是保障列车制动良好、运行安全的关键，因此，需明确机车与车辆连挂过程中的职责分工，具体情况包括：机车与第一辆车的车钩连挂分工、机车与列车第一辆车的车钩摘解分工、机车与第一辆车的软管摘解、连结分工、双机或多机挂车、机车与第一辆车电气连接线的连结与摘解分工、货物列车本务机车在车站调车、列车在途中摘挂车辆、装有密接式车钩的客车车辆摘挂、列车机车连挂动车组等十种情况。

（二）溯源情况

【第 2 版】第 410 条 列车中车辆正确连挂的负责人，为连结员或进行连挂的车长。

车钩及缓冲装置技术状态的负责人，为检车员。

机车与第一辆车正确连挂的负责人，为机车司机。

相关规定首次出现在第2版《技规》，由于当时的车型和列车编组连挂形式比较单一，因此仅规定了机车与第一辆车的连挂负责人。

此后版本主要变化体现在职责分工的变化、补充连挂场景下的职责分工、动车组与机车连挂的职责分工等方面。

(三)演变过程

2014年版《技规》第266条演变过程如图11-21所示。

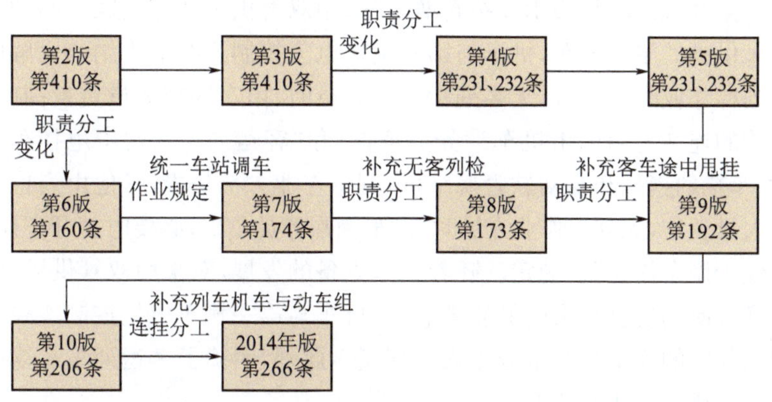

图11-21　2014年版《技规》第266条演变过程

第3版第410条保持了本条款规定不变。

第4版《技规》第231条将“机车与第一辆车正确连挂的负责人，为机车司机”修改为“机车与第一辆车的连挂，为机车乘务组”。为缩短连挂时间，提高车辆运用效率，保障机车运用安全，对分工进行了优化。为明确机车与列车第一辆车的摘解，第232条新增了“机车与列车第一辆车的车钩和风管摘解，在有列检作业的车站，由检车员负责，无列检作业的车站，由机车乘务组负责”的规定。**第5版**《技规》第231条及第232条保持了本条款规定不变。

第6版《技规》第160条新增了“连结风管由检车员负责，未配检车员时，由机车乘务组负责”，进一步细化了连结风管的职责分工。

第7版《技规》第174条新增了“列车本务机车在车站调车作业时，无论单机或带有车辆，与本列的车辆摘挂和风管摘结，均由调车作业人员负责”的规定，由于此前《技规》中无本条规定，各铁路局做法不相同，往往影响工作，因此在**第7版**中作出全路的统一规定。

第8版《技规》第173条新增了“无客列检作业的旅客列车机车与第一辆车的风管连结由检车乘务员负责。风管的摘解由机车乘务员负责”，对旅客列车的风管连结摘解进行了单独规定。

第9版《技规》第192条新增了“采用双管供风和电空联合制动及机车供电的旅客列车，机车与第一辆车电气控制连线的连结与摘解由客列检作业人员负责，无客列检作业人员时，由车辆乘务员负责；制动软管的连结与摘解由机车乘务员负责”和“客运列车在途中甩挂车辆时，车辆的摘挂和制动软管摘结，由调车作业人员负责，其他由列检作业人员负责，无列检作业人员时，由车辆乘务员负责，必要时打开车门，以便于调车作业”的规定。随着技术设备的发展，对采用双管供风、电空联合制动机机车供电的旅客列车，机车与第一辆车电气控制连线及制动软管的连结与摘解分工做了规定。此外，明确了客运列车在途中甩挂车辆时的作业分工。

第10版《技规》第206条根据乘务制度改革后的变化(铁运〔2004〕26号)，增加单班单司机值乘时的作业分工，并相应地将“乘务组”改为“乘务员”；分开说明货物列车在车站调车作业时摘挂车辆的规定，明确本务机车在车站的调车作业是指“货物列车”，更符合现场实际；根据铁运〔2004〕99号文，删除“采用双管供风和电空联合制动及机车供电的旅客列车”，分工更明确，操作性更强；将软管的摘解和连结合并为“摘结”；对部分称谓进行统一，将“制动软管”改为“软管”，“客运列车”改为“旅客列车”，“甩挂”改为“摘挂”；将“电气控制连线”改为“电气连接线”。

2014年版《技规》第266条对于旅客列车途中摘挂车辆新增了“密

封风挡和电气连接线的连结与摘解由车辆乘务员负责”以及“装有密接式车钩的客车车辆摘挂时，过渡车钩的安装与拆卸由列检人员负责，无列检人员时由车辆乘务员负责”；并增加了“列车机车与动车组过渡车钩的连结与摘解、软管摘结、电气连接线的连结与摘解，由随车机械师负责”。根据技术设备的发展，补充了电气设备的连结和摘解固定，对于装有密接式车钩的车辆摘挂时，需要过渡车钩，因此对该部分的分工进行了明确，此外针对列车机车与动车组的连结与摘解也进行了补充规定。

五、动车组重联和摘解作业的分工及要求

2014 年版条文内容及说明

【2014 年版】第 267 条　两列动车组重联或解编时，由动车组机械师负责引导，司机确认。动车组重联时，被控动车组应退出占用，主控动车组使用调车模式与被控动车组连接。解编操作时，主控动车组转换为调车模式后，必须一次移动 5 m 以上方可停车。

本条对动车组重联及摘解作业有关分工和要求进行了规定，为 2014 年版《技规》新增条款。

明确了两列动车组重联或解编时，由动车组机械师负责引导，司机确认；动车组重联后，须重新配置动车组控制系统数据，被控动车组必须退出占用模式后，动车组控制系统的网络单元才能重新配置成功；为避免重联动车组解编后关闭导流罩时，因距离过近损坏导流罩，规定主控动车组必须移动 5 m 以上后方可停车。

第八节　列车中的车辆检查及修理

一、概述

为使车辆保持良好的技术状态，列检作业场应按规定对列车中的

车辆进行技术检查、制动机性能试验和故障修理工作。列检作业应根据列检作业场的分类、列车技术作业性质的不同，按规定的检查范围和质量标准进行检查和修理，对到达列车不能在列车中修复的故障应摘车修理，对始发或中转列车的故障尽量组织不摘车修理，减少摘车临修，维护车辆质量，保证行车安全。相关要求在《铁路货车运用维修规程》(铁总机辆〔2018〕184 号)中有详细规定。

二、列检作业的基本要求

(一)2014 年版条文内容及说明

【2014 年版】第 268 条 列检作业应按规定范围和技术作业过程进行。货物列车停车技术作业的，检查与修理应有分工，现场检查和修理应进行平行作业；不停车技术作业的，应对危及行车安全的车辆故障及时报告拦停，并由故障专修人员对故障进行确认和处理。应积极利用专用修理机具在列车或车列中修理车辆故障，减少摘车临修，充分利用技术作业时间并在规定时间内完成技术作业，保证发出列车符合质量标准。应建立车辆故障诊断指导组，对途中车辆故障进行远程诊断、指导和故障处置确认。

无列检车站始发的货物列车，应在途经第一个列检作业场安排停车技术作业。对长期不经列检进行停车技术作业的固定编组、循环使用车组，铁路局应按照列检安全保证距离的要求，制定上述车组的列车技术作业办法，跨局运行时由相邻铁路局联合制定。

动车组运行(含回送)途中不进行客列检作业。

为使车辆保持良好的技术状态，列检作业场应按规定对列车中的车辆进行技术检查、制动机性能试验和故障修理工作。列检作业应根据列检作业场的分类、列车技术作业性质的不同，按规定的检查范围和质量标准进行检查和修理，对到达列车不能在列车中修复的故障应摘车修理，对始发或中转列车的故障尽量组织不摘车修理，减少摘车临修，维护车辆质量，保证行车安全。

(二)溯源情况

【第 6 版】第 161 条　列检作业,应按规定范围和技术作业过程进行。编组站列检的检查与修理应平行作业。积极开展不摘车修,减少摘车临修,充分利用在规定的技术检查时间内完成检修作业,保证发出的列车符合质量要求。

相关规定首次出现在第 6 版《技规》,此后版本主要变化体现列检作业程序分类细化。

为使车辆经常保持良好的技术状态,必须对列车中的车辆进行技术检查和维修保养工作。列检作业应按部规定检修范围和技术作业过程进行,要做到认真检查,彻底修理,维护车辆质量,保证行车安全。

编组站列检所,要按部规定的范围检查、修理,并应按劳动组织分工,检查与修理要平行作业。区段站列检所,要按部规定的范围检查、修理。对加挂的车组,要按编组站列检范围检查、修理。一般列检所,对列车进行重点检查,其检查范围,按铁路局自行规定的范围进行。

为增加运用车,加速车辆周转,充分利用技检时间和车辆站停时间,积极开展不摘车修。为保证列车按运行图规定的时间发车,列检作业应在部规定的技术检查时间内完成,并保证发出的列车要符合质量要求

(三)演变过程

2014 年版《技规》第 268 条演变过程如图 11-22 所示。

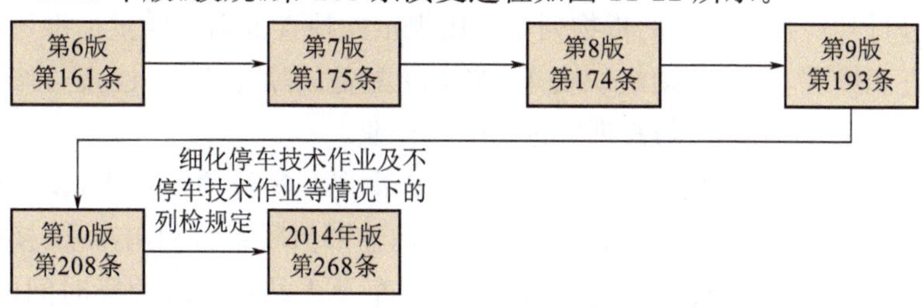

图 11-22　2014 年版《技规》第 268 条演变过程

第 7 版《技规》第 175 条将“编组站列检的检查与修理应平行作业”修改为“主要列检所的车辆检查与修理应有分工，并进行平行作业”。列检所不是按照编组站、区段站等进行划分，而是根据规定的作业范围，划分为主要列检所、区段列检所、一般列检所等。在检查与修理车辆时，应有明确分工，才能做好平行作业，因此在文字上作了修改。**第 8 版**《技规》第 174 条保持了第 7 版规定不变。**第 9 版**《技规》第 193 条与**第 10 版**《技规》第 208 条仅对文字表述进行了修改，原意未变。

2014 年版《技规》第 268 条将“主要列检所的车辆”修改为“货物列车停车技术作业”，增加了“不停车技术作业的，应对危及行车安全的车辆故障及时报告拦停，并由故障专修人员对故障进行确认和处理。应积极利用专用修理机具在列车或车列中修理车辆故障”、“应建立车辆故障诊断指导组，对途中车辆故障进行远程诊断、指导和故障处置确认”、“无列检车站始发的货物列车，应在途经第一个列检作业场安排停车技术作业。对长期不经列检进行停车技术作业的固定编组、循环使用车组，各铁路局应按照列检安全保证距离的要求，制定上述车组的列车技术作业办法，跨局运行时由相邻铁路局联合制定”以及“动车组运行(含回送)途中不进行客列检作业”等规定。特级列检作业场设置在路网性和区域性编组站的车场；一级列检作业场设置在列车编组作业量较大或大量装卸货物的其他编组站、区段站的车场，以及停车技术作业中转列车较多的区段站、中间站；二级列检作业场设置在利用 TFDS 进行通过作业，且列车编组、摘挂作业量较小的区段站、中间站。对现场进行列检技术作业的货物列车要按规定的检查范围和质量标准进行检查和修理，根据劳动组织要求，按实际配备故障专修组，检查与修理应有分工，现场检查与修理应进行平行作业。

列检作业场对不停车技术作业的货物列车实行动态检查，发现配件丢失及影响行车安全的重点故障，与运输部门联系后利用换乘、换挂时间，组织故障专修组快速处理；对不停车及无站停处理故障时间的，按规定拦停处理，其他故障向列车运行方向的下一个列检作业场进行预报，具体重点故障预报范围、预报办法和预报标准由铁路局制定，跨局运行时由相邻铁路局联合制定，报铁路总公司备案。

为增加运用车，加速车辆周转，充分利用技检时间和车辆停站时间，要求尽量组织不摘车修，保证列车按运行图规定的时间发车，列检作业应在规定的时间内完成，并保证发出的列车符合相应的技术质量标准。

为确保沿途故障车辆得到及时抢修恢复运用，车辆段根据实际在段或运用车间设置铁路货车运用故障诊断指导组，利用铁路货车安全防范系统及信息化手段，对管辖区域内的车辆故障进行及时的诊断、处置指导及处置结果的确认。

为确保无列检作业场车站始发的货物列车运行安全，列车调度员应在途经第一个列检作业场安排停车进行列检技术作业；在本铁路局未途经列检作业场时，由车站所在铁路局与有关铁路局确定跨局运行列车列检技术作业地点，在相关文件中明确并发布执行。对长期不经列检进行停车技术作业的固定编组、循环使用车组货物列车，各铁路局应制定列车技术作业办法，确保行车安全。

动车组检修作业执行特定的检修规程，因此规定动车组运行（含回送）途中不进行客列检作业。

三、对车辆主要部件的质量要求

（一）2014 年版条文内容及说明

【2014 年版】第 269 条　车辆编入列车须达到运用状态。下列主要部件，必须作用良好，并符合质量要求。

1. 转向架：

(1)轮对、轴承、摇枕、侧架(构架)、弹簧、吊轴、制动盘；

(2)同一转向架旁承游间左右之和(弹性旁承及旁承承载结构的除外)，客车为 2～6 mm，货车为 2～20 mm；常接触式旁承上下无间隙；

(3)车辆轮对的允许限度应符合第 28 表的要求。

第 28 表　车辆轮对允许限度表

项目　　允许限度(mm)　　分类			客　车	货　车
车轮轮辋厚度	客车各型		≥25	
	货车	无辐板孔		≥23
		有辐板孔		≥24
车轮轮缘厚度			≥23	≥23
车轮轮缘垂直磨耗(接触位置)高度			≤15	≤15
车轮踏面擦伤及局部凹下深度	滚动轴承		本属客车出库≤0.5	≤1
			外属客车出库≤1	
			途中运行≤1.5	
	滑动轴承			≤2
车轮踏面剥离长度	滚动轴承	一处时	≤30	≤50
		二处时(每一处)	≤20	≤40
	滑动轴承	一处时		≤70
		二处时(每一处)		≤60
车轮踏面圆周磨耗深度			≤8	≤8

2. 自动制动机、人力制动机和货车的自动制动机空重车调整装置状态良好、位置正确，制动梁及吊、各拉杆、杠杆无裂损。

制动缸活塞行程按第 29 表规定。

第 29 表　制动缸活塞行程表

项目名称	限度(mm)	备　注
装有自动间隙调整器的复式闸瓦客车	175～205	
装有 ST1-600 型闸调器的复式闸瓦客车	180～200	

续上表

项目名称			限度(mm)	备　注	
装有闸调器的单式闸瓦货车	356×254制动缸	空车位	115～135	未装闸调器(mm)	85～135
		重车位	125～160		110～160
	305×254制动缸	空车位	145～165		
		重车位	145～195		
	254×254制动缸	空车位	145～165		
		重车位	145～195		
	203×254制动缸	空车位	115～145		
		重车位	125～160		
装有闸调器的复式闸瓦货车	B21、B22-1型车	空车位	120～130		
		重车位	150～160		
	B19、B22-2、B23型车		130～150	不分空重车位	

3. 车钩、尾框、从板座、缓冲器无裂损。

车钩中心水平线至钢轨顶面高度按第30表规定。

第30表　车钩中心水平线高度表

项　　目	车　　种	高　　度(mm)
最　　大	客车、货车	890
最　　小	空货车	835
	客　　车	830
	重货车	815

4. 车底架的中、侧、枕、端梁无裂损，罐体卡带无裂损、无松动，罐体无漏泄。

车体的弯曲下垂、胀出、倾斜允许限度按第31表规定。

第 31 表 车体异状允许限度表

项目 \ 允许限度(mm) \ 分类	客车	货车	
		空	重
中、侧梁在枕梁间下垂		40	80
敞车车体胀出		80	150
车体倾斜	50	75	

本条是对车辆主要部件质量要求的规定。转向架作为车辆的走行部,对保证列车运行的动力学性能有重大作用,其主要部件是轮对,因此在第 28 表中规定了车轮各部的允许限度,并在对转向架旁承游间的要求中增加了对常接触式旁承上下无间隙的要求。由于车辆制动机对保证列车运行安全的重要性,明确规定对制动机达到运用状态的要求,因此在第 29 表中规定了制动缸活塞行程的允许限度。根据车辆牵引连结部的作用,要求保持车钩、尾框、从板座、缓冲器的正常运用状态。为保持车辆车体正常运用状态,对其异状情况进行了基本要求。在第 31 表规定了车体及底架变形的允许限度。

(二)溯源情况

【第 2 版】第 283 条 机车及车辆应按铁道部批准的类型,装备自动车钩及缓冲装置。特别的动车可以除外。

第 285 条 自动车钩中心线距轨面的高度,在机车与煤水车上,容许最大为 890 mm,最小为 815 mm。

第 286 条 自动车钩中心线距轨面的高度,在货车上(包括守车),容许最大为 890 mm,空车时最小为 835 mm,重车时最小为 815 mm;在客车上容许最大为 890 mm,最小为 830 mm。

本条相关规定首次出现在第 2 版《技规》,此后版本主要变化体现技术设备的变化。

由于车钩缓冲装置是保证机车车辆能正确相互连挂的装置及承受列车运行中机车的牵引力和水平冲击力,因此,机车车辆的车钩及缓冲装置必须按照原铁道部批准的类型和尺寸安全标准，以保证具有良好性能。我国机车车辆的车钩中心距轨面高度为 880 mm，新造时允许公差±10 mm。因此，规定机车车辆的车钩中心线距轨面的最大高度为 890 mm。当列车在线路上运行时，考虑到线路坡度变化和各种上线振动等因素，根据以往积累的使用经验，要求在列车中相连的两个车钩中心线相差不得超过 75 mm，因此，对重货车、机车及煤水车的车钩中心线距轨面高度规定不得小于 815 mm。对空货车，由于考虑到装载货物后车体下沉，车钩中心也随着降低，而守车由于重量较轻，并多数挂在列车尾部，在运行中上下振动较大，为防止脱钩，规定空货车及守车的车钩中心线距轨面高度最小不得低于 835 mm。客车由于自重较大，而且旅客经常乘降，为了保证旅客列车的安全，要求客车不论空重车，其车钩中心线高度不得小于 830 mm。

（三）演变过程

2014 年版《技规》第 269 条演变过程如图 11-23 所示。

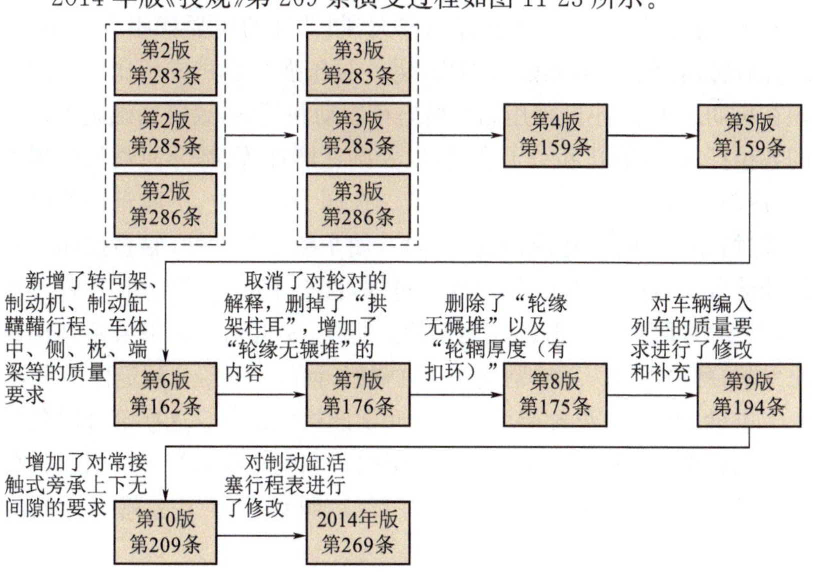

图 11-23　2014 年版《技规》第 269 条演变过程

第3版《技规》第283、285、286条保持第2版条款内容不变。第4版《技规》第159条将条款进行了合并，具体内容不变。第5版《技规》第159条保持第4版条款内容不变。

第6版《技规》第162条新增了转向架、制动机、制动缸鞲鞴行程及车体中、侧、枕、端梁等的质量要求。

由于转向架承受车辆的全部重量，在车辆通过曲线时，起导向作用，并通过转向架的弹簧装置，减轻车辆运行中的振动。因此，对转向架零部件的质量进行了规定。

货车制动机设空重调整装置，是因为重车运行中的动能远远大于空车，所以空重车在停车时，所需要的制动力也不同。制动梁及吊、各拉杆、杠杆无裂损：这些部件在列车运行中受拉伸、挤压和冲击的作用力很大。如有裂纹则容易折断和脱落，将造成严重的事故。

制动缸鞲鞴行程：车辆制动力的大小，与鞲鞴行程长短有关，行程越长、制动力就越小；制动行程越短、制动力就越大。在总风压不变的情况下，行程长，就使制动缸容积增大，制动缸的压强就相应减小；反之，制动缸容积减小，压强就增大，也就是压强与容积成反比。但因车辆在长期运用中，不断使用制动机施行制动和缓解，致使基础制动装置的各拉杆、杠杆的孔和销子磨耗，以及闸瓦磨耗等，都会使鞲鞴行程加长，使制动力减小，则制动效能降低。在同一列车中，不同车辆的鞲鞴行程过长或过短，会造成制动力不均，使车辆相互冲撞，容易损坏车钩缓冲装置。当行程过长时，制动力过弱，甚至不起制动作用；行程过短时，制动力过强，容易造成擦伤车轮。所以，要求列车在编组站列检所出发前，列检人员应正确调整制动缸鞲鞴行程，使其符合规定标准。

中梁、侧梁、枕梁和端梁是车辆底架的构成部件。这些部件除负担车体的载重、自重外，还承受机车的牵引力和列车在运行中所引起的各种冲击力，以及其他外力等。如有裂纹，继续发展下去就有折断的危险。

罐体卡带无裂损：罐车的罐体是利用卡带紧固在枕梁上，防止其位移。如卡带裂损，就会使罐体前后窜动，造成鞍座折损，以致罐体脱落。

罐体无漏泄；罐体漏泄不仅会造成液体货物流失，如系挥发性的汽油类时，还有引起火灾的危险。

车体的弯曲下垂：中、侧梁的中部在重车时，会引起一定变形下垂，尤其是当货物装载超重时，则下垂就越大，以致造成车体结构松弛，中、侧梁裂纹折断，使货物倒塌和车辆脱轨等。因此，分别规定了空重车中、侧梁中部的下垂限度，要求货运人员，严格监督检查车辆货物的装载状态，不得有超重、偏重和集重等。列检人员也要认真注意检查和处理。

车体胀出：敞车、煤车车体外胀，会造成立柱损坏，货物倒塌以及车体超出机车车辆限界等后果。外胀的原因，除结构上的缺陷外，装载不良也有一定的关系。

车体倾斜：主要是由于车体结构松弛，部分弹簧软弱及偏载等所引起的。车体倾斜使车辆重心变位，会造成车辆偏重，使底架和转向架旁承游间压死，以致发生燃轴或颠覆等事故。

第 7 版《技规》第 176 条转向架中取消了对轮对的解释，删掉了“拱架柱耳”，增加了“轮缘无辗堆”的内容；整车钢轮轮辋厚度，货车不小于 21 mm 改为不小于 22 mm。取消对轮对的解释，是因为《车辆轮对、轴承组装及修理规则》已有明确规定，不必重述。删除“拱架柱耳”的规定是因为拱架柱包括拱架柱耳，是一个结构体，不必单列。

另外，根据实践，目前整体轮也发生辗堆情况，并曾造成事故，因此增加“轮缘无辗堆”的规定。对于整体轮轮辋厚度，货车不小于 21 mm 改为 22 mm，提出了更高的要求。

第 8 版《技规》第 175 条删除了“轮缘无辗堆”以及“轮辋厚度(有扣环)”的规定。

第 9 版《技规》第 194 条根据车辆构件的发展，对车辆编入列车的质量要求进行了修改和补充；修改了车辆轮对的允许限度数值；补充了对滚动轴承车辆的技术要求，并将“鞲鞴”改为“活塞”更确切。

第10版《技规》第209条对转向架承游间的要求中增加了对常接触式旁承上下无间隙的要求。由于制动机对保证列车运行安全的重要性，明确规定了对制动机达到运用状态的要求，并将"手制动机"改为"人力制动机"，含义更为全面。由于旧型制动机和货车已逐渐淘汰，仅作为参考。

2014年版《技规》第269条对车辆轮对允许限度表中车轮轮辋厚度的货车进行了修改，调整为"无辐板孔"和"有辐板孔"两种，符合货车技术条件发展。对制动缸活塞行程表进行了修改，删除了已淘汰旧车型的规定，补充了"装有ST1-600型闸调器的复式闸瓦客车"等新技术设备的活塞行程要求。

四、动车组试运行的条件

2014年版条文内容及说明

【2014年版】第270条 上线运营的动车组须符合出所质量标准。遇下述情况时，须安排动车组试运行：

1. 新型动车组运营、新线开通前；
2. 动车组新造出厂、高级检修修竣后；
3. 临修更换转向架、轮对、万向轴、主变压器、牵引电机后；
4. 重要部件、软件加装、升级后。

本条款在2014年版《技规》中首次出现。

为保证动车组运行安全，上线运营的动车组须符合出所质量标准，包括车体及车端连接、转向架、高压牵引系统、辅助电气系统、供风及制动系统、网络控制系统、旅客信息系统、车内环境控制系统、给排水及卫生系统、车内设施、驾驶设施等系统质量符合标准。

遇下述情况时，须先安排动车组进行试运行，再安排动车组正式上线运营。

1. 新型动车组运营、新线开通前须安排动车组进行模拟试运行，主要对动车组与线路、站台设施、接触网供电、通信、信号设备等正式运营线路环境的适应性进行进一步检验，对机务、车务、电务、车辆、客运等运营各专业有关人员进行业务培训，并为开展作业演练、检验作业流程、磨合结合部、优化作业组织提供条件。

2. 动车组新造出厂后须安排进行新造试运行，是在线路上以动车组最高允许速度进行的试运行，主要是调试、整定动车组相关参数，检查各系统功能是否正常，是否满足合同技术规格要求。

3. 动车组高级检修修竣后须安排进行检修试运行，三级检修试运行主要是对动车组走行及专项检修改造部件进行检验，重点检查动车组转向架、制动系统、网络控制系统以及车端连接部位，检验动车组轮对轴箱、牵引电机、齿轮箱、电务车载设备运行状态；四、五级检修试运行主要是对转向架、制动系统、牵引系统、行车安全设备、电务车载设备、网络系统、空调、供电照明、车载设备、给水、卫生、信息等系统及门、窗、座椅等设备及改造部件进行检验。

4. 动车组临修更换转向架、轮对、万向轴、主变压器、牵引电机后须安排进行临修试运行，主要是为了确认动车组主要部件更换后的运转性能符合正式上线运营要求。

5. 动车组重要部件、软件加装、升级后须安排进行专项试运行，是指经国铁集团审批同意进行动车组部件改造、软件升级后，按国铁集团批准的专项试验大纲开展的动车组试运行，目的是对重要部件、软件加装、升级后的动车组安全可靠性进行检验和验证。

五、车辆和动车组故障时的处理

(一)2014 年版条文内容及说明

【2014 年版】第 271 条　在有列检作业的车站，发现列车中有技术不良的车辆，因条件限制不能修理时，应由列车中摘下修理。在其他车站发现列车中有技术不良的车辆，因特殊情况不能摘下时，如能确保行车安全，经车辆调度员同意，可回送到指定地点进行处理。

动车组列车运行途中遇空气弹簧故障时，运行速度不得超过 160 km/h

(CRH2、CRH380A/AL 型为 120 km/h),其他旅客列车运行途中遇车辆空气弹簧故障时,运行速度不得超过 120 km/h。采用密接式车钩的旅客列车,在运行途中因故障更换 15 号过渡车钩后,运行速度不得超过 140 km/h。

为使车辆保持良好的技术状态,在站及在运行途中,发现列车中有技术不良的车辆时,应进行及时处理,因此本条对车辆和动车组故障时的处理规定进行了明确。

(二)溯源情况

【第 6 版】第 163 条 列车在编组站发现技术不良的车辆,因条件限制不能修理时,应由列车中摘下修理。列车在其他车站发现技术不良的车辆,因特殊情况不能摘下时,如能确保行车安全,经车辆调度同意,可回送到指定地点。

相关规定首次出现在第 6 版《技规》,此后版本主要变化体现在移动装备的发展进步。

列车在编组站、区段站,列检人员发现技术不良车辆时,凡在列车中能修复的,应尽力在列车中修复。如在技术检查时间内不能修复时,应及时通知列检值班员与车站办理扣留手续,将技术不良车送往站修线或指定的地点修理。

列车在中间站,一旦发现技术不良车辆,如因特殊情况不能摘下时,如能确保行车安全,在分局管内可取得分局车辆调度同意,跨分局由铁路局车辆调度同意,如跨局时由铁道部车辆调度同意,可随原列车回送到指定地点施修。

(三)演变过程

2014 年版《技规》第 271 条演变过程如图 11-24 所示。

第 7 版《技规》第 177 条将“列车在编组站”修改为“旅客列车(包括混合列车中的客车)在有库列检的车站,货物列车(包括混合列车中的货车)在有主要列检所的车站”,对旅客列车和货物列车的车站进行了区分明确。**第 8 版**《技规》第 176 条保持了**第 7 版**《技规》的规定不变。

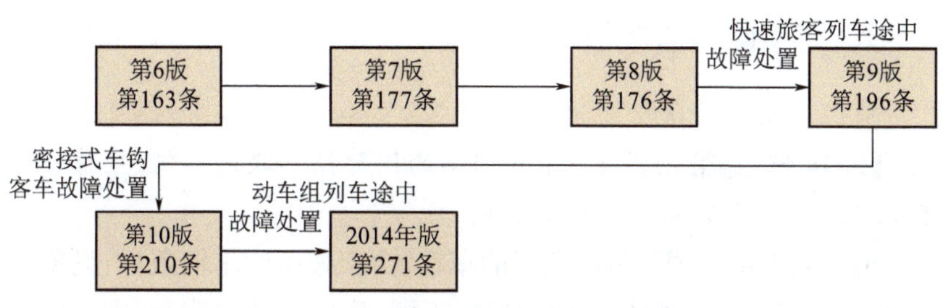

图 11-24 2014 年版《技规》第 271 条演变过程

第 9 版《技规》第 195 条将“库列检”为“客列检”，新增了“快速旅客列车在运行途中发生空气弹簧故障时，运行速度不得超过 120 km/h。”表述更加准确，空气弹簧是快速旅客列车安全平稳运行的保证，当其发生故障时，需要限速运行。

第 10 版《技规》第 210 条新增了“采用密接式车钩的旅客列车，在运行途中因故障更换 15 号车钩后，运行速度不得超过 140 km/h”以及“密接式车钩的客车回送时，原则上应附挂旅客列车回送。附挂货物列车回送时，应挂于尾部，但不得超过 2 辆”两项规定。采用密接式车钩的旅客列车在运行途中更换 15 号车钩后，由于 15 号车钩对密闭式车钩来讲属于过渡车钩，应根据调度命令，运行速度不得超过 140 km/h。此外，由于密接式车钩的客车构造等原因，在回送时原则上应附挂旅客列车回送。不宜编挂于货物列车回送，主要是因为密闭式客车的车钩不能安装列尾装置。必须回送时，应挂于尾部，但不得超过 2 辆。

2014 年版《技规》第 271 条新增了“动车组列车运行途中遇空气弹簧故障时，运行速度不得超过 160 km/h（CRH2、CRH380A/AL 型为 120 km/h）”的规定，删除了“密接式车钩的客车回送时，原则上应附挂旅客列车回送。附挂货物列车回送时，应挂于尾部，但不得超过 2 辆”。采用空气弹簧悬挂的动车组，空气弹簧故障后应急弹簧可保证速度不超过 160 km/h(CRH2、CRH380A/AL 型为 120 km/h)安全运行，舒适度有所影响，因此规定在运行途中遇空气弹簧故障时应按规定限速运行。

六、对国际铁路联运车辆的要求

(一)2014 年版条文内容及说明

【2014 年版】第 272 条 编入列车的国际铁路联运车辆,应符合国际铁路联运有关车辆交接技术条件。

编入列车参加国际铁路联运的车辆,由于各国的车辆限界、设备标准、行车速度和车辆配件的限度要求不同,所以一定要符合《国际联运货车使用规则》的技术要求。如技术状态不合标准,势必在国境站换装,这样既造成国境站工作上的困难,又可能使外贸物资延期交付。因此,对国际联运车辆的技术条件必须严格掌握。

关于国际联运车辆技术条件的具体要求,应按《国际联运货车使用规则》和《国境铁路会议议定书》中的规定办理。

(二)溯源情况

【第 6 版】第 164 条 编入国际铁路联运的车辆,应符合国际铁路联运有关规定的车辆交接技术条件。

本条规定最早出现于第 6 版《技规》第 164 条,对编入国际铁路联运的车辆提出了原则性要求。此后版本的条款变化主要体现在文字表述的修改。

(三)演变过程

2014 年版《技规》第 272 条演变过程如图 11-25 所示。

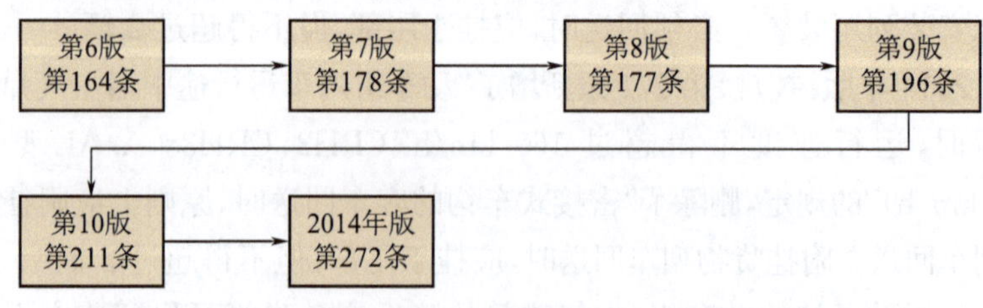

图 11-25 2014 年版《技规》第 272 条演变过程

此后**第 7 版**、**2014 年版**分别仅做了个别文字修改,规定的内容没有实质性修改。

七、车辆检修扣修的规定

(一)2014 年版条文内容及说明

【2014 年版】第 273 条 运用中的车辆应按规定的周期检修。扣修和出入厂、段的车辆应建立定时取送制度,并纳入车站日班计划。

运用中的车辆,应按规定的定期检修周期进行检修。客车由配属车辆段按规定自行掌握扣修;货车检修周期到期、过期的车辆,由列检作业场按规定办理扣修(包括重车插票)。为保证按计划检修车辆,缩短修车时间,加速车辆周转,车站与车辆段双方签订取送车协议书。车站应按协议书的规定,将取送车辆计划纳入车站日、班计划。车辆段扣修车辆时,应及时办理手续。车辆段调度员和列检值班员,要经常掌握扣车情况,与车站调度员加强联系,紧密配合,车站应做到及时取送列检扣修的厂修、段修、辅修、临修检修车和出入厂、段的车辆。

(二)溯源情况

【第 6 版】第 165 条 运用中的车辆应按规定的周期检修。扣修的车辆应建立定时取送制度或纳入车站日、班计划。

本条规定首次出现在第 6 版《技规》中,此后版本条款变化主要体现在文字表述的修改以及入出厂、段车辆的取送制度。

(三)演变过程

2014 年版《技规》第 273 条演变过程如图 11-26 所示。

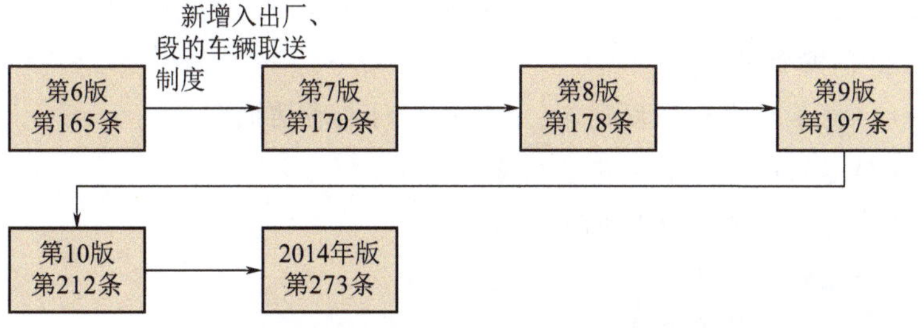

图 11-26 2014 年版《技规》第 273 条演变过程

第 7 版《技规》第 179 条将“扣修”修改为“扣修和入出厂、段的车辆”，主要是为落实入出厂、段修车的取送工作。

第 8 版到 2014 年版历版《技规》条款变化主要为表述修改。

八、列车自动制动机试验的要求

(一)2014 年版条文内容及说明

【2014 年版】第 274 条 动车组以外的列车自动制动机应按下列规定进行试验。

1. 全部试验

(1)货车列检对解体列车到达后施行一次到达全部试验，对编组列车始发前施行一次始发全部试验，对有调车作业中转列车到达后首先施行到达全部试验，发车前只施行始发全部试验中的漏泄试验；

(2)货车特级列检和安全保证距离在 500 km 左右的一级列检对无调车作业中转列车始发前施行一次始发全部试验；

(3)无列检作业场车站始发的列车，在途经第一个列检作业场进行无调车中转技术检查作业时施行一次始发全部试验；

(4)列检作业场对运行途中自动制动机发生故障的到达列车；

(5)旅客列车库内检修作业；

(6)在有客列检作业的车站折返的旅客列车。

站内设有试风装置时，应使用列车试验器试验，连挂机车后只做简略试验。对装有空气弹簧等装置的旅客列车应同时检查辅助用风系统的泄漏。

2. 简略试验

(1)货车列检对始发列车、中转作业列车连挂机车后；

(2)客列检作业后和旅客列车始发前；

(3)更换机车或更换机车乘务组时；

(4)无列检作业的始发列车发车前；

(5)列车软管有分离情况时；

(6)列车停留超过 20 min 时；

(7)列车摘挂补机，或第一机车的自动制动机损坏交由第二机车操纵时；

(8)机车改变司机室操纵时；

(9)单机附挂车辆时；

(10)列车进行摘、挂作业开车前。

在站简略试验：有列检作业的由列检人员负责，无列检作业的由车辆乘务员负责，无车辆乘务员的由车站人员负责。挂有列尾装置的列车由司机负责(挂有列尾装置的旅客列车，始发前、摘挂作业开车前及在途中换挂机车站、客列检作业站，有列检作业的由列检人员负责，无列检作业的由车辆乘务员负责)。

3. 持续一定时间的全部试验

有列检作业场的车站发出的货物列车运行前方途经长大下坡道区间的，在始发、中转作业时应进行持续一定时间的全部试验，列检应填发制动效能证明书交给司机；在有列检作业场车站至长大下坡道区间间的各站始发或进行摘挂作业的列车，是否进行持续一定时间的全部试验并填发制动效能证明书交给司机，由铁路局规定。具体试验和凉闸的地点、办法，由铁路局规定。

旅客列车出库前应进行持续一定时间的全部试验，在接近长大下坡道区间的车站，是否进行持续一定时间的全部试验，由铁路局规定。

长大下坡道为：线路坡度超过 6‰，长度为 8 km 及以上；线路坡度超过 12‰，长度为 5 km 及以上；线路坡度超过 20‰，长度为 2 km 及以上。

本条是关于动车组以外的列车制动自动制动机性能试验的规定。列车自动制动机的性能好坏是直接关系到列车安全运行的重要因素，在列车制动试验时，要认真确认列车制动主管风压漏泄程度、贯通状态和制动作用是否良好，以便发现故障及时处理。

(二)溯源情况

【第 1 版】第 351 条 使用风闸运行之列车应经常进行风闸试验：

甲、全部试验：

1. 于编组站发车前。

2. 更换机车时。

3. 于接近较长坡道区间之车站，即列车根据技术上之需要而停车之车站。

乙、简便试验：

1. 列车风管接头在任何摘开情形时。

2. 于列车停车超过 20 min 之车站内。

相关规定首次出现在第 2 版《技规》，相关条款规定的变化主要集中在技术条件的变化以及试验场景的调整等方面。

列车风闸试验是行车前的必要措施，第 1 版《技规》中试验分类为两种，即全部试验和简便试验。全部试验是将全列车风管接好，使机车的大小手闸放在行车位置，使压力风供给全列车的制动管和储风缸中，待表针上指示 5 kg 压力时，即可施行常用制动，使制动管的压力减少 0.4～1.4 kg 之间，再将手闸置于中央位置，同时查看各列车闸瓦是否发生抱闸，是否有未发生动作的车辆。如果全部列车管起作用，即可以实行缓解，使制动缸内的风经过大闸供给到制动管内。通过车辆制动机作用，将制动缸的风放出，同时向副风缸供风，完成松闸作用。此时注意查看各车辆闸瓦是否完全松开，如未松开，可通过拉缓解塞门使风缸的风放出，同时检查制动机是否作用灵敏，或者是否有其他漏风问题。全部试验是确认列车制动机性能的主要方法，编组列车或更换机车后，通过进行全部试验可以检验列车制动机工作状态是否良好，以避免因制动机故障导致的列车停车过程中制动力不足而引起的危及行车安全的事故发生。由于长大坡道区间的行车对于制动力有更为严格的要求，因此，对于列车在接近长大坡道的车站同样应该进行全部试验。

简略试验是仅施行撂闸和松闸动作以判断制动是否灵活，通常是在由于漏风、风管破裂等情况下导致的风管接头摘开的情形。对于站内停车超过 20 min 的列车，由于停车时间太久，为避免由于风管和风闸部分发生故障导致开行后制动性能不良、制动效力不够，因此也应进行试验。

(三)演变过程

2014 年版《技规》第 274 条演变过程如图 11-27 所示。

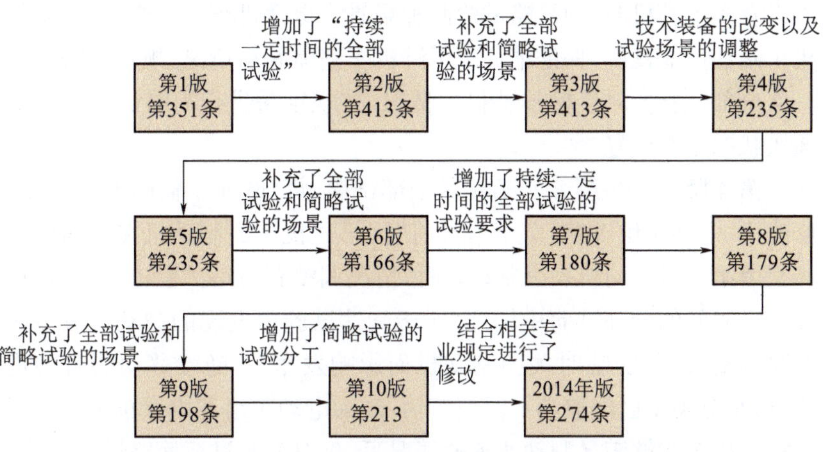

图 11-27　2014 年版《技规》第 274 条演变过程

第 2 版《技规》第 413 条在**第 1 版**《技规》的基础上增加了“持续一定时间的全部试验”，并将“接近较长下坡道区间的车站上”的试验要求改为“持续一定时间的全部试验”。补充了需进行简略试验的“总风缸内压力下降低于每平方公分五公斤情形时”以及“在更换摩托车辆的电气列车司机或变换司机操纵室时”等两种情况。由于列车在长大坡道上行车对于制动保压性能有了进一步的要求，为了保证其行车安全，将接近较长下坡道区间的车站上的试验要求进行了提升，在进行全部试验的同时，需在全列车充风达到规定压力后，将自动制动阀置于常用制动位，减压 1.0～1.4 kgf/cm^2，保压 3～5 min，制动机不得发生自然缓解，即持续一定时间的全部试验。此外，为防止因制动引起火星造成车辆或货物燃烧，还应对制动部分进行彻底检修，如调整活塞行程，更换过薄闸瓦等。由于总风缸内压力下降速度过低可能是由于列车风管通路不良，如不进行检查处理，易导致制动或缓解动作不及时，因此，增加了相应简略试验的场景。

第3版《技规》第413条补充了“当机车不由列车摘下而更换机车乘务组时”的全部试验以及“当将补机挂于列车前部（本务机车的前位）时以及摘下补机时”的简略试验两种场景。更换机车乘务组后，为确保机车制动性能良好，保证乘务组了解机车整体制动情况，规定了需进行一次全部试验。对接摘挂补机的情况，按规定需进行简略试验以了解通风状态是否良好。

第4版《技规》第235条针对全部试验，将“摩托车辆的电气列车”修改为“电动车组、内燃车组”，并将“因第一机车的制动机在区间内损坏交由第二机车司机操纵制动机时”情况调整到简略试验进行，并在持续一定时间的全部试验中增加“对于到达试验中发现的制动机故障应及时修复，以免因临时关闭制动机而影响发车”。随着移动装备的进步，机车分类中已经取消了摩托车辆，改为电动车组和内燃车组。由于当第二机车能够满足制动要求的情况下，仅对列车进行简略试验，确定全列车主管风压贯通良好，即可满足规定，无需进行时间较长的全部试验，提高了机车的运用效率。对于试验中发现的故障，进行了补充规定。**第5版**《技规》第235条无变化。

第6版《技规》第166条针对全部试验补充了“区段站列检所和一般列检所对始发和有调车作业的中转列车”“列检所对运行途中因自动制动机发生故障的到达列车”等两种场景，并新增了“站内设有试风装置时，应使用列车试验器试验，连挂机车后只做简略试验”的规定；针对简略试验补充了“区段站列检所和一般列检所，对无调车作业的中转列车（根据区间线路及制动缸鞲鞴行程变化的情况，需要全部试验时，由铁路局规定）”、“无列检作业的车站，始发列车发车前”以及“单机附挂车辆时”等三种场景，并将“更换机车或更换乘务组时”由全部试验改为简略试验；针对持续一定时间的全部试验，新增了“列检应填发制动效能证明书交给司机”的规定。为了解始发以及进行调车作业后的列车是否具备良好的制动性能，需对列检所的始发列车和有调车作业的中转列车进行全部试验，具体包括感度试验、制动管系泄漏试验以及安定试验三部分，以便充分掌握列车的制动稳定性和灵敏度。由于仅中转无调车的作业不会对其制动性能的产生影响，因此，无需进行全部试验，仅通过简略试验对其通风情况是否良好进行判断。同样条件适用于更换机车或乘务组、无列检作业的列车始发前以及单机附挂车辆三种场景。这样可以在保障列车制动性能的前提下，提高列车运用效率，避免过度试验。为了便于司机掌握列车制动性能，规定由列检人员填发制动效能证明书（车统－45）交给司机。

第7版《技规》第180条针对持续一定时间的全部试验，增加了“具体试验和凉闸的地点、办法，由铁路局规定”的内容，由于列车在长大下坡道时需控速运行，需进行制动保压，闸瓦摩擦发热较为严重，要求进行闸瓦冷却后再行走，一般由铁路局规定凉闸站。**第8版**《技规》第179条无变化。

第9版《技规》第198条针对全部试验，增加了“旅客列车在客技站检修作业”“不入客技站检修，在车站折返的旅客列车”两种场景，并补充了“对装有空气弹簧等装置的旅客列车应同时检查辅助用风系统的泄漏”的规定；针对简略试验，增加了“客列检作业后，客运列车始发前”的场景；针对持续一定时间的全部试验，区分了“货物列车”和“旅客列车”两种情况下的试验规定，增加了旅客列车出库前应进行持续一定时间的全部试验，并将旅客列车在接近长大坡道区间的车站是否进行制动机试验改为由铁路局规定。为了保证旅客列车安全，加强了旅客列车制动机试验工作，增加了两项旅客列车的全部试验场景要求。对于辅助用风系统，如果存在泄漏情况，会直接影响列车供风性能，危及行车安全，因此须同时进行检查。客列检作业后距离客车始发前仍有一段空闲时间，再进行简略试验，可消除不安全因素，原理同列车停留超过 20 min 类似。为了保证旅客列车制动系统技术状态良好，增加了出库前进行持续一定时间全部试验的要求。此外，由于旅客列车不同于货物列车的编组长度和载重，因此，是否进行持续一定时间的全部试验由铁路局根据线路情况和设备条件自行规定。

第 10 版《技规》第 213 条增加了进行简略试验的分工，并对文字表述进行了修改。由于进行列车自动制动机的简略试验属于专业性、技术性较强的工作，关系到列车运行的安全，列车按规定需要进行简略试验时，需要规定具有一定专业操作技术的人员担任。因此，补充了相应的规定。

2014 年版第 274 条在条款第一段增加了“动车组以外”，将本条款的规定限定为“动车组以外的列车自动制动机”，并将动车组有关制动试验要求在第 275 条中列出。动车组的技术条件与传统机车车辆差别较大，此外，《铁路动车组运用维修规程》(铁总运〔2013〕158 号)对动车组制动进行了相应专门规定，因此，《技规》中相应条款也进行了区分。

针对全部试验，将**第 10 版**中“(1)主要列检所对解体列车到达后，编组列车发车前；无调车作业的中转列车，可施行一次；(2)区段列检所对始发和有调车作业的中转列车”修改为“(1)货车列检对解体列车到达后施行一次到达全部试验，对编组列车始发前施行一次始发全部试验，对有调车作业中转列车到达后首先施行到达全部试验，发车前只施行始发全部试验中的漏泄试验；(2)货车特级列检和安全保证距离在 500 km 左右的一级列检对无调车作业中转列车始发前施行一次始发全部试验；(3)无列检作业场车站始发的列车，在途经第一个列检作业场进行无调车中转技术检查作业时施行一次始发全部试验”。铁路总公司为满足铁路运输提速、重载需要，适应铁路货车新技术发展，统一技术要求和质量标准，规范货车运用管理，制定了《铁路货车运用维修规程》(铁运〔2010〕141 号)，对货物列车自动制动机的要求进行了统一规定，《技规》该部分的内容参考专业技术规章的成熟规定进行了同步修改。

针对简略试验，增加了“货车列检对始发列车、中转作业列车连挂机车后”和“列车进行摘、挂作业开车前”的两种场景，同时删除了“区段列检所对无调车作业的中转列车(根据区间线路及制动缸活塞行程变化的情况，需要全部试验时，由铁路局规定)”需进行简略试验的要求，原因同上。对在站简略试验的要求进行了修改，删除了有关“运转车长”的规定，细化了“挂有列尾装置的旅客列车”试验的要求，由于技术设备的进步，列尾装置的应用已经取代了运转车长的职能。随着客列尾装置的推广，为提高作业效率和可执行性，对挂有列尾装置的旅客列车简略试验要求进行了细化。

针对持续一段时间的全部试验，同样根据《铁路货车运用维修规程》(铁运〔2010〕141 号)的规定，补充了“在有列检作业场车站至长大下坡道区间间的各站始发或进行摘挂作业的列车，是否进行持续一定时间的全部试验并填发制动效能证明书交给司机，由铁路局规定”的要求，并根据列检作业组织调整，将“货物列车在接近长大下坡道区间的车站”修改为“有列检作业场的车站发出的货物列车运行前方途经长大下坡道区间的”。

九、动车组制动试验的规定

2014 年版条文内容及说明

【2014 年版】第 275 条 动车组制动试验规定：

1. 动车组在出段(所)前或折返地点停留出发前需要进行全部制动试验，一级检修作业后的动车组在出发前不再进行全部制动试验；

2. 动车组列车在始发前需在操纵端进行简略制动试验；

3. 动车组列车更换动车组司机(同向换乘除外)或操纵端后，需进行简略制动试验；

4. 动车组列车在途中重联或解编后，开车前需在操纵端进行简略制动试验；

5. 动车组列车使用紧急制动停车后，开车前需进行简略制动试验；

6. 动车组在采用机车救援、无动力回送联挂机车或回送过渡车时，按动车组无动力回送作业办法进行制动性能确认。

本条款为2014年版《技规》新增条款。动车组制动装置是保证动车组运行安全的关键设备。在动车组制动试验时，要认真确认动车组制动作用是否良好，制动主管压力是否正常，以便发现故障及时处理。动车组制动试验分为全部试验、简略试验两种。其试验项目、方法和技术要求按照各型动车组制动试验办法执行。

动车组在采用机车救援、无动力回送联挂机车或无动力回送需联挂回送过渡车时，按各型动车组无动力回送作业程序进行制动性能确认。

十、车辆上翻车机前后及解冻前后的检查要求

(一)2014年版条文内容及说明

【2014年版】第276条 车辆上翻车机前和翻卸后，以及进入解冻库前和解冻后，必须由所在地车辆段派列检人员对车辆进行技术检查，对解冻后车辆进行制动机性能试验。具体技术检查作业地点由铁路局规定。

本条是车辆上翻车机前后及解冻前后的检查要求。由于车辆上翻车机以及进入解冻库解冻均可能对车辆本身造成损害，为保证车辆运用安全，需进行技术检查，此外，车辆的制动性能可能会受到温度影响，因此，需对解冻后的车辆进行制动性能规定。

(二)溯源情况

【第9版】第199条 车辆上翻车机前和翻卸后，必须由所在地车辆段派驻人员对车辆进行技术检查。

本条规定首次出现于第9版《技规》中，此后版本条款变化主要体现在技术设备变化。

翻车机存在损坏车辆情况，因此，本条规定车辆上翻机车前后要求进行技术检查，以确保其良好的运用状态。

(三)演变过程

2014 年版《技规》第 276 条演变过程如图 11-28 所示。

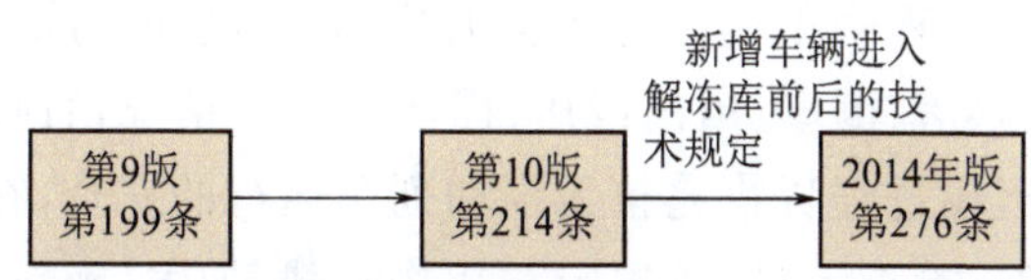

图 11-28　2014 年版《技规》第 276 条演变过程

第 10 版《技规》第 214 条无变化。

2014 年版《技规》第 276 条新增了有关车辆入解冻库前后的检查以及自动机性能试验的规定。翻车机及解冻库的使用和检查应符合国家标准《铁路货车翻车机和散装货物解冻库检测技术条件》(GB/T 18818—2002)的规定。由于冬季上翻车机的车辆需对冻结的煤炭等进行加温解冻后才能进行翻卸,其解冻温度较高,易导致车辆制动阀及管系连接橡胶件发生材质变化,将影响车辆制动机性能,为此对解冻后车辆需进行制动机性能试验。具体技术检查作业地点由铁路局规定。

十一、货物列车发车前的要求

(一)2014 年版条文内容及说明

【2014 年版】第 277 条　货物列车在编组站、区段站发车前,有关人员应做到:

货运检查人员应认真执行区段负责制,按规定检查列车中货物装载、加固、施封及篷布苫盖状态,以及车辆的门窗关闭情况,发现异状时,应及时处理。对无列检作业的车站,还应检查自动制动机的空重位置,不符合时应进行调整。

车号人员应按列车编组顺序表核对现车和货运票据,无误后,按规定与机车乘务员办理交接。

列检人员检查车辆,发现因货物装载超载、偏载、偏重、集重引起技术状态不正常时,应及时通知车站处理;车辆自动制动机的空重位置不符合时，应进行调整。

本条是关于货物列车发车前的相关要求。由于装车源头装载加固不当，或在运输过程中车辆经过多次甩挂、运行震动，可能会使货物发生移动、滚动、坠落、倒塌、窜出或压、撞坏车辆等情况，直接影响安全。所以，为保证运输过程货物完整无损和列车运行的安全，在编组站、区段站应配备货运检查人员，按规定对货物装载、加固、施封及篷布苫盖状态，以及车辆门窗的关闭情况等进行复查，发现异状及时处理。对无列检作业的车站，还应检查自动制动机的空重位置，不符合时应进行调整。货车施封的目的，是根据货物性质，为了贯彻负责制而采取的一种手段，把它作为铁路与托运人、收货人及铁路内部互相交接的依据。如果发现铅封失效、丢失时，应按有关规章规定处理。

用篷布苫盖的货物，一般都是怕湿、易燃的货物。苫盖的篷布，是起防水、防火和加固的作用，一旦篷布苫盖不严、脱落或捆绳不牢，易使货物湿损，甚至造成意外铁路交通事故。所以，发现异状应及时处理。

货车车辆门窗若不关闭，列车在运行中由于震动，容易引起车门掀动，如超出机车车辆限界，则会刮坏设备和建筑物、危及人身安全；如其坠落，则可能带来列车脱轨等安全隐患。所以，编组站、区段站的货运检查人员发现异状或未按规定关闭时，应及时处理。

货物在装运过程中，货物装载的位置、重量和加固技术条件是否正确，对车辆的技术状态有直接关系。如货物装载超载、偏载、偏重、集重时，容易将车辆压坏，甚至造成切轴，中、侧梁裂损，弹簧折损，旁承无间隙，车体倾斜和引起热轴等问题。因此，检车人员检查车辆时，如发现货物装载引起的超过规定限度的技术状态不正常，应通知车站处理。

偏载是指装车后货物总重心横向偏离量超过 100 mm；偏重是指装车后，每个车辆转向架所承受的货物重量超过货车容许载重量的二分之一，或两转向架承受重量之差大于 10 t。

集重是指货物装车后车体主要部件（中梁、侧梁、横梁、枕梁等）的工作应力（或工作弯曲力矩）超过其许用应力（或最大容许弯曲力矩）。

集重货物是指重量大于所装车辆负重面长度的最大容许载重量的货物。各类敞车、平车、长大平车车底板负重面最大容许载重量按国铁集团相关规定办理。

(二)溯源情况

【第6版】第167条　编组站、区段站货运检查人员，应检查列车中车辆装载、加固、施封及篷布苫盖的状态以及空车的门窗关闭情况，发现异状或未关闭时，应进行处理。

列检的检车员检查车辆时发现因属货物装载偏重、偏载、集重所引起技术状态不正常时，应通知车站处理。

本条款规定首次出现在第6版《技规》中，此后版本主要变化体现为人员职责分工的调整。

为了在运输全过程中保证货物、车辆完整无损和列车运行的安全，装车站的货运人员应对所装的货物，按货车装载和挂运条件进行检查，并由于在运送过程中车辆经过多次甩挂、运行震动或装载加固不当，会使货物发生移动、滚动、坠落、倒塌、窜出和压坏车辆等，直接影响安全。所以，第6版《技规》第167条规定在编组站、区段站应配备货运检查人员，对货车装载、加固、施封及篷布苫盖状态，以及空车的门窗关闭情况等进行复查，发现异状，及时处理。

(三)演变过程

2014年版《技规》第277条演变过程如图11-29所示。

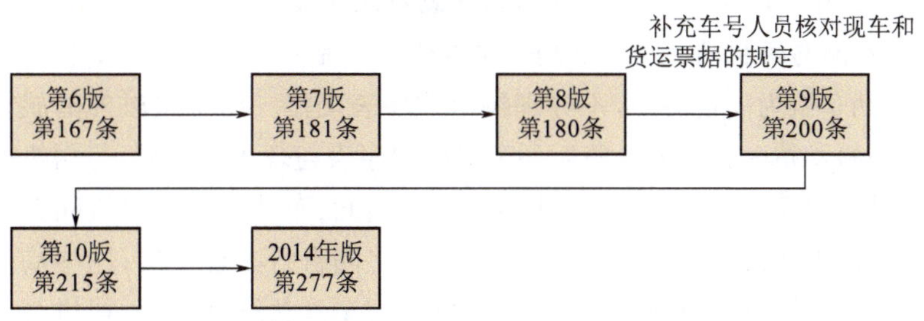

图11-29　2014年版《技规》第277条演变过程

第7版《技规》第181条增加了货物装载"超重",补全了引起技术状态不正常的情况。**第8版**《技规》第180条保持了**第7版**条款规定不变。

第9版《技规》第200条新增了"对无列检作业的车站,还应检查自动制动机的空重位置,不符合时应进行调整"、"车辆自动制动机的空重位置不符合时,应进行调整"以及"车号人员应按列车编组顺序表核对现车和货运票据,无误后,按规定与机车乘务员办理交接"的规定。货物列车取消运转车长后,为保证列车运行安全,将车号员、货运检查人员及机车乘务员的分工做了相应调整。**第10版**《技规》第215条保持了**第9版**的条款内容不变。**2014年版**《技规》第277条对**第10版**《技规》条款进行了文字表述上的修改,意思不变。

十二、旅客列车编组顺序表交接要求

(一)2014年版条文内容及说明

【2014年版】第278条 动车组不办理编组顺序表交接。动车组以外的旅客列车编组顺序表按以下规定办理交接:

1. 在始发站由车站人员按列车编组顺序表核对现车,无误后,与司机办理交接。

2. 中途换挂机车时,到达司机与车站间、车站与出发司机间办理交接。仅更换机车乘务组时,机车乘务组之间办理交接。

3. 途中摘挂车辆时,车站负责修改列车编组顺序表。

4. 列车到达终到站后,司机与车站办理交接。

车站与司机的交接地点均为机车停留位置。

动车组为固定编组,不办理编组顺序表交接。动车组以外的旅客列车,始发站由车站人员核对列车编组顺序表与现车一致后,与司机办理交接;中途换挂机车时,到达司机与车站间、车站与出发司机间办理交接;仅更换机车乘务组时,机车乘务组之间自行办理交接;途中摘挂车辆时,车站负责修改列车编组顺序表;列车到达终到站后,司机与车站办理交接。明确车站与司机的交接地点为机车停留位置。

（运统 1）

列车编组顺序表

N0：

___站编组 ___站终到 经由站：___ ___年___月___日___时___分___次

自首尾（不用字抹销） 制表者： 检查者：

顺号	车种	罐车油种	车号	自重	换长	载重	到站	货物品名	记事	发站	篷布和小型箱栏	票据号	车辆使用属性	收货人或卸线	记事

自编组站出发及在途中站摘挂后列车编组																
××站	客车		货车							其他	合计	自重	载重	总重	换长	铁路篷布合计
	合计	担当局	其中行李车	担当局	重车	空车	非运用车	其中								
								代客	P65							
＊＊合计																
—企																
—国铁																
—集																
—特																
—行																

列车到达时间： 月 日 时 分 交接时间： 时 分 司机签章：

（运统 1 乙）

列车编组通知单

N0：

____车站 ____年____月____日____时____分 ____次列车 ____机车

车站制表者： 车站值班员： 司机所在段： 司机：

××站	牵引重量（t）		客车辆数		货车辆数				其他车辆	合计辆数	换长	记事
	总重	载重	合计	其中行李车	重车	空车	非运用车	其中代客				
＊＊(合计)												
—集												
—特												
—行												

客运列车编组顺序表

N0：LZZ20230725K872

始发站：××× 20××年××月××日××时××分 列车车次：××× （客运统 1）

终到站：××× 列车担当企业：×××客运段

制表者：××× 组号：

顺号	车种	车号	定员	自重	载重	数量	换长	配属企业	支配企业	接车站	挂车站	记事

<table>
<tr><th colspan="14">自始发站出发及途中站摘挂后列车编组</th></tr>
<tr><th rowspan="3">站名</th><th colspan="5">客车辆数</th><th rowspan="3">货车辆数</th><th rowspan="3">其他辆数</th><th rowspan="3">合计辆数</th><th rowspan="3">自重</th><th rowspan="3">载重</th><th rowspan="3">总重</th><th rowspan="3">换长</th><th rowspan="3">记事</th></tr>
<tr><th rowspan="2">合计</th><th colspan="4">其中</th></tr>
<tr><th>基本编组</th><th>加挂企业 1 及辆数</th><th>加挂企业 2 及辆数</th><th>其他客车</th></tr>
<tr><td>×××站</td><td></td><td></td><td></td><td></td><td></td><td></td><td></td><td></td><td></td><td></td><td></td><td></td><td></td></tr>
<tr><td>其中：快运公司</td><td></td><td></td><td></td><td></td><td></td><td></td><td></td><td></td><td></td><td></td><td></td><td></td><td></td></tr>
<tr><td>集装箱公司</td><td></td><td></td><td></td><td></td><td></td><td></td><td></td><td></td><td></td><td></td><td></td><td></td><td></td></tr>
<tr><td>特货公司</td><td></td><td></td><td></td><td></td><td></td><td></td><td></td><td></td><td></td><td></td><td></td><td></td><td></td></tr>
<tr><td></td><td></td><td></td><td></td><td></td><td></td><td></td><td></td><td></td><td></td><td></td><td></td><td></td><td></td></tr>
</table>

到达时分： 年 月 日 时 分 交接时间： 时 签字

客运列车编组通知单

N0:LZZ20230725K872

(客运统1乙)

×××车站 年 月 日 时 分 ×××次列车 ×××客运段担当 ×××号机车

车站制表者:××× 车站值班员:××× 机车乘务员所属单位:××× 机车乘务员

<table>
<tr><th rowspan="3">站名</th><th colspan="2">牵引重量(t)</th><th colspan="7">辆数</th><th rowspan="3">换长</th><th rowspan="3">记事栏</th></tr>
<tr><th rowspan="2">总重</th><th rowspan="2">载重</th><th rowspan="2">合计</th><th colspan="6">其中</th></tr>
<tr><th>基本编组</th><th>加挂企业1及辆数</th><th>加挂企业2及辆数</th><th>其他客车</th><th>货车</th><th>其他</th></tr>
<tr><td>×××站</td><td colspan="9"></td><td></td><td></td></tr>
<tr><td>其中:快运公司</td><td colspan="9"></td><td></td><td></td></tr>
<tr><td>集装箱公司</td><td colspan="9"></td><td></td><td></td></tr>
<tr><td>特货公司</td><td colspan="9"></td><td></td><td></td></tr>
</table>

(二)溯源情况

【第6版】第168条 运转车长接收列车时,应检查下列主要事项:

1. 列车尾部车辆的风表、紧急制动阀上的封印、列车标志以及守车固定设备(旅客列车后部加挂车辆时,仍在原编组值乘位置值乘);

2. 按规定检查接收列车并对照接收货运单据;

3. 车辆编挂的隔离是否符合规定;

4. 列车编组是否符合编组计划规定;

5. 在无列检作业的车站,并应检查自动制动机的空重位置,发现不符合时应即调整。

列车到站后,按上述规定与有关人员进行交接。

本条款规定首次出现在第 6 版《技规》中，此后版本主要体现在人员配置的变化。

运转车长对列车安全正点运行及货物完整负重要责任。为此在接收列车时，应认真检查下列主要事项。

1. 检查守车固定备品、列车尾部标志是否齐全，并与守车整备员办理交接手续(运转车长互相间直接交接时除外)；检查列车尾部车辆的风表、紧急制动阀铅封是否完整，风表压力是否符合规定的要求(旅客列车后部加挂车辆时，仍在原编组值乘位置值乘)，以便采用紧急制动时能起足够的制动作用。

2. 与车号员或到达的运转车长办理货运单据、列车编组顺序表交接手续，检查货运票据、列车编组顺序表是否齐全，有无特别注意事项。核对无误后，在列车编组顺序表车站留存页上记明交接时间并签字。

3. 用列车编组顺序表和货票与现车对照，检查有无违反列车编组计划、隔离限制及《危险货物运输规则》的有关规定等情况。

4. 在无列检的车站及中间站挂车时，应检查自动制动机空重位置，发现不符合时应及时调整。

列车到站后按上述要求与有关人员交接，列车在运行中如有车辆燃轴、断钩、缓解不良、风管爆破，以及列车分离等情况时，应向列检人员介绍。列检人员应主动向运转车长询问列车在区间内的情况。在无列检的车站，运转车长应向车站值班员报告，再由车站值班员报告列车调度员转达给有关列检所。

(三)演变过程

2014 年版《技规》第 278 条演变过程如图 11-30 所示。

第 7 版《技规》第 182 条对**第 6 版**条款表述进行了修改，**第 8 版**《技规》第 181 条保持了**第 7 版**的条款规定。

第 9 版《技规》第 201 条将“按规定检查接收列车，并对照接收货运单据”修改为“按规定检查接收列车，核对、通报列车编组”；新增了“换乘时及时用列车无线调度电话与机车乘务员核对有关列车运行命令，

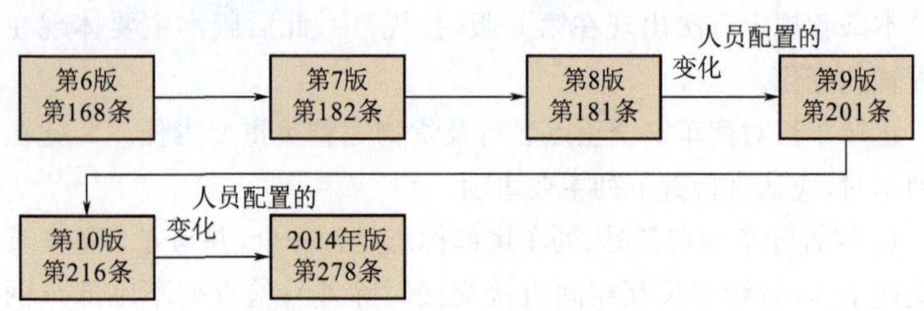

图 11-30 2014 年版《技规》第 278 条演变过程

对表，通报姓名和列车编组”；删除了“3. 车辆编挂的隔离是否符合规定；4. 列车编组是否符合列车编组计划的规定；5. 在无列检作业的车站，应检查自动制动机的空、重位置，发现不符合时应即调整”的规定。因为货物列车运转车长已取消，将本条款按旅客列车运转车长的职责进行了修改。按运行图旅客列车的站停时间标准的要求，对途中换成的运转车长的作业做了特殊规定。**第 10 版《技规》**第 216 条仅对**第 9 版**条款规定的表述进行了修改。

2014 年版《技规》第 278 条由于运转车长的取消，重新明确旅客列车编组顺序表的交接工作分工。按照动车组以及动车组以外旅客列车两种情况进行了明确规定。

第十二章 调车工作

第一节　一般要求
第二节　领导及指挥
第三节　计划及准备
第四节　调车作业
第五节　在正线、到发线上的作业
第六节　机车车辆的停留

第一节　一般要求

一、概述

调车工作是重要的铁路行车组织工作，是铁路完成运输生产任务的重要环节，是车站组织铁路运输工作的主要内容之一。装卸及检修作业车辆在车站的摘挂、取送、对位，列车的解体及编组，牵引机车的进库整备、出库担当列车牵引任务，检修车辆的取送等工作，都必须通过铁路调车工作实现。调车工作的安全高效，是实现按运行图行车、列车安全正点，提升运输效率的重要保障，对全面提高铁路企业服务质量，完成铁路客货运输的数量与质量指标任务，都有着十分重要的意义。

（一）调车的概念与分类

调车是指除列车在车站的到达、出发、通过及在区间内运行外，凡机车车辆进行一切有目的的移动，如列车的编组、解体、摘挂、转线，车辆的取送、转场、整场、调移以及机车的对位、转线、出入段等。

按照调车作业目的不同，调车工作的一般分类包括解体调车、编组调车、取送调车、摘挂调车和其他调车。按照调车作业运用设备不同，调车工作可分为牵出线调车和驼峰调车。上述分类是对调车工作的传统分类。由于调车工作的复杂性，对其分类还有其他不同方式。

（二）调车区的概念与划分

在调车作业繁忙、配线较多的车站，配有两台以上调车机车时，根据车站（场）布局特点、调车作业性质、车流特点和车站配线等情况，为减少调车作业相互干扰，为每台调车机车所划定的固定作业区域称为调车作业区，简称调车区。

划分调车区的基本原则是：各调车机车在作业上互不干扰和抵触，

调车机车、驼峰、牵出线及调车线负担的任务相对均衡合理，加速解编作业，减少重复作业，保证调车作业和接发列车作业的安全。

(三)无线调车灯显设备

长期以来铁路调车工作采用手信号旗(灯)的显示进行指挥，特别是雨、雾天时，大组车调车作业组织工作十分困难。20 世纪 90 年代初期推广使用的无线调车灯显设备，具有调车作业指令无线传输功能，即将调车指挥人通过专用电台发出的指示调车机车行车的语音指令，以不同颜色的灯光组合显示在机车控制器上，专用电台与机车控制器同时具有沟通机车乘务组与调车作业人员语音通信功能，极大地改善了调车指挥人、调车机车司机间发送确认调车要求指令的条件。每套无线调车灯显设备都有自己固定的频点，同一调车组人员所使用的每部电台均有相应的编码防止不同调车组调车人员间信令、语音串台，一对一发送、解除的紧急停车指令，通信故障中断的测机信号检测及自动“故障停车”指令发送，结合 LKJ 的超速控制、紧急放风制动等故障导向安全防护功能，以及数据采集记录功能，在实现设备保安全的条件下，便于分析调车作业情况，持续提升调车工作质量。

手持台(图 12-1)，调车组人员相互联系，使用按钮对机车发出信令等。

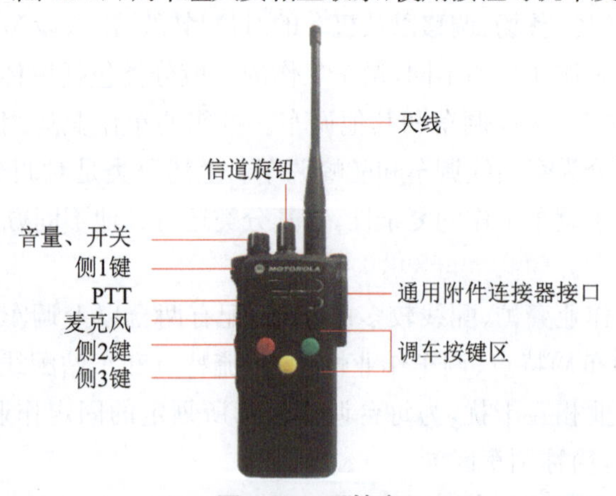

图 12-1　手持台

机车无线灯显调车设备，与调车机车控制器（STP，图 12-2）连接，通过调车长、调车区长、驼峰调车长发出信令指挥机车。

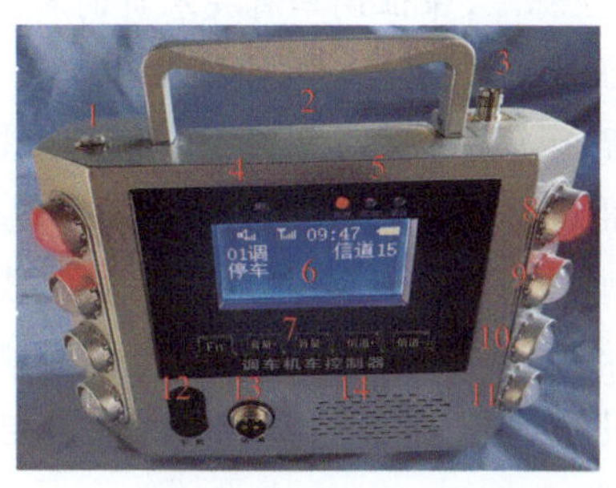

1—内置呼叫按钮（PTT）；2—安全提手；3—外置天线 TNC 接口；4—内置麦克（MIC）；
5—状态指示灯；6—显示区域；7—按键区域；8—红一灯；
9—绿灯；10—黄灯；11—红二灯；12—USB 下载口；
13—附件话盒接口；14—内置扬声器。

图 12-2　调车机车控制器

随着无线调车灯显设备在全路的广泛应用，实现了“调车作业不使用灯旗指挥”的目标，在调车作业中，消除了确认信号困难、联系不彻底等安全隐患，提高了调车效率。无线调车灯显设备的记录功能为分析事故或问题提供了有效、可靠的依据，能够找到问题的根源，真正地吸取教训，避免类似问题的再次发生。

二、对调车作业人员的原则性要求

（一）2014 年版条文内容及说明

【2014 年版】第 279 条　车站的调车工作，应按车站的技术作业过程及调车作业计划进行。参加调车作业的人员应做到：

1. 及时编组、解体列车，保证按列车运行图的规定时刻发车，不影响接车；

2. 及时取送客货作业和检修的车辆；

3. 充分运用调车机车及一切技术设备，采用先进工作方法，用最少的时间完成调车任务；

4. 认真执行作业标准，保证调车有关人员的人身安全及行车安全。

本条是对参加调车作业的人员的原则性要求。

调车工作是铁路运输生产过程中的基本环节，是车站工作的主要内容之一。它对及时解体、编组列车，取送旅客列车车底和货物装卸作业、检修作业的车辆，按运输需要调动机车车辆，完成列车技术检查、整备作业，保证按运行图行车、安全正点发车，缩短车辆停留时间、加速车辆周转，全面提高服务质量，完成铁路运输的数量与质量指标任务，都有着十分重要的意义。

（二）溯源情况

【第 1 版】第 307 条 车站之调车工作，须按该站所规定之工作技术过程，并保证下列各项之计划进行之：

1. 及时之编车及发车。

2. 不间断之接车。

3. 于保证充分安全的条件下，站内调车工作使用最少之时间。

4. 充分利用一切调车方法及技术设备。

从第 1 版《技规》第 307 条开始即提出调车工作的原则性要求。

（三）演变过程

2014 年版《技规》第 279 条演变过程如图 12-3 所示。

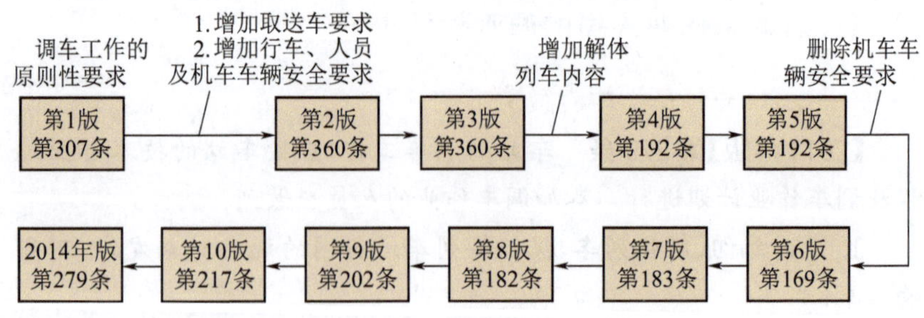

图 12-3 2014 年版《技规》第 279 条演变过程

第2版第360条增加了两项要求，一是取送货物作业车辆，二是保证行车、调车作业人员安全及机车车辆的完整。

第4版第192条增加了解体列车的内容，并强调按运行图时刻发车。

第6版第169条删除保证机车车辆完整的要求。

此后各版均沿袭**第6版**的规定。

三、调车工作“九固定”原则

(一)2014年版条文内容及说明

【2014年版】第280条　调车工作要固定作业区域、线路使用、调车机车、人员、班次、交接班时间、交接班地点、工具数量及其存放地点。

作固定替换用的调车机车及小运转机车，应符合调车机车的条件(有前后头灯、扶手把、防滑踏板等)。

本条规定了调车工作的“九固定”原则。

(二)溯源情况

【第6版】第170条　调车工作要固定作业区域、线路使用、调车机车、人员、班次、交接班时间、交接班地点、工具数量和存放地点。

固定替换的调车机车及小运转的机车应符合调车机车的条件。

调车工作“九固定”原则自第6版《技规》首次提出。调车工作的“九固定”是全路广大调车工作人员在长期运输生产实践中的经验总结，也是安全、迅速地进行调车作业的行之有效的制度，有助于提高调车工作效率，保证调车安全。固定作业区域、线路使用、调车机车、人员和班次，能够充分合理运用调车设备和调车机车，组织平行作业，提高劳动生产率。由于调车工作的多变性、环境的复杂性，除必须加强计划指挥管理外，还必须从固定调车设备、工具，固定人员制度上加以保证，特别对于调车工作繁忙，有数台调车机、数个调车组同时作业的车站尤为重要。

(三)演变过程

2014年版《技规》第280条演变过程如图12-4所示。

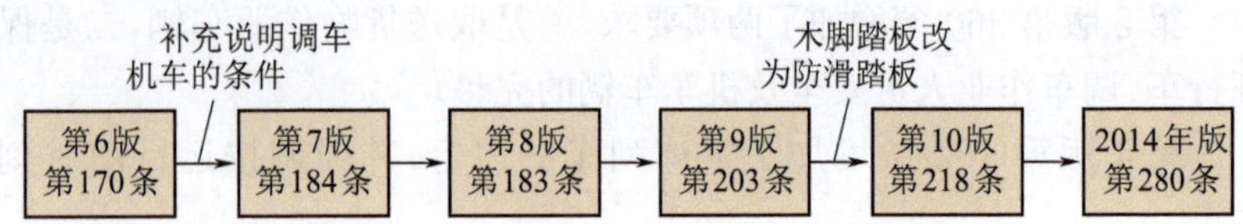

图 12-4 2014 年版《技规》第 280 条演变过程

第 7 版以列举的形式增加了调车机车的几个条件，之后几乎没有任何变化（**第 10 版**开始将“木脚踏板”改为“防滑踏板”，更准确、明了地体现了防滑的目的）。

四、越区调车作业的规定

（一）2014 年版条文内容及说明

【2014 年版】第 281 条 调车工作繁忙、配线较多的车站，可划分为几个调车区。

没有做好联系和防护，不准越区或转场作业。

调车机车越区作业的联系和防护办法，应在《站细》内规定。

本条规定了调车区的划分原则及越区调车作业的基本要求。

（二）溯源情况

【第 1 版】第 309 条 于调车工作繁忙而有大量配线之车站，应将站内线路划分为若干调车区，于技术管理细则及该站调车工作细则内规定之。

第 1 版《技规》第 309 条规定了应划分调车区的情况，此后逐步完善，从第 7 版开始内容基本固定。

（三）演变过程

2014 年版《技规》第 281 条演变过程如图 12-5 所示。

第 2 版第 363 条增加了每个调车区应固定调车机车和调车组，为调车工作“九固定”中的“两固定”。**第 3 版**保持不变。

1. 划分调车区。划分调车区的情况从**第 1 版**到 **2014 年版**基本没有变化，即在调车作业繁忙、配线较多的车站，配有两台及以上调车机

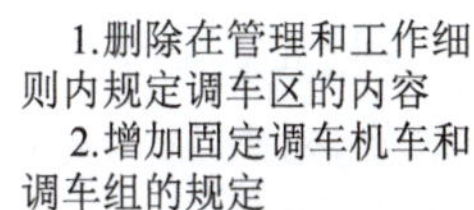

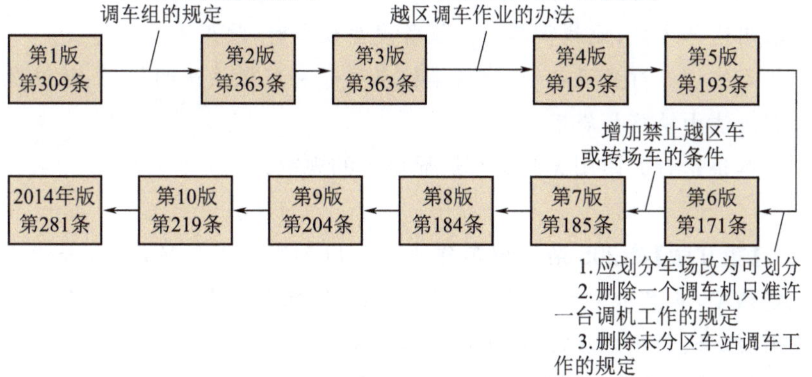

图 12-5　2014 年版《技规》第 281 条演变过程

车时，应根据车站（车场）布局特点、调车作业性质、车流特点和车站配线等情况，划分每台调车机车相对固定的作业区域，即调车区。

2. 越区作业。从**第 3 版**开始提出调车机车越区作业的问题，规定在《站细》中要明确越区作业的联系方法。越区或转场调车，不仅关系到调车区和车场之间作业的安排，有时还要经过许多线路和道岔，跨越正线和其他车场，如果没有做好联系和防护，不但要影响调车效率，而且会危及行车安全。因此，从**第 7 版**开始增加了有关越区作业的禁止条款，即要求在越区或转场作业时，两区（场）调车领导人或车场值班员之间没有事先做好联系、停止相抵触的作业、确认线路、准备好进路、并做好防护，不准越区或转场作业。

五、使用无线调车灯显设备的规定

（一）2014 年版条文内容及说明

【2014 年版】第 282 条　使用机车进行调车作业时，应采用无线调车灯显设备（机车摘挂、转线等不进行车辆摘挂的作业，列车在到达线

路内拉道口、直接后部摘车除外），并使用规定频率，其显示方式须符合有关要求。无线调车灯显设备应与列车运行监控装置配合使用。

无线调车灯显设备正常使用时停用手信号，对灯显以外的作业指令采用通话方式；无线调车灯显设备发生故障时，改用手信号作业。

无线调车灯显设备、无线调车机车信号和监控系统的使用、维修及管理办法由铁路局规定。

本条是有关使用无线调车灯显设备的规定。

（二）溯源情况

【第 9 版】第 205 条 调车作业应采用无线调车灯显设备，并使用规定频率，其显示方式须符合有关要求。铁路局应制定无线调车设备使用、维修、管理办法，保证设备正常使用。

与无线调车灯显设备相关的规定从第 9 版《技规》第 205 条开始出现。

长期以来铁路平面调车信号采用手信号旗（灯）显示方式，安全和效率难以保证，特别是雨、雾天时，大组车调车作业十分困难。从 20 世纪 60 年代开始探索开发无线调车指挥系统，1990 年初又研制出“色灯信号、通话、音响、记忆”的第三代新型无线调车系统，1991 年出现了“运用单片微处理机技术实现数字编码灯显和语音合成”的第四代无线平面调车系统，2002 年后又研制出多信道共用平面无线调车系统。铁道部运输局于 1992 年下达了《关于站场无线调车“八五”规划实施意见的通知》（运设〔1992〕67 号），开始推广使用无线调车灯显设备。

（三）演变过程

2014 年版《技规》第 282 条演变过程如图 12-6 所示。

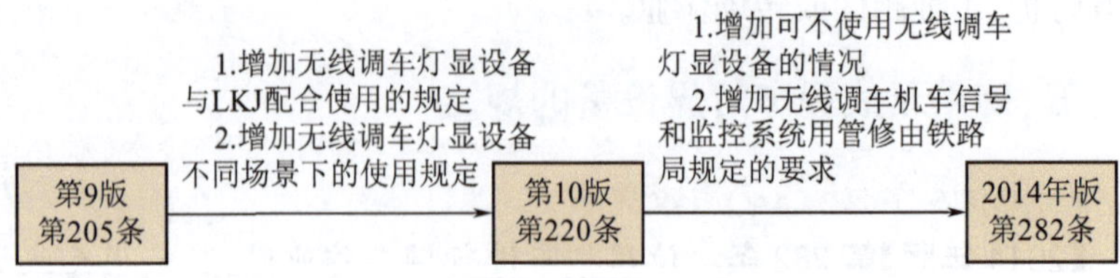

图 12-6 2014 年版《技规》第 282 条演变过程

第 10 版第 220 条中增加了“无线调车灯显设备应与列车运行监控记录装置配合使用”的要求，这是因为在无线调车灯显设备未与列车运行监控记录装置配合使用的情况下，如果调车作业过程中调车组人员或机车乘务员不执行作业标准和无线调车灯显设备发生故障时，列车运行监控记录装置将不能发挥控制调车车列的作用，致使调车作业事故或问题仍时有发生，危及行车安全。无线调车灯显设备与列车运行监控记录装置配合使用，就是将无线调车灯显设备的机控器与列车运行记录监控装置相联，使列车运行监控记录装置接收无线调车灯显设备发出的指令，并按指令的要求限制调车速度，对调车作业情况进行监控，必要时停车，在调车作业中能够有效地防止调车超速连挂、调车冲突等事故。

2014 年版第 282 条中增加了不采用无线调车灯显设备的几种除外情况，使条款更具有可操作性。

20 世纪 90 年代初期推广使用的无线调车灯显设备，具有调车作业指令无线传输功能，即将调车指挥人通过专用电台发出的调车指令以不同颜色的灯光显示在机车控制器上，指挥机车乘务员、调车组作业（通过语音合成技术，在将调车指令显示于机车控制器的同时，辅以语音提示）；还具有调车组、机车乘务员及调车领导人之间通话功能。为防止信号的串扰，每套无线调车灯显设备都有自己固定的频点，同一调车组人员所使用的每部电台均有相应的编码，当某一制动员发出紧急停车指令后，只有该制动员发出解锁指令才能解锁，其他任何人的指令均不能使其解锁。另外，当调车长按压电台指令键后，发生调车长电台故障或电力不足等情况，造成不能发出指令时，机车控制器可测出上述故障，同时自动发出“故障停车”的指令。该设备可与列车运行监控装置连接，将各种调车指令转换为列车运行监控装置控制机车作业的数据、指令。该设备还具有数据采集和记录系统，可以记录调车指令的内容、发出时间，采集调车速度，以便分析作业情况。

随着现代电子技术的发展，铁路加快了运输设备的现代化步伐，调车解体作业从简易驼峰、机械化驼峰、半自动化驼峰发展到自动化驼峰；通信联络从使用站场扩音广播、站场对讲电话到无线通信联系；调车作业指挥方式从灯旗指挥到无线调车灯显设备，调车作业的现代化程度越来越高，通信联系和作业指挥越来越灵活可靠。随着无线调车灯显设备在全路的广泛应用，在调车作业中，消除了确认信号困难等安全隐患，提高了调车效率。

1. 使用机车进行调车作业时，应采用无线调车灯显设备。对于以机车为动力的调车作业，应采用无线调车灯显设备进行调车作业指令无线传输和通话联系，不使用灯旗指挥，提高调车效率，消除确认信号困难、联系不彻底等安全隐患。

2. 机车摘挂、转线等不进行车辆摘挂的作业，列车在到达线路内拉道口、直接后部摘车除外。考虑这几类具体调车作业的性质和实际，作业过程简单，无需调车指挥人和调车人员参与，若使用无线调车灯显设备反而需增加设备和作业环节。对于此类不使用无线调车灯显设备即可安全、高效地完成调车任务的情形，不要求采用无线调车灯显设备。

3. 无线调车灯显设备应与列车运行监控装置配合使用。列车运行监控装置实现了对列车运行的监控与记录，无线调车灯显设备与列车运行监控装置配合使用，可以监控和记录调车作业过程，将无线调车灯显设备的指令纳入列车运行监控装置进行控制，充分体现了科技保安全、设备保安全的理念。

在无线调车灯显设备未与列车运行监控装置配合使用的情况下，如果调车作业过程中调车组人员或机车乘务员不执行作业标准和无线调车灯显设备发生故障时，列车运行监控装置就不能发挥控制调车车列的作用，难以有效防止调车作业事故或问题的发生。为充分发挥设备保安全的作用，规定无线调车灯显设备应与列车运行监控装置配合使用，就是将无线调车灯显设备的机控器与列车运行监控装置相联，使列车运行监控装置接收无线调车灯显设备发出的指令，并按指令的要求限制调车速度，对调车作业情况进行监控，必要时停车，在调车作业中能够有效地防止调车超速连挂、调车冲突等事故。

无线调车灯显设备的机控器与列车运行监控装置的连接：担任固定调车作业的机车，无线调车灯显设备的机控器应与列车运行监控装置固定连接；由本务机车、小运转机车（含调度机车）担当调车作业时可使用便携式无线调车灯显设备机控器，作业开始前将无线调车灯显设备的机控器临时与列车运行监控装置连接，作业完了由调车人员取回。

4. 无线调车灯显设备正常使用时停用手信号，对灯显以外的作业指令采用通话方式；无线调车灯显设备发生故障时，改用手信号作业。为了避免灯显和手信号同时使用时形成“双指令”，增加调车作业环节和作业人员负担，同时也给司机带来识别困难，明确规定无线调车灯显设备正常时，调车人员应使用该设备指挥调车作业，停用手信号。考虑到目前灯显设备存在部分作业指令和作业联系等无法显示的情况，对灯显以外的作业指令采用通话方式。无线调车灯显设备发生故障时，应暂时停止作业，更换备用灯显设备后再继续作业备用灯显设备也故障时，应恢复使用手信号，完成作业任务。如调车组人员间电台通话功能良好时，作业中仍可使用电台相互联系，但调车长须改用手信号方式指挥司机。

5. 无线调车机车信号和监控系统（Shunting Train Protection，简称 STP）设备是使用无线传输方式把地面信号及调车作业计划等数据传送到机车上，由车载监控系统对相关信息进行分析利用，实现站场图显示、作业计划显示、站场调车作业安全控制、作业过程记录等功能，可有效防止冒进信号和超速造成事故，并实时记录相关数据，便于对作业过程和事故原因的分析，提高调车作业安全性。

六、动车段（所）设地勤司机的规定

2014 年版条文内容及说明

【2014 年版】第 283 条　动车段（所）设动车组地勤司机，负责动车

组在动车段(所)内调车、试运行等调移动车组作业。

本条是有关动车段(所)设动车组地勤司机的规定,为 2014 年版《技规》中的新增条款。

动车段(所)担负着动车组日常检修任务,动车组在动车段(所)内还有大量转线、出入洗刷、检修线和重联、解编作业,为此,需在动车段(所)设动车组地勤司机,专职负责动车组在动车段(所)内调车、试运行等调移动车组的作业。

第二节 领导及指挥

一、概述

调车工作是一项多工种联合行动的复杂工作,作业场地大、调动的车辆多种多样、作业方法灵活多变,影响调车效率的因素较多,为安全准确、迅速协调完成调车任务,必须做好调车作业的领导和指挥。调车作业计划是调车作业的依据,做好计划的布置、交接、传达及准备工作,是安全、准确、及时地完成调车任务的重要保证。

(一)统一领导

调车工作是由调车组人员、扳道(信号集中操纵)人员、机车乘务人员等共同完成的,多工种在不同的条件和环境下联合作业,为了安全、迅速、准确、协调地完成调车作业任务,必须有统一领导。即在同一时间内对于一个车站或一个调车场(区)的工作,只能由该站的车站调度员(未设车站调度员的由调车区长,未设调车区长的由车站值班员)一人负责领导。所有车站的调车工作,都应根据调车领导人的命令、计划办理;所有与调车工作有关的人员,必须认真执行调车领导人的命令、指示和工作计划。

(二)单一指挥

调车作业实行单一指挥的制度,是为了保证调车作业有关人员行动一致、密切配合，在保证安全的基础上提高效率，更好地完成调车任务。单一指挥就是对每台担当调车作业的机车在同一时间内只准由调车指挥人一人指挥。所有调车有关人员（调车组、扳道组、机车乘务组）都必须按调车指挥人的指挥进行作业。

二、调车工作领导人的规定

（一）2014 年版条文内容及说明

【2014 年版】第 284 条　车站的调车工作，由车站调度员（未设车站调度员的由调车区长，未设调车区长的由车站值班员）统一领导。分场（区）时，各场（区）的调车工作，由负责该场（区）的车站调度员或该场（区）的调车区长领导。

动车段（所）调车工作的领导及指挥由铁路局规定。

本条是有关调车工作领导人的规定。

（二）溯源情况

【第 1 版】第 308 条　站内线路上之调车工作应根据值班站长、车站调度员或线路值班员之命令办理。

机车、轻油车等有动力的车辆之调车运转或列车之转线，仅由正确负责指挥调车工作之人员一人指挥之。

本条从第 1 版《技规》第 308 条开始即有相关规定，该条款中的值班站长为值班的站长、副站长等管理或生产干部，车站调度员、线路值班员则为当班调车计划编制、下达者。

（三）演变过程

2014 年版《技规》第 284 条演变过程如图 12-7 所示。

第 2 版第 361 条规定，调车作业“应根据车站值班员、车站调度员、车场值班员或线路值班员的命令办理之”，值班站长改为车站值班员，增加车场值班员。增加调车领导人的职责在《站细》中明确的规定。“机车、轻油车等有动力的车辆之调车运转或列车之转线”改为“调车机车（单机或挂有车辆）的运行”。

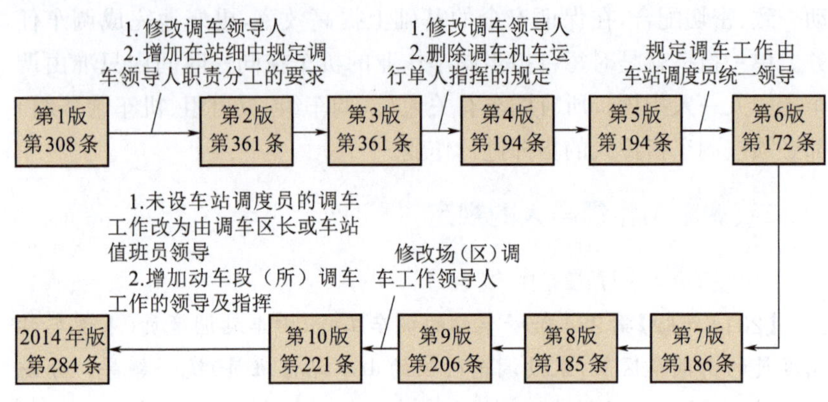

图 12-7　2014 年版《技规》第 284 条演变过程

第 4 版第 194 条规定，"调车领导人为车站调度员、车站值班员、线路值班员或驼峰调车场值班员"，第一、二顺位调车领导人与**第 2 版**恰好相反，车场值班员被驼峰调车场值班员替代。"车站行车组织细则"改为"车站技术管理细则"。删除调车机车的运行实行单人指挥的规定。

从**第 6 版**第 172 条开始，规定调车工作由车站调度员（未设调度员时则为车站值班员）统一领导；各场（区）的调车工作则根据车站调度员布置的任务，由该场的线路值班员或驼峰值班员领导。删除在《站细》中明确调车领导人职责的规定。

第 10 版第 221 条将各场（区）的调车工作"根据车站调度员布置的任务，由该场（区）的调车区长或驼峰调车区长领导"改为"由负责该场（区）的车站调度员或该场（区）的调车区长领导"。

2014 年版第 284 条增加"未设车站调度员的由调车区长，未设调车区长的由车站值班员"统一领导的补充规定。自 2008 年第一条高速铁路——京津城际铁路开通运营后，我国高速铁路得到快速发展，相应建设了一批动车段（所）。由于动车段（所）设备及管理模式不尽相同，调车工作的领导及指挥与车站有所区别，因此 **2014 年版**《技规》中增加了动车段（所）调车工作具体由铁路局规定的内容。

三、调车作业的单一指挥原则

(一)2014 年版条文内容及说明

【2014 年版】第 285 条 调车作业由调车长单一指挥。利用本务机车进行调车作业时,可由车站值班员或助理值班员担任指挥工作。遇有特殊情况,可由经鉴定、考试合格取得调车长资格的胜任人员代替。

本条规定了调车作业单一指挥的原则。

(二)溯源情况

【第 1 版】第 318 条 调车工作由调车工作组直接进行之。

调车员负责指挥其调车组之一切工作人员及调事机事,并应:

1. 于实行调车工作前,将调车计划清楚传达与司机、连结员及扳道员。

2. 保证正确及时完成所分配之调车工作任务。

3. 使列车正确编成,且按时刻表发车不得迟误。

4. 于组织调车工作上,保证不出事故及机车车辆之完整。

中间站之调车工作,应由站员或车长按值班站长之指示办理之。

本条相关规定可以追溯至第 1 版《技规》第 318 条。

(三)演变过程

2014 年版《技规》第 285 条演变过程如图 12-8 所示。

相关规定演变主要体现在以下几个方面。

1. 从调车工作到调车作业。**第 1 版**至**第 5 版**使用的是“调车工作”,**第 6 版**开始则代之以“调车作业”。根据汉语词典的解释,作业是指为完成生产、学习、军事训练等任务而布置的活动,工作则指从事体力或脑力劳动。除了调车组以外,调车工作还涉及车站值班员、车站调度员、调车区长等岗位;而调车作业是为执行调车计划而从事的一系列劳动,本条规定的是完成调车作业任务时要实行单一指挥,使用“调车作业”更为准确。

2. 从调车员到调车长。**第 1 版**至**第 6 版**的文字描述中,负责调车

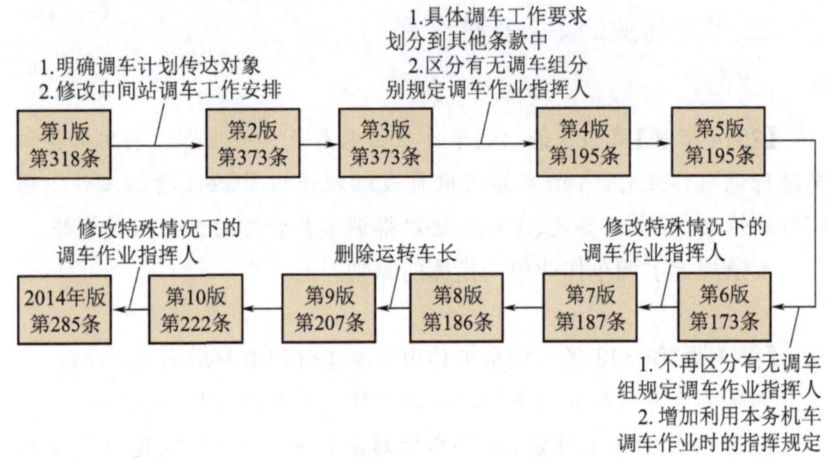

图 12-8 2014 年版《技规》第 285 条演变过程

作业指挥的人员为调车员，未出现“调车长”的说法；从第 7 版开始则改为调车长。从职责上来看，调车员应相当于目前的调车长岗位；在纳入国家职业分类大典的铁路特有工种技能培训规范目录中，调车作业人员包括调车长、连结员和制动员，没有调车员岗位。

3. 在第 1 版至第 3 版中规定了中间站调车作业的指挥，第 4 版、第 5 版规定了车站未设调车组时调车作业的指挥，从第 6 版开始增加了利用本务机车进行调车作业时的规定，这三种方式描述的场景相似，规定略有不同，见表 12-1。

表 12-1 各版《技规》调车作业指挥人的变化

《技规》版本	调车作业指挥人				
	有调车组	无调车组	中间站	本务机车	特殊情况
第 1 版	调车员		值班站长		
第 2 版	调车员		车长		
第 3 版	调车员		车长		

续上表

《技规》版本	调车作业指挥人				
	有调车组	无调车组	中间站	本务机车	特殊情况
第4版	调车员	车长、副车长或车站的胜任人员			经过调车员考试合格的连结员
第5版	调车员	车长、副车长或车站的胜任人员			经过调车员考试合格的连结员
第6版	调车员			车站值班员/助理值班员/运转车长	车站确定的胜任调车指挥工作的人员
第7版	调车长			车站值班员/助理值班员/运转车长	有任免权限的单位鉴定、考试合格的连结员或站务员
第8版	调车长			车站值班员/助理值班员/运转车长	有任免权限的单位鉴定、考试合格的连结员或站务员
第9版	调车长			车站值班员/助理值班员	有任免权限的单位鉴定、考试合格的连结员或站务员
第10版	调车长			车站值班员/助理值班员	有任免权限的单位鉴定、考试合格的连结员或站务员

续上表

《技规》版本	调车作业指挥人				
	有调车组	无调车组	中间站	本务机车	特殊情况
2014 年版	调车长			车站值班员/助理值班员	经鉴定、考试合格取得调车长资格的胜任人员

四、调车长职责

(一)2014 年版条文内容及说明

【2014 年版】第 286 条 调车长在调车作业前，必须亲自并督促组内人员充分做好准备，认真进行检查。在作业中应做到：

1. 组织调车人员正确及时地完成调车任务；

2. 正确及时地显示信号(发出指令)，指挥调车机车的行动；

3. 负责调车人员的人身安全和行车安全。

在调车作业中，调车长既是组织者又是指挥者，对组织调车人员执行规章制度、落实作业标准，严格按《站细》的规定和调车作业计划进行工作，保证安全，提高效率，全面完成任务，负有重要责任。因此，调车长不仅要做好本身的工作，还要组织、督促并指挥调车人员共同完成调车任务。

调车作业的准备工作是保证顺利完成调车任务的前提。调车作业准备工作主要包括以下几个方面：

1. 在计划安排方面，要传达核对计划，制定作业方法，进行作业分工，针对重点工作进行安全预想；

2. 在工具准备方面，要对调车组的每台无线调车灯显设备进行检查试验，特别是须与司机确认无线调车灯显设备作用良好，要准备好铁鞋、铁鞋叉子、安全带、灯具及防溜器具等；

3. 在了解情况方面，要掌握是否空线、各线车辆停留位置、停留车组间隔、检修及装卸作业是否完成和防护用具是否撤除等；

4. 在需要提前行动方面，摘管、排风、拉风、选择人力制动机，对专用线、段管线的线路、道岔、大门、停留车辆、堆放货物距离、有无障碍物等进行检查。

做好准备是调车作业的关键环节之一，也是保证调车作业安全的关键。上述准备工作，有的需调车长亲自进行，有的是督促有关人员去做；有的需接班开始后进行准备，有的则在连续作业中进行准备。有关人员必须认真做好，有关责任必须落实到人。

在调车作业中，调车长首先要组织调车人员正确及时地完成调车任务。“正确”是指按“调车作业通知单”的要求进行作业，做到溜放调车时不混线、不堵门，尽量缩小车组间隔距离；取送客车、作业车和检修车时，要对好位置；编组列车时，要连挂妥当，对好列车试风器位置，并要注意重点检查关门车、车下不压铁鞋等等。“及时”是指按“调车作业通知单”要求的时刻，及时完成列车编组、解体及车辆取送、转线等作业。

调车长显示的调车手信号或使用无线调车灯显设备发出的指令，是对调车作业行动发出的命令，有关人员必须认真执行，所以信号显示或发出的指令必须正确、及时。“正确”是指信号显示方式或发出的指令意义必须符合有关规定，并做到规范化。如手信号显示要横平、竖直、灯正、圈圆等。“及时”是指根据不同作业要求及距离、速度、作业方法等，及时显示信号或发出指令。

保证调车作业中的人身安全和行车安全，是调车长最重要的责任之一。要求调车长认真学习规章制度，掌握调车作业标准，在作业中认真落实作业标准，严格要求，并随时地掌握参加作业人员的动态，了解他们执行作业标准情况，确认其所在位置及信号显示，发现情况不明、信号不清及其他特殊情况危及作业安全时，应立即采取停车措施，以确保人身安全和调车作业安全。

(二)溯源情况

与2014年版《技规》285条相似，本条相关规定同样可追溯至第1版《技规》第318条，即第1版第318条规定的内容在2014年版中分别在第285条、第286条中描述。

(三)演变过程

2014年版《技规》第286条演变过程如图12-9所示。

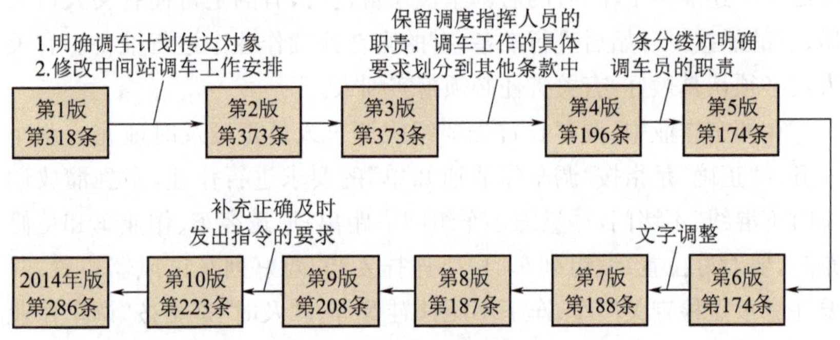

图12-9 2014年版《技规》第286条演变过程

各版之间的变化主要体现在以下两点。

1. 调车指挥人在不同版本《技规》中的称谓。**第1版到第6版**中的调车指挥人均为调车员；**第4版**中只笼统地称为调车指挥人员，而实际上在第195条中已明确"调车作业由调车组在调车员的指挥下进行"，毫无疑问，这里的调车指挥人员就是调车员。从**第7版**开始，调车指挥人员明确为调车长。从多个版本之间的对比可以看出，**第1版**至**第6版**中作为调车指挥人员的调车员，相当于第7版开始的调车长，二者只是职名不同，其职责略有差异。

2. 调车长职责的变化。**第1版**中调车员的职责可以归纳为传达调车计划、完成调车任务(编成列车亦属于调车任务)、保证安全；**第2版**和**第3版**的描述一致，其职责包括调车作业准备、完成调车任务、保证安全；**第4版**的规定与其他版本均不相同，它并没有将调车员的职责在一个条款中明确规定；**第 5 版**和**第 6 版**中，调车长的职责为完成调车任务、指挥调机、调车作业准备、保证安全；从**第 7 版**开始至 **2014 年版**的描述保持一致，调车长职责与**第 5、6 版**调车员职责基本相同，只是表述方式上将调车作业准备作为完成其他职责的前提条件。从对比中可以看出，各版之间只有完成调车任务和保证安全的职责没有变化，这也是调车长最重要的职责。

由于调车作业已普遍采用无线调车灯显设备，调车组人员必须正确及时地发出指令（含信号指令和语音指令），指挥调车机车的行动，因此在**第 10 版**第 223 条中增加了“发出指令”的内容。

五、司机在调车作业中的职责

（一）2014 年版条文内容及说明

【2014 年版】第 287 条　司机在调车作业中应做到：

1. 组织机车乘务人员正确及时地完成调车任务；

2. 负责操纵调车机车，做好整备，保证机车质量良好；

3. 时刻注意确认信号，不间断地进行瞭望，认真执行呼唤应答制，正确及时地执行信号显示（作业指令）和调车速度的要求，没有信号（指令）不准动车，信号（指令）不清立即停车；

4. 负责调车作业的安全。

本条规定了司机在调车作业中的职责。

（二）溯源情况

【第 2 版】第 362 条　进行调车工作的机车司机，在未接到指挥调车人员的信号时，禁止开动机车。

在驶向道岔之前，司机除应接到指挥调车人员的信号外，并应接到值班扳道员或信号员关于调车用的道岔确已准备妥切的信号，而在驶向集中的调车进路道岔前，应确认调车色灯信号机是否为进行的显示。

在道岔为电气集中的车站上，遇道岔由集中操纵转为就地操纵时，按照指挥调车人员的信号，准许驶向就地操纵的道岔。

本条从第 2 版《技规》第 362 条开始出现相关规定。

(三)演变过程

2014 年版《技规》第 287 条演变过程如图 12-10 所示。

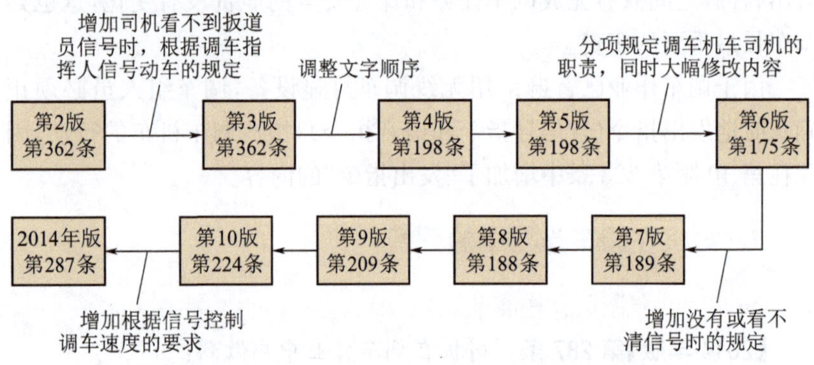

图 12-10 2014 年版《技规》第 287 条演变过程

第 3 版第 362 条增加了推进车列较长或因曲线等条件看不到扳道员信号时，司机根据指挥调车人员信号操作的规定。

第 4 版第 198 条将确认调车信号显示的内容与看不到扳道员信号时指挥调车人员信号操作的内容调换顺序。

第 6 版第 175 条对形式和内容都进行了较大幅度的调整。形式上，改为用序号列出司机在调车作业中的各项职责；内容上，增加了组织机车乘务人员完成调车任务、保证机车质量良好、负责调车工作安全等要求，同时对确认信号的职责也用高度的概括取代上一版中的具体规定。

第 7 版第 189 条增加了“没有信号不准动车，信号不清立即停车”的规定，进一步保障调车作业的安全。

2014 年版第 287 条增加了根据信号显示或作业指令正确控制调车速度的要求。

第三节 计划及准备

一、概述

调车作业计划是车站运输生产的主要工作计划之一，是调车领导人领导调车工作，完成调车工作任务，实现车站班计划、阶段计划确定的运输任务的具体手段，是调车人员组织调车作业的依据。调车领导人必须根据车站技术作业过程所规定的各项技术作业时间标准和班计划、阶段计划的任务要求，结合站内或有关区域内现在车分布情况和列车到达确报，按始发列车的编组要求、到达列车的编组内容、旅客列车车底、货物作业车和检修车取送安排、接发列车与调车作业的进展情况等，正确及时地编制、布置调车作业计划。

布置调车作业计划是一项十分严肃认真的工作。调车领导人编制的调车作业计划，应采用“调车作业通知单”布置计划。在“调车作业通知单”上，应明确调车作业的调车组（只有一个调车组时除外）、编解列车的车次、作业的计划开始与终了时间、使用的线路、摘挂的辆数、应注意的事项及经由的车场线路等。

“调车作业通知单”的填记必须准确、清楚。“注意事项”包括的内容、符号、填记方法，由各站自行规定，填记在记事栏内。编制调车计划的调车领导人应签名（打印姓名或代号）。调车作业通知单如图 12-11 所示。

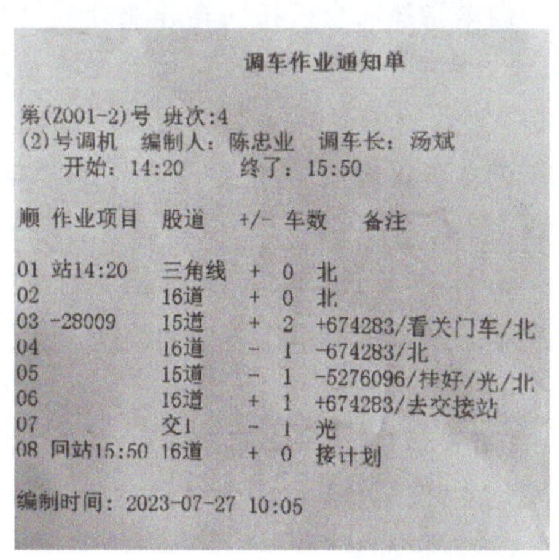

调车作业通知单

第(Z001-2)号 班次:4

(2)号调机 编制人：陈忠业 调车长：汤斌

开始：14:20 终了：15:50

顺	作业项目	股道	+/-	车数	备注
01	站14:20	三角线	+	0	北
02		16道	+	0	北
03	-28009	15道	+	2	+674283/看关门车/北
04		16道	-	1	-674283/北
05		15道	-	1	-5276096/拌好/光/北
06		16道	+	1	+674283/去交接站
07		交1	-	1	光
08	回站15:50	16道	+	0	接计划

编制时间：2023-07-27 10:05

图 12-11 调车作业通知单

二、有关调车作业计划的规定

(一)2014 年版条文内容及说明

【2014 年版】第 288 条 调车领导人应正确及时地编制、布置调车作业计划。布置调车作业计划,应使用调车作业通知单。中间站利用本务机车调车,应使用有示意图的调车作业通知单(示意图可另附)。使用无线调车灯显设备的车站,调车作业计划布置方法,由铁路局规定。

列车在到达线路内拉道口、对货位、直接后部摘车、本务机车(包括重联机车、补机)摘挂及转线、企业自备机车进入站内交接线整列取送作业,可不使用调车作业通知单。

自轮运转特种设备调车作业是否需要使用调车作业通知单由铁路局规定。

调车领导人与调车指挥人必须亲自交接计划。由于设备原因,亲自交接计划确有困难以及设有调车作业通知单传输装置的车站,交接办法在《站细》内规定。

调车指挥人应根据调车作业计划制定具体作业方法,连同注意事项,亲自向司机交递和传达;对其他有关人员,应亲自或指派连结员进行传达。具体传达办法,在《站细》内规定。

调车指挥人确认有关人员均已了解调车作业计划后,方可开始作业。

动车段(所)调车工作的计划编制及下达办法由铁路局规定。

本条规定了调车作业计划编制、布置、交接等事项的要求。

(二)溯源情况

【第 6 版】第 176 条 调车工作应根据调车作业计划进行。调车领导人应及时正确地编制、布置调车作业计划。调车作业的布置,应使用"调车作业通知单"。

调车指挥人应根据调车作业计划制订具体调车作业方法,连同注意事项亲自或指派连结员及时正确地向有关人员传达，并确认有关人员均已了解后，方可开始作业。

本条规定首次出现在第 6 版《技规》。

(三)演变过程

2014 年版《技规》第 288 条演变过程如图 12-12 所示。

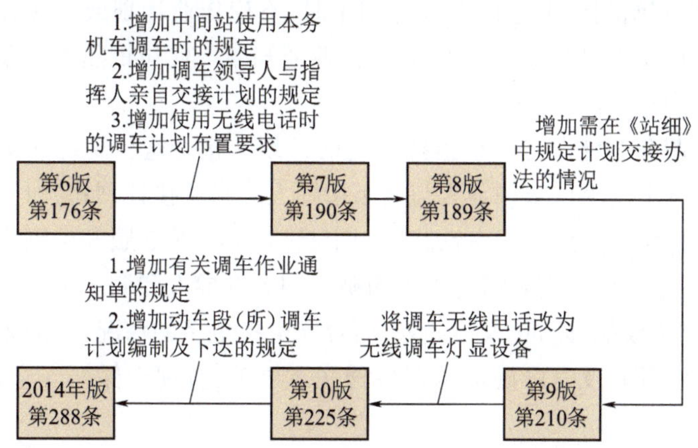

图 12-12　2014 年版《技规》第 288 条演变过程

从**第 6 版**第 176 条开始有此规定，各版之间的变化有以下特点。

(1)调车作业计划的编制和布置。调车领导人编制调车作业计划，并使用调车作业通知单进行布置；这一规定从**第 6 版**开始，至 **2014 年版**均无变化。

(2)调车作业计划的传达。**第 6 版**规定调车指挥人要将调车作业计划、调车作业方法及注意事项“亲自或指派连结员”“向有关人员传达”。从**第 7 版**开始对这一项规定进行了修改，将传达对象分为两类，司机必须由调车指挥人“亲自”“交递和传达”，“其他有关人员”则可指派连结员传达；由于各站具体情况不同，还增加了“具体传达办法，在《站细》内规定”的要求。

(3)开始调车作业的条件。规定有关人员对调车作业计划、调车作业方法及注意事项均已了解后，才可以开始作业。这一规定除**第 6 版**的文字描述稍有差异外，各版基本一致。

(4)中间站利用本务机车调车的规定。从**第 7 版**开始增加此项内容。由于本务机车通常担当的是列车牵引任务，有时在区段内不固定的车站进行调车作业，考虑到司机对车站线路、站场设备不够熟悉，所以规定中间站利用本务机车进行调车时，不论作业计划或变更计划钩数多少，均使用附有示意图的“调车作业通知单”，使司机熟悉和掌握设备情况，为作业提供方便条件。

(5)调车领导人与调车指挥人间的计划交接。这一规定从**第 7 版**开始，原则上要求调车领导人与调车指挥人亲自交接计划；亲自交接确有困难时，**第 7、8 版**规定由铁路局制定具体办法，**第 9 版**开始则规定在《站细》中根据各站实际情况予以明确。调车领导人和调车指挥人亲自交接计划不仅能够防止误传计划，而且能交换更多的情况，全面了解作业任务及意图，及时准确地掌握各种注意事项，有利于保证安全，提高效率。

(6)无线调车灯显/无线通信设备的使用。**第 7 版**至**第 9 版**增加了有站场无线(调车)电话时，由铁路局根据设备情况和作业特点制定调车作业计划布置方法的规定；从**第 10 版**开始，将站场无线(调车)电话统一为无线调车灯显设备，同时将这一规定提至本条的第一段。

(7)可不使用调车作业通知单的情况。列车在到达线路内拉道口、对货位、直接后部摘车、本务机车(包括重联机车、补机)摘挂及转线、企业自备机车进入站内交接线整列取送作业，作业都比较简单，因此 **2014 年版**中增加了这些情况下可不使用调车作业通知单的规定。自轮运转特种设备主要担当施工、维修及相关配合作业，一般不进行车辆摘挂作业，**2014 年版**中增加了是否需要使用调车作业通知单由铁路局规定的描述。

(8)动车段(所)调车工作。动车段(所)设备及管理模式不尽相同，调车内容和调车工作计划的编制及下达办法也与车站有所区别,具体由铁路局规定。

三、口头布置调车作业的规定

(一)2014年版条文内容及说明

【2014年版】第289条 一批作业(指一张调车作业通知单)不超过三钩或变更计划不超过三钩时,可用口头方式布置(中间站利用本务机车调车除外),有关人员必须复诵。变更股道时,必须停车传达。仅变更作业方法或辆数时,不受口头传达三钩的限制,但调车指挥人必须向有关人员传达清楚,有关人员必须复诵。

驼峰解散车辆,只变更钩数、辆数、股道时,可不通知司机,但调车机车变更为下峰作业或向禁溜线送车前,须通知司机。

本条是有关口头布置调车作业的规定。

(二)溯源情况

【第6版】第177条 一批作业不超过三钩或变更作业计划不超过三钩时,可用口头方式布置,但必须向有关人员传达清楚。

第6版《技规》第177条规定了可以口头方式布置调车作业计划的情况。调车作业计划原则上要用调车作业通知单以书面方式布置,但对临时需要或原计划突然变更,允许以口头方式布置,但考虑到人的记忆能力有限,所以规定一批作业不超过3钩或变更计划不超过3钩时才能用口头方式布置。

(三)演变过程

2014年版《技规》第289条演变过程如图12-13所示。

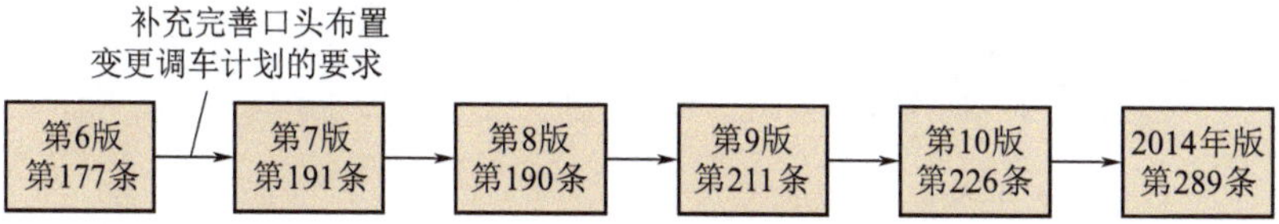

补充完善口头布置变更调车计划的要求

第6版第177条 → 第7版第191条 → 第8版第190条 → 第9版第211条 → 第10版第226条 → 2014年版第289条

图12-13 2014年版《技规》第289条演变过程

从**第 7 版**第 191 条开始对本条内容进行了大幅补充和完善，主要变化如下：

1. 增加了对一批作业的说明，以避免执行过程中的理解偏差。

2. 增加了中间站利用本务机车调车时不能口头传达的规定，但可以采用改写调车作业通知单的方式向司机传达，作业完了后，必须及时向调车领导人汇报计划变更和车辆停留情况。

3. 增加了接受计划人员必须复诵的要求，这是为了确保传达清楚彻底，作业人员协调一致。

4. 增加了变更股道时必须停车传达的要求，这是由于调车作业线路的有效长、停留车、作业要求各不相同，变更股道的牵涉面较广，对调车安全的危害也最大，因此在执行调车作业计划过程中，因某种原因不得不改变原来计划的股道时，为安全起见，调车指挥人必须停止作业，重新传达给有关人员。

5. 补充了不受口头传达三钩限制的情况，仅变更作业方法或辆数时，主要是指溜放与推送方法的变更、摘挂车数的变化，因而不受口头传达三钩的限制，但调车指挥人必须向有关人员传达清楚。

6. 增加了驼峰解散车辆计划变更时布置作业的要求，这是由于驼峰作业时司机按信号显示要求推峰，如驼峰解散作业只变更钩数、辆数、股道时，对司机操纵影响不大，可不通知司机，但变更为调车机车下峰作业或向禁溜线送车时，涉及调车作业方法的改变，下峰作业或向禁溜线送车时如果速度掌握不好，容易发生问题，对安全危害较大，因此必须向司机传达清楚。

此后本条规定即未再修改，一直到 **2014 年版**第 289 条只做了一处文字顺序调整。

四、调车作业准备工作

(一)2014 年版条文内容及说明

【2014 年版】第 290 条　调车作业必须做好下列准备：

1. 提前排风、摘管，核对计划，确认进路，检查线路、道岔（集中联锁区除外）、停留车及车辆防溜等情况；

2. 人力制动机的选闸、试闸，系好安全带；

3. 准备足够的良好制动铁鞋和防溜器具；

4. 无线调车灯显设备试验良好。

本条是有关调车作业准备工作的规定。

（二）溯源情况

【第 6 版】第 178 条　调车作业必须做好下列准备：

1. 提前排风、摘管，核对计划，确认进路，检查线路、道岔和停留车等情况；

2. 手闸制动的选闸、试闸等工作；

3. 准备足够的良好的铁鞋。

相关条款从第 6 版《技规》第 178 条开始出现，其中规定调车作业前须做好三项准备工作。

1. 排风、摘管，以防止车辆在解散或溜放途中发生制动停车，或者停车摘管；核对计划，明确作业分工，做好安全预想；确认进路、检查线路、道岔和停留车位置，确保调车作业安全。

2. 手闸的选闸、试闸，防止选闸不当或未试闸等，导致手闸制动力不强或不制动造成事故。

3. 准备足够、良好的铁鞋，以满足调车作业过程中溜放车组制动和机车车辆停留后防溜的需要。

（三）演变过程

2014 年版《技规》第 290 条演变过程如图 12-14 所示。

第 7 版第 192 条增加了调车作业前检查停留车辆防溜措施的要求。增加手闸选闸、试闸时系好安全带的要求。

第 9 版第 212 条增加了调车作业前要进行无线调车设备试验的要求。无线调车设备性能好坏关系到调车作业安全和效率，因此规定作业前必须对其进行试验，确保设备良好。从这一版《技规》开始，“手闸”

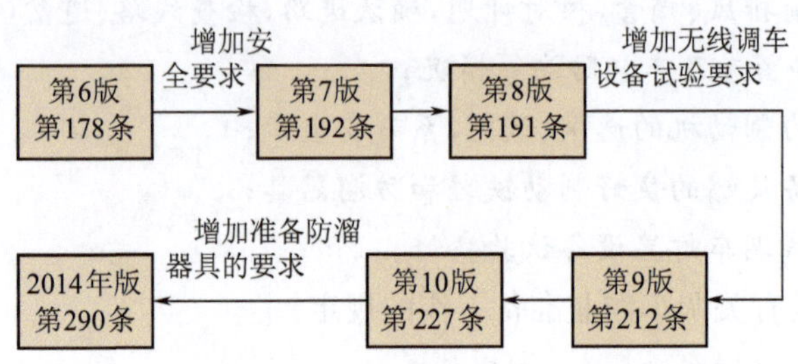

图 12-14 2014 年版《技规》第 290 条演变过程

改称“手制动机”，并在第 134 条中明确包含脚踏式制动机。

第 10 版第 227 条将手制动机改为人力制动机，主要原因是有部分车辆的制动机已改为脚踏式，统称为“人力制动机”更准确；将无线调车设备改为无线调车灯显设备。

2014 年版第 290 条增加调车作业前可不对集中联锁区道岔进行检查的规定，在集中区调车时，只需要确认进路上所有调车信号机都处于开放状态即可。为满足调车作业过程中溜放车组制动和机车车辆停留后防溜需要，除准备制动良好的铁鞋外，增加了准备防溜器具的要求。

第四节　调车作业

一、概述

车站调车作业是车站调车作业人员根据调车作业计划，采用手信号、调车作业指令、通信联系等手段，联系确认进路准备、调车作业条件，指挥调车机车行动，完成机车车辆摘挂、取送、对位、列车解编等一切有目的的移动具体过程，作业方法不一、涉及工种多、覆盖范围宽，联系沟通及多工种协同动作、安全确认及保障要求高，是车站重要作业之一。根据车站调车设备设置情况及装载货物、车辆构造等原因，调车工作方法分为溜放调车法、牵引调车法两种。为保证调车作业安全，调车作业线路两端堆放货物等物品须留有足够安全行走的距离；调车作业摘下、挂取的车辆要按规定采取防溜措施防止溜逸；在有坡度的线路上调动车辆或调动较多车辆时需按规定连接车辆制动软管，保证车列制动力；连挂车辆接近被连挂车辆时，正确及时显示十、五、三车距离信号提示司机按规定控制安全连挂速度，在没得到司机回示时采取措施使调车车列停车防止调车冲突等，目的都是保证调车人员的人身安全和行车安全。

推进连挂车辆时，调车指挥人应根据停留车位置的距离，显示“十、五、三车”距离信号或发出相应的指令。司机须时刻注意确认“十、五、三车”距离信号或无线调车灯显设备的指令，并回示。同时，应按信号或指令的要求正确控制速度。

调车作业就是将机车车辆有目的地进行移动，因此调车进路的正确与否对调车作业的安全与效率有着直接的影响。调车作业中调车人员必须确认调车信号机的显示状态或扳道人员的开通信号。根据作业中所处的位置和所具备的瞭望条件，明确司机和调车指挥人确认进路的责任分工。

在调车作业中，要做到安全、迅速、准确，准确掌握速度及安全距离是关键。调车作业的最高速度是根据调车作业的特点规定的，要求参加调车作业的人员必须认真遵守。

溜放调车和驼峰解散车辆，可以缩短调车行程、压缩调车钩分、提高调车效率，但为了确保人身、调车作业和货物的安全，对溜放调车和驼峰解散车辆规定了有关限制。

动车组自带动力，基于安全、构造特点、作业方式等原因，一般情况下动车组进行调车作业应采用自走行方式（故障救援、非电化区段调车等必要时才采用动车组无动力调车方式），司机根据调车作业计划和凭地面信号机的显示进行作业。

二、调车信号显示与确认

(一)2014 年版条文内容及说明

【2014 年版】第 291 条 调车作业时,调车人员必须正确及时地显示信号;机车乘务人员要认真确认信号,并回示。

推进车辆连挂时,要显示十、五、三车的距离信号,没有显示十、五、三车的距离信号,不准挂车,没有司机回示,应立即显示停车信号。

推送车辆时,要先试拉。车列前部应有人瞭望,及时显示信号。

当调车指挥人确认停留车位置有困难时,应派人显示停留车位置信号。

调车人员不足 2 人,不准进行调车作业。

本条是有关调车信号显示与确认的规定。

调车作业时,调车组、扳道组、信号操纵人员等所有调车作业人员,显示信号或使用无线调车灯显设备发出指令时要正确、及时;机车乘务人员须不间断地确认地面固定信号和调车人员显示的手信号(无线调车灯显设备发出指令),并须及时回示,表示确已了解。

推进连挂车辆时,调车指挥人应根据停留车位置的距离,显示"十、五、三车"距离信号或发出相应的指令。在调车车列前端距离被连挂车辆十车(约 110 m)时,显示十车信号或发出"十车"指令;距离五车(约 55 m)时,显示五车信号或发出"五车"指令;距离三车(约 33 m)时,显示三车信号或发出 "三车"指令。如距离不足十车时,仅显示"五、三车"信号或发出"五、三车"指令;不足五车时,仅显示"三车"信号或发出"三车"指令;不足三车时,仅显示接近连挂信号或发出相应指令。接近连挂信号比照向显示人稍行移动信号显示。

推进连挂车辆时,司机须时刻注意确认"十、五、三车"距离信号或无线调车灯显设备的指令,并回示。同时,应按信号或指令的要求正确控制速度。为避免司机误认,调车指挥人在距停留车十车以内,不要再显示减速手信号。调车指挥人显示"十、五、三车"距离信号或发出指令后，如发现司机未回示或没有按规定减速时，应立即显示停车信号或发出紧急停车指令。调车作业中往往会出现很多意外情况，调车人员除应认真瞭望信号、注意调车车列及周围情况外，处理好紧急情况也是一项重要的要求。以往调车作业中发生过很多因处理突发事件不妥当而发生的调车事故，主要是调车人员执行这一规定不坚决、不果断所致，也有部分人员在紧急情况下，忙中出错，忘记或不知道显示停车信号或发出紧急停车指令。

单机挂车或牵引运行时，因司机视线不受影响，所以调车指挥人可不显示“十、五、三车”距离信号，使用无线调车灯显设备时可不发出“十、五、三车”指令。

推进车辆时，要先试拉，以检查车钩连挂状态，防止车钩没有挂好，导致推进中车辆溜走。在同一线路内，连续连挂车辆时，可不停车连挂，但要确认连挂状态，车组间距超过十车以上时，必须顿钩或试拉。一批作业过程中牵出后折返推进时，不需进行试拉。被连挂车辆距警冲标较近时，须采取相应安全措施。列车编组完了最后一钩，应进行试拉。推进车辆运行或连挂其他车辆时，调车指挥人确认前方进路或“十、五、三车”距离有困难时，可指派制动员、连结员在推进车辆的前部进行瞭望确认，有关人员须及时显示信号或发出指令，推进车辆较多时应派中转人员按规定中转信号，调车长应掌握显示信号或发出指令情况，发现盲目推进等情况时，要及时采取减速或停车措施。

遇有天气不良、照明不足或地形地物影响，调车指挥人看不清停留车位置时，应派人在停留车的连结一端显示停留车位置信号。

调车作业是一项复杂的工作，涉及进路、信号的确认，停留车及线路的检查，防溜措施的采取与撤除及机车车辆的移动等，一个人很难完成上述工作，同时为保证调车作业安全和人身安全，更好地完成调车任务，参加作业的调车组人员必须达到 2 人及以上时，方准进行调车作业。

(二)溯源情况

【第 6 版】第 179 条　调车作业时，调车人员必须正确、及时地显示信号，机车乘务员要认真确认信号并鸣笛回示。

连挂车辆，要显示"十、五、三车"的距离信号（单机除外），没有司机回示，应立即显示停车信号。

当调车指挥人确认停留车位置有困难时，应派人显示停留车位置信号（单机除外）。

本条相关规定从第 6 版《技规》开始出现。

第 6 版第 179 条规定，调车人员与机车乘务员之间要执行信号显示与确认制度，因为调车作业中，调车组、机车乘务组、信号员等有关调车人员之间的作业命令是依靠信号来传递的，只有正确地显示和确认信号，才能保证调车作业的安全；连挂车辆时要显示"十、五、三车"距离信号，以便机车司机正确控制速度，在每次显示距离信号后，司机如未鸣笛回示，就要立即显示停车信号，以防止超速连挂；单机或牵引运行时，因司机的视线不受影响，所以调车指挥人就不必显示距离信号。

（三）演变过程

2014 年版《技规》第 291 条演变过程如图 12-15 所示。

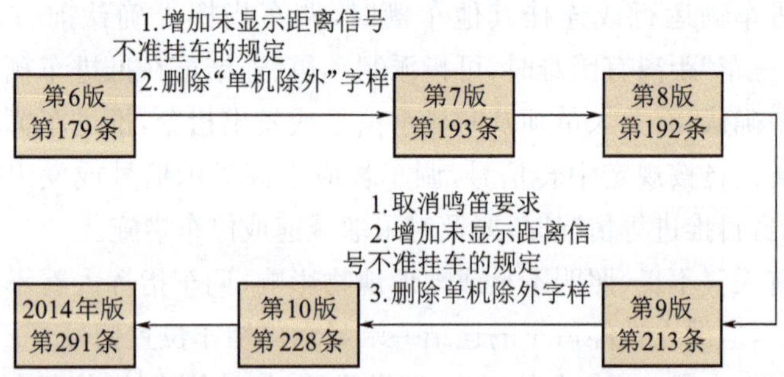

图 12-15　2014 年版《技规》第 291 条演变过程

第 7 版第 193 条增加了未显示"十、五、三车"距离信号时不准连挂的要求，以保证调车作业安全。"当调车指挥人确认停留车位置有困难时，应派人显示停留车位置信号"，删除了"单机除外"字样，消除安全隐患。

第9版第213条增加了调度人员不足2人时不准调车作业的规定,这是因为调车作业是一项复杂的工作,涉及进路、信号的确认,停留车及线路的检查,防溜措施的采取与撤除及机车车辆的移动等,一个人很难完成上述工作,为保证调车作业安全和人身安全,做此规定。

第10版第228条将“机车乘务人员要认真确认信号,并鸣笛回示”改为“机车乘务人员要认真确认信号,并回示”。根据环保要求、减少城市噪声,司机确认调车手信号或指令时,可使用调车灯显设备进行应答回示,因此取消“鸣笛”。将“连挂车辆,要显示‘十、五、三车’的距离信号(单机除外)”改为“推进车辆连挂时,要显示‘十、五、三车’的距离信号”,改后更加简练,表达的意义更加明确。除推进车辆连挂外,单机挂车和牵引车辆挂车均不需显示十、五、三车距离信号,消除了原来牵引车辆挂车是否需要显示距离信号的歧义。增加了推送车辆时要先试拉的规定,但此规定并非新增,在**第6版**至**第9版**中分别在第180、194、193、214条中有此规定,目的是检查车钩连挂状态,防止车钩没有挂好,导致推进中车辆溜走。移至此条,使《技规》中对推送车辆的要求更加完整统一。将“不足二人,不准进行调车作业”改为“调车人员不足2人,不准进行调车作业”,明确了2人必须是有资质的调车人员方可进行作业。

2014年版延续**第10版**的规定。

三、调车进路的确认

(一)2014年版条文内容及说明

【2014年版】第292条 在调车作业中,单机运行或牵引车辆运行时,前方进路的确认由司机负责;推进车辆运行时,前方进路的确认由调车指挥人负责,如调车指挥人所在位置确认前方进路有困难时,可指派调车组其他人员确认。

没有看到调车指挥人的起动信号,不准动车(但单机返岔子或机车出入段时,可根据扳道员显示的道岔开通信号或调车信号机显示的允许运行的信号动车)。无扳道员和调车信号机时,调车指挥人确认道岔开通正确（如为集中操纵的道岔，还须与操纵人员联系）后，向司机显示起动信号。

非集中区调车作业时，要认真执行要道还道制度。扳道员之间的要道还道办法及集中区与非集中区间的作业办法，在《站细》内规定。连续溜放和驼峰解散车辆时，第一钩应实行要道还道制度（集中联锁设备除外），从第二钩起，按调车作业通知单的要求扳动道岔。

本条规定了不同情况下确认调车进路的分工及确认方法。

调车作业就是将机车车辆有目的地进行移动，因此调车进路的正确与否对调车作业的安全与效率有着直接的影响。调车作业中调车人员必须确认调车信号机的显示状态或扳道人员的开通信号。

为了明确司机和调车指挥人确认进路的责任分工，根据作业中他们所处的位置和所具备的瞭望条件，规定单机运行或牵引车辆运行时，前方进路的确认由司机负责；推进车辆运行时，前方进路的确认由调车指挥人负责。在推进车辆运行中，调车指挥人应站在既易于确认前方进路，又能使司机看见其显示信号的位置。如两者不能兼顾时，调车指挥人应站在能使司机看见其显示信号的位置，车列前部再指派其他调车人员确认进路，并及时向调车指挥人显示信号或使用无线调车灯显设备发出指令。

司机须凭调车指挥人显示的信号或无线调车灯显设备的指令动车，以便其他调车作业人员做好各项工作，保证作业安全。遇无扳道员和调车信号机时，调车指挥人确认道岔开通正确（如为集中操纵的道岔，调车指挥人还应与操纵人员联系确认）后，向司机显示起动信号或发出起动指令，司机凭调车指挥人的起动信号或起动指令动车。

单机返岔子或机车出入段，由于无调车指挥人参加作业，可根据扳道员的道岔开通信号或调车信号机显示的允许运行的信号动车。

为保证调车进路的正确，防止调车作业中挤岔子或进入异线等事故的发生，非集中区调车作业时，调车有关人员要认真执行“要道还道”制度。

要道的方法有两种：一是单机或牵引运行时，由司机要道；二是推进车辆运行时，由车列前端的调车人员要道。还道时扳道员必须在确认进路准备正确、道岔尖轨密贴后，方可显示道岔开通信号。为避免误认，扳道员应先显示开通的股道号码，再显示道岔开通信号。当同一个进路由多名扳道员准备时，扳道员间在准备好进路后，先行对道，然后一般由来车方向的第一个扳道员向调车组人员或司机还道。由于设备的不同，扳道员间的要道还道办法应在《站细》内规定。

由集中区到非集中区或由非集中区到集中区的调车作业，应制定要道还道或作业联系办法，由于集中区作业繁忙，涉及接发列车等多项作业，由非集中区到集中区，必须提前做好联系，合理安排，减少作业等待及其他不安全因素。根据各站设备的不同，具体的要道还道办法和非集中区与集中区间的联系办法应在《站细》内规定。

随着无线调车设备的广泛采用，为保护环境，减少噪声干扰，要道还道可以通过无线调车设备进行，具体办法和用语应在《站细》内规定。

要道还道时，应统一为“出×道要×道”“进×道要×道”。考虑到连续溜放和驼峰解散车辆作业的特点，规定连续溜放和驼峰解散车辆时，第一钩应实行要道还道制度，从第二钩起，按“调车作业通知单”的要求扳动道岔。集中联锁的调车区，装设了调车信号机，调车作业按信号机显示的要求进行，因此第一钩也可不执行要道还道制度。

(二)溯源情况

【第6版】第180条 在调车作业中，调车有关人员要认真执行“要道还道”制度。

调车机车未挂车辆运行或牵引车辆运行时，前方进路的确认由机车司机负责；推进车辆运行时，前方进路的确认由调车员负责。

推送车辆时，要先试拉。车列前部应有人进行瞭望，及时显示信号。

第6版《技规》第180条规定调车作业执行“要道还道”制度，目的是防止调车作业中发生挤岔子和进入异线等事故;单机或牵引车辆、推进车辆运行时,前方进路的确认分别由司机、调车员负责,这是根据调车作业中他们所处的位置和所具备的瞭望条件划分的,目的是明确司机和调车员确认进路的责任分工,避免无人负责导致调车事故。

(三)演变过程

2014 年版《技规》第 292 条演变过程如图 12-16 所示。

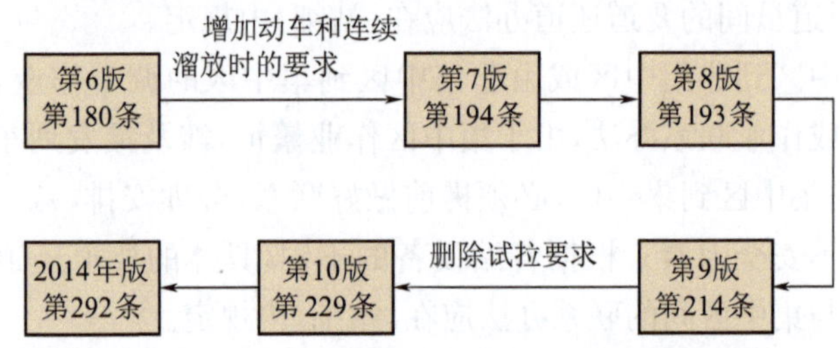

图 12-16　2014 年版《技规》第 292 条演变过程

从第 7 版第 194 条开始,主要的变化有两个,一是增加了没有看到调车指挥人的起动信号不准动车的规定,以确保动车前有关调车作业人员做好各项工作,保证作业安全,但单机返岔子或机车出入段时无调车指挥人参加作业,因此可根据扳道员显示的道岔开通信号或调车信号机显示的允许运行的信号动车;二是考虑到连续溜放和驼峰解散车辆作业的特点,规定连续溜放和驼峰解散车辆时,第一钩实行要道还道制度,从第二钩起,按"调车作业通知单"的要求扳动道岔,但集中联锁的调车区装设了调车信号机,调车作业按信号机显示的要求进行,因此第一钩可不执行要道还道制度。

四、调车作业速度及安全距离

(一)2014 年版条文内容及说明

【2014 年版】第 293 条　调车作业要准确掌握速度及安全距离,并遵守下列规定:

1. 在空线上牵引运行时，不准超过 40 km/h；推进运行时，不准超过 30 km/h。

2. 调动乘坐旅客或装载爆炸品、气体类危险货物、超限货物的车辆时，不准超过 15 km/h。

3. 接近被连挂的车辆时，不准超过 5 km/h。

4. 推上驼峰解散车辆时的速度和装有加、减速顶的线路上的调车速度，在《站细》内规定。经过道岔侧向运行的速度，由工务部门根据道岔具体条件规定，并纳入《站细》。

5. 在尽头线上调车时，距线路终端应有 10 m 的安全距离；遇特殊情况，必须近于 10 m 时，要严格控制速度。

6. 电力机车、动车组在有接触网终点的线路上调车时，应控制速度，距接触网终点标应有 10 m 的安全距离；遇特殊情况，必须近于 10 m 时，要严格控制速度。

7. 旅客未上下车完毕，除本务机车、补机摘挂作业外，不得进行旅客列车（车底）的连挂作业。

8. 遇天气不良等非正常情况，应适当降低速度。

本条规定不同调车作业条件下的速度和安全距离要求。调车作业的最高速度是根据调车作业的特点规定的，要求参加调车作业的人员必须认真遵守。

（二）溯源情况

【第 1 版】第 310 条 进行调车工作，禁止超过下列速度运转：

1. 在空线上机车牵引运转时，速度 25 km/h。

2. 在空线上推进运转及不论机车之连挂位置，而在经过道岔上侧向运转时，速度 20 km/h。

3. 调动乘人之车辆或装有危险品之车辆时，速度 10 km/h。

本条相关规定自第 1 版《技规》即开始明确，其后不断发展完善。

（三）演变过程

2014 年版《技规》第 293 条演变过程如图 12-17 所示。

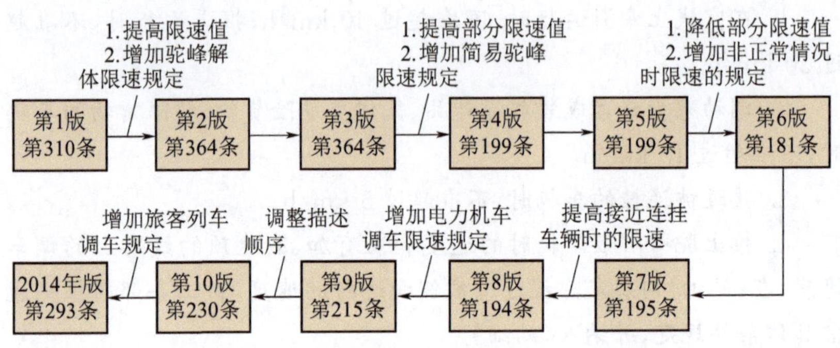

图 12-17　2014 年版《技规》第 293 条演变过程

各版之间主要有以下变化。

1. 调车作业速度

(1)空线机车牵引

除**第 1 版**第 310 条规定速度为 25 km/h 外,自**第 2 版**开始至今一直规定为 40 km/h。调车作业时,车辆的自动制动机多数情况下不加入机车操纵的制动系统,车列的减速和停车都要靠机车本身的制动力;又因调车机车在作业中经常牵出和推进作业交替进行;再有调车作业所经线路的标准、等级及道岔的辙叉型号等可能比正线、到发线低,因此规定在空线上牵引运行时,速度不得超过 40 km/h。

(2)空线推进运行

第 1 版第 310 条规定空线推进经过道岔侧向时速度为 20 km/h,**第 2 版**、**第 3 版**提升为 25 km/h。第 4 版开始规定空线推进运行时速度为 25 km/h,不再仅对侧向通过道岔做规定,同时明确司机技术较为熟练并经过个别鉴定者,必要时可提升至 30 km/h。**第 6 版**开始至今一直规定速度为 30 km/h。在空线上推进运行时,除同样受到空线机车牵引有关因素限制外,又因车列在前,司机不便于瞭望前方的进路和信号,只依靠车列前端负责瞭望的调车人员向调车指挥人显示信号或发出指令,再由调车指挥人显示减速或停车信号(指令),由于中转信号需要时间,一旦发生险情,司机制动的时机将要推迟,容易造成事故,所以从调车速度上加以限制，规定为速度不得超过 30 km/h。

在 **2014 年版**《技规》高速铁路部分，增加动车组调车作业后端操作时速度规定，这一情形相当于机车推进运行，规定为速度不准超过 15 km/h。

(3)乘坐旅客或装载危险、超限货物运输

第 1 版第 310 条首次规定乘坐旅客或装载危险品车辆限速 10 km/h，**第 2 版**、**第 3 版**将超限货物运输一并纳入；**第 4 版**开始提升速度为 15 km/h 并一直延续至今。本条规定主要是为了保证旅客的安全和舒适，防止装载危险货物、超限货物等物品的车辆因高速制动或制动不及产生冲撞等情况而发生意外。

(4)接近被连挂的车辆时

第 2 版第 364 条首次规定机车接近被连挂车辆速度为 3 km/h，并一直维持至**第 7 版**。**第 8 版**开始将速度提升为 5 km/h，主要是我国货车车辆发展、整体强度的增加，以及 1978 年减速顶试验成功，铁道部批准车辆连挂速度为 4±1 km/h，主要编组站均按 5 km/h 设计和作业，实践证明这一速度安全可靠；**第 8 版**《技规》修订前，铁道部专门就连挂速度提高对车辆和货物影响进行专题研究，根据试验结果在**第 8 版**《技规》中把连挂速度由 3 km/h 提升至 5 km/h，连挂速度一直延续至今。本条规定是为了避免损坏机车车辆和所装载的货物不至于发生窜动、倒塌和损坏，必须严格控制连挂速度。

(5)推上驼峰和装有加、减速顶线路，经过道岔侧向运行调车

第 2 版第 364 条开始对驼峰调车场调车速度进行了规定，绿色灯光 5 km/h，黄色灯光 3 km/h，**第 4 版**开始由于采用机械化驼峰调整为 7 km/h、5 km/h，简易驼峰由车站确定，经过道岔侧向速度由工务部门根据道岔条件确定。**第 7 版**开始不再规定具体速度值并延续至今，明确推上驼峰解散的速度由车站确定，经过道岔侧向运行的速度由工务部门确定，并纳入《站细》。

本条规定主要考虑我国驼峰设备的峰高、道岔区长短、制动方法等

各不相同；同时在调车场（编发场）的线路上还装设有加速顶、减速顶和停车器等设备，由于上述设备的构造不同，限制了机车车辆经过的速度，调车速度限制由车站在《站细》内规定。由于调车作业主要在调车场、货物线、段管线和专用线进行，进路上的道岔型号复杂，各种道岔的结构、尺寸标准、性能等有所不同，所以应由工务部门根据道岔具体条件，明确经过道岔侧向运行的速度，纳入《站细》。

2. 安全距离

（1）尽头线调车

第6版第181条首次规定尽头线调车距线路终端应有10 m的安全距离，特殊情况下必须近于10 m时须严格控制速度，这一规定一直沿用至今。尽头线的终端设有车挡或尽头站台，一旦掌握速度不当，可能造成前端车辆冲上车挡或与尽头站台发生冲突而造成事故，所以规定距尽头线的终端留10 m的安全距离。在尽头式站台上进行装卸作业等特殊情况，必须进入10 m安全距离以内时，要严格控制速度，为保证安全，在接近车挡或尽头站台10 m以内取、送车辆时，距车挡、尽头站台或停留车适当距离处一度停车，再以规定速度连挂或靠近尽头站台。

（2）电力机车、动车组在有接触网终点的线路调车

为适应电气化铁路区段的调车作业，**第9版**第215条首次规定电力机车在有接触网终点的线路上调车时，应严格控制速度，机车距离接触网终点标应有10 m的安全距离，**2014年版**《技规》将动车组纳入。

在电气化铁路的部分线路上，根据技术条件和作业需要并未完全挂网，为了区分有电区与无电区，接触网的终点均挂有终点标。为了防止担当调车作业的电力机车或动车组越过终点标进入无电区，造成刮弓、塌网或将高压电带入无电区造成损害等事故，电力机车或动车组在该线路上调车时，调车人员与司机应严格控制速度，距接触网终点标应有10 m的安全距离。遇特殊情况，必须近于接触网终点标10 m进行调车作业时，须严格控制速度。

本条除上述调车速度与安全距离规定外，在铁道部《技规》第 10 版第 230 条中增加了天气不良等非正常情况应适当降低速度的规定；在 2014 年版《技规》第 293 条中，增加旅客未上下车完毕，除本务机车、补机摘挂作业外，不得进行旅客列车（车底）的连挂作业，以确保安全、提高服务质量。

五、禁止溜放的车辆、线路及其他限制

（一）2014 年版条文内容及说明

【2014 年版】第 294 条 禁止溜放的车辆、线路及其他限制：

1. 装有禁止溜放货物的车辆；

2. 非工作机车、铁路救援起重机、大型养路机械、机械冷藏车、凹型车、落下孔车、客车、动车组和特种用途车；

3. 乘坐旅客的车辆及停有该车辆的线路，停有动车组的线路；

4. 超过 2.5‰坡度的线路（为溜放调车而设的驼峰和牵出线除外）；

5. 停有正在进行技术检查、修理、装卸作业车辆及无人看守道口的线路；

6. 停有装载爆炸品、气体类危险货物车辆的线路；

7. 停留车辆距警冲标的长度，容纳不下溜放车辆（应附加安全制动距离）的线路；

8. 中间站正线、到发线及与其衔接而未设隔开设备的线路；

9. 调车组不足 3 人时，禁止溜放作业；

10. 不准采用牵引溜放法调车。

本条规定了调车作业中禁止溜放的车辆、线路及其他限制。

溜放调车和驼峰解散车辆，可以缩短调车行程、压缩调车钩分、提高调车效率。但为了确保人身、调车作业和货物的安全，对溜放调车和驼峰解散车辆，本条规定了如下限制。

1. 装有禁止溜放货物的车辆，按国家和国铁集团铁路危险货物运输管理相关规定执行。

2. 对于特种车辆，如非工作机车、铁路救援起重机、机械冷藏车、凹型车、落下孔车、客车、动车组和特种用途车（发电车、无线电车、轨道检查车、钢轨探伤车、试验车、通信车等）等，有的因车体构造特殊，不宜通过驼峰或不能使用铁鞋、人力制动机进行制动，或装有精密仪器，需要匀速、平稳作业，所以对这些车辆禁止溜放。

3. 由于调车溜放时，车辆速度难以控制，容易发生冲撞等问题，为了保证旅客舒适和人身安全，对乘坐有旅客的车辆及停有该种车辆的线路，禁止溜放作业。由于动车组是独立固定编组，正常情况下不具备与其他机车、车辆连挂的条件，调车溜放时，车辆速度难以控制，容易发生与停留动车组接触、冲撞等问题，损坏动车组，规定停有动车组的线路，禁止溜放作业。

4. 禁止溜放的线路有以下几种情况：

（1）超过 2.5‰坡度的线路（为溜放调车而设的驼峰和牵出线除外）。2.5‰坡度是指线路有效长内的平均坡度。在这样坡道的线路上溜放时，溜放车组不易在预计地点停车，所以禁止溜放。

（2）停有正在进行技术检查、修理、装卸作业车辆的线路。这是因为被溜放车组的减速与停车，是靠人力制动机和铁鞋等制动来实现的，如果人力制动机失灵、铁鞋脱落或调速不当失去控制，就将严重地威胁有关作业人员的人身安全，同时车辆也可能轧上防护用具造成脱轨等事故，所以禁止溜放。

（3）无人看守道口的线路。这是因为车组溜放后，无法控制行人、车辆横越线路；在情况突变时，对溜放的车组也难以控制停车，容易造成人员伤亡、撞坏车辆或车辆脱轨事故，所以禁止溜放。

（4）停有装载爆炸品、气体类危险货物车辆的线路。这是因为上述物品对撞击、摩擦特别敏感，一旦调速不当发生冲撞，可能发生爆炸或漏出毒气，造成人民生命财产的重大损失，所以禁止溜放。

（5）停留车距警冲标的长度容纳不下溜放车辆的线路，也就是通常所说有“堵门车”的线路，由于溜放车辆可能停留在警冲标外影响后续溜放作业安全，因此禁止溜放。

(6)中间站正线、到发线及与其衔接而未设隔开设备的线路。随着我国铁路的几次大提速，列车运行速度普遍提高，中间站的作业更加繁忙，正线、到发线及与其衔接而未设隔开设备的线路上溜放车辆一旦失控，有可能进入区间，危害十分严重；同时中间站的正线、到发线主要是用于接发列车，也不宜大量利用其进行调车作业，为保证接发列车作业安全，因此禁止溜放作业。

5. 调车组不足 3 人时。在进行溜放作业时，至少要有一人指挥，一人提钩，一人制动，这样才能保证溜放调车安全，所以规定调车组不足 3 人时禁止溜放作业。

6. 牵引溜放法调车，如图 12-18 所示。

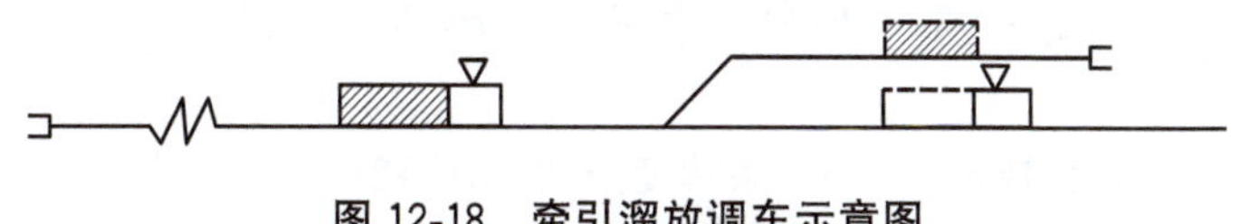

图 12-18　牵引溜放调车示意图

牵引溜放调车，是调车机车牵引调车车列快速运行，在途中摘钩后机车加速，机车与车列离开一定距离，扳动道岔，使机车与调车车列进入不同股道的调车方法。这种调车方法对司机、调车人员、扳道员相互间的配合要求较高，必须严格掌握减速、提钩、加速和扳道的时机，如果稍有不当，就可能造成前堵后追、侧面冲撞或进入“四股”的后果，因此明确规定不准采用牵引溜放法调车。

(二)溯源情况

【第 2 版】第 367 条　在有驼峰调车设备的车站上，调车工作应根据管理局长批准的细则进行之。

下列车辆禁止进行溜放调车或由驼峰上解散：

一、乘人的车辆，但仅有押运人员的车辆除外；

二、装有特种货物、压缩气体、液化气体及铁道部指定的其他危险货物的车辆，以及液化气体卸后的空罐车；

三、装载超过限界货物及笨重货物的平车及特殊平车；

四、非工作的机车，轨行起重机；

五、空客车及特种用途车（无线电车、发电车、卫生车、俱乐部车、动力试验车、线路检查车、检衡车、化验车、活鱼车）。

上述车辆，必须连挂调车机车，方可通过驼峰。

第2版《技规》第367条规定了乘坐旅客的车辆、装有特种货物或危险货物的车辆、装载超限超重货物的车辆、特殊平车、起重机、非工作机车、特种用途车、空客车等禁止进行溜放，其中特殊平车是指超过载重量60 t的六轴平车、凹型平车及附有落下孔的平车等。主要原因：一是车内所装货物性质特殊，如发生冲撞有的易于燃烧、爆炸，有的易于破碎等；二是车辆本身构造特殊，不宜通过驼峰或不能使用铁鞋、手闸进行制动；三是车内装有精密仪器，需要匀速、平稳作业。

(三)演变过程

2014年版《技规》第294条演变过程如图12-19所示。

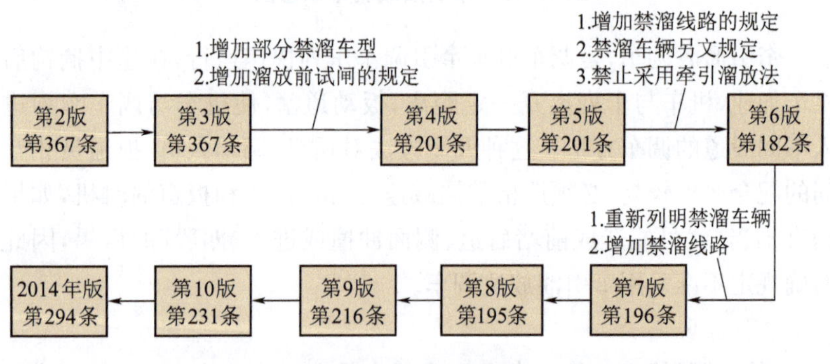

图12-19 2014年版《技规》第294条演变过程

本条规定了调车作业中禁止溜放的车辆、线路及其他限制，相关规定从**第2版**《技规》开始出现。其中，**第2版**至**第5版**只规定了禁止溜放的车辆，从第6版开始增加了对禁止溜放的线路的规定。

第4版在《修改技术管理规程部分条文》［铁技会(58)字第1号］

中，将**第2、3版**中装载笨重货物的车辆禁止溜放的改为是否禁止溜放“由调车人员根据装载情况决定”，**第4版**第201条则在禁止溜放的车辆中删除了此类车辆。这一版中还将禁止溜放车辆的种类进行了进一步细化，增加了机械保温车、大型的凹型和落下孔车（标记载重90 t及其以上的）等禁止溜放的规定。

第6版第182条规定禁止溜放的车辆按当时的铁道部危险货物运输规章执行，主要因为当时的铁道部《危险货物运输规则》的附件八“禁止溜放和溜放时限速连挂的车辆”表中规定了禁止溜放的各类货物和特种车辆，由于种类繁多，不宜在《技规》中重复规定。从这一版《技规》开始，条文中删除了装载超限货物的车辆禁止溜放的内容，但在《铁路超限超重货物运输规则》（铁总运〔2016〕260号）第43条仍规定“装有二级及以上超限货物的车辆禁止溜放”。

第7版第196条在禁止溜放的车辆中删除了“大型的凹型和落下孔车（标记载重90 t及其以上的）”括号内的说明。

第9版第216条增加大型养路机械不准溜放的规定，同时将“机械保温车”修改为“机械冷藏车”。大型养路机械属于特种车辆，结构与货车不同，为防止溜放制动时（铁鞋等）的冲击或者连挂时的冲撞损坏车上的电气设备及工作装置，规定禁止溜放。机械保温车原指机械冷藏车和加温车等，随着机械冷藏车的不断发展，已同时具备了冷却、加温的功能，机械冷藏车逐步取代了机械保温车的概念。

到2014年版第294条，一是增加动车组为禁溜车辆，在《铁路200～250 km/h既有线技术管理办法》第133条即规定“动车组禁止通过驼峰、溜放调车、手推调车、连挂其他机车车辆调车和跟踪出站调车……”；二是将禁止溜放车辆中的“大型凹型车”修改为“凹型车”。

我国从20世纪50年代开始设计制造凹底平车，1953年大连机车车辆厂设计制造了载重90 t的D_{10}型凹底平车，戚墅堰和二七厂分别于1959年和1968年设计制造了载重50 t的D_{50}型和60 t的D_5型，1977哈尔滨车辆厂主持研制了载重210 t的D_2型凹底平车。根据《铁路货物装载加固规则》(铁总运〔2015〕296 号)附录中的“长大货物车技术参数表”,最大载重已达到 450 t,显然在货车设计和制造技术不断发展的情况下,“大型”的含义不断变化,以 90 t 的标记载重作为大型凹底车的标准显然已不适宜,因此在 1972 年发布的铁道部**第 6 版**中删除了括号内的说明。

之所以以标记载重 90 t 作为禁止溜放的标准,是因为加上车辆自重,载重 90 t 的凹型车的总重超过 100 t,至少需要 6 轴,这种情况下车辆必须采用转向架、小底架、大底架三层结构,大、小底架之间采用球形心盘,力的传递方法与通用货车不同,纵向力不是由车钩经中梁沿直线传递,而是由车钩传递给小底架,再由小底架通过球形心盘传递给大底架,在纵向力的作用下,球形心盘产生向上的分力,而且纵向力越大,心盘上产生的向上分力也越大,上下心盘分离的可能性也越大,在驼峰溜放通过竖曲线地段时容易因纵向力作用造成球形心盘脱出、导致车辆脱轨或损坏。2007 年 12 月 21 日 41043 次货物列车运行至宝成线杨家湾—观音山间时,即发生 D_{12} 凹底平车运行方向前部小底架与大底架从球形心盘处脱开,小底架被拉出,大底架落在钢轨上的事故。

目前绝大部分的凹型车和落下孔车均超过当初的大型凹型车标准,再以“大型”作为限定已无意义,因此 2014 年版《技规》中将“大型”的限定词删除。

六、调车作业摘挂车时的防溜

(一)2014 年版条文内容及说明

【2014 年版】第 295 条 调车作业摘车时,必须停妥,按规定采取好防溜措施,方可摘开车钩;挂车时,没有连挂妥当,不得撤除防溜措施。

转场或在超过 2.5‰坡度的线路上调车时(驼峰作业除外),10 辆及以下是否需要连结软管及连结软管的数量,11 辆及以上必须连结软管的数量,以及以解散作业为目的的牵出是否需要连结软管,由车站和机务段根据具体情况共同确定,并纳入《站细》。

本条是有关调车作业摘挂车时防止车辆溜逸的规定。

停留在线路上的车辆，在重力及风力、震动和冲撞等其他外力作用下，静止的车辆有可能溜走，运行中的车辆，在势能和运动惯性的作用下，将加快走行速度，失去控制的车辆将造成可怕后果，因此必须对停留车按不同车站、不同线路的具体防溜规定采取防溜措施。需要摘下车辆时，必须停妥，没有按规定采取好防溜措施，不得摘开机车，防止因坡道或震动等造成车辆溜逸；连挂车辆时，要先检查防溜措施后再连挂，挂好后方可撤除全部防溜措施，防止因先撤除防溜措施或防溜措施不起作用，在机车连挂过程中因坡道或机车车辆的冲撞等造成车辆溜逸。

但影响摘挂车的防溜器具，在其他防溜措施作用良好的情况下，在摘挂车前可先行撤下，如防溜枕木、铁鞋等，此时应派人在现场看护。

防溜器具是指人力制动机、人力制动机紧固器、防溜铁鞋、防溜枕木、止轮器等。

转场作业运行距离长，需要跨越正线或影响其他调车区作业，所以应加强车列的制动能力，以便遇到特殊情况可以随时停车。在超过2.5‰坡度的线路上（是指线路有效长内的平均坡度，驼峰作业除外）调车，特别是去坡度较大的专用线取送作业，需要较强的制动力。因此转场或在超过2.5‰坡度的线路上调车时，11辆及以上必须连结软管，以保证按要求减速或停车。

为了既能保证作业安全，又不至于影响作业效率，兼顾调车作业“提前排风、摘管”的要求，对于11辆及以上必须连结软管的数量、10辆及以下是否需要连结软管及连结软管的数量，以及以解散作业为目的的牵出是否需要连接软管，由车站与机务段根据机车类型、线路坡度、挂车多少、走行速度等情况，研究确定并纳入《站细》。

驼峰主要是为溜放作业所设置的调车设备，线路的坡度会超过2.5‰，作业中需要频繁地摘开车钩，连结软管对作业影响较大，因此为了适应驼峰作业的需要，驼峰作业时可不连结软管。

（二）溯源情况

【第2版】第366条 在位于超过2.5‰坡度的车站上，或在接近车站地点有不利的纵断面（由道岔向区间方面为下坡）而无牵出线时，禁止调车。于特殊情况下，可在上述车站上调车，但机车须位于坡道的下方推送，如不可能时，则车辆的自动制动机必须接通并经过试验。

本条相关规定首次出现于第2版《技规》。

车辆开始运动时的运行阻力，相当于坡度约为2.5‰的下滑力，超过这个坡度调车作业时容易发生车辆自动溜走、越出警冲标，造成侧面冲突或车辆溜入区间等事故。在坡度超过2.5‰的线路上调车，如机车位于坡道上方时，由于车列本身的重力作用，在不连接自动制动机的情况下，在停车和减速上都有困难。

（三）演变过程

2014年版《技规》第295条演变过程如图12-20所示。

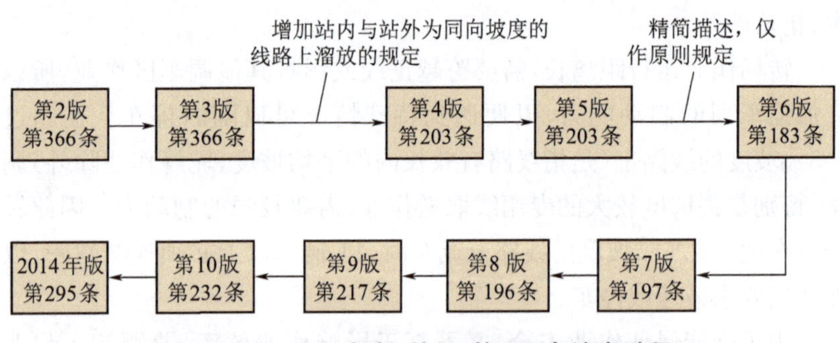

图12-20 2014年版《技规》第295条演变过程

第4版第203条增加了必须在坡度超过2.5‰的线路上摘解车辆时要做好防溜措施、并且禁止溜放调车的规定，以防止车辆溜逸引发事故。

第5版第203条增加了挂车时采取防溜措施的规定。

第6版第183条对内容做了精简，将在坡度超过2.5‰的线路上原则上禁止调车的规定改为允许在采取安全措施的情况下进行调车作业，在保证安全的前提下提高调车作业效率，达到安全与效率的平衡；

另外一个变化是规定越区、转场及在超过 2.5‰坡度的线路上调车时，根据车列情况是否需要连结风管及连结风管的数量由车站和机务段共同确定，并纳入《站细》，这是由于越区和转场作业通常需要跨越正线或影响其他调车区作业，所以应加强车列的制动能力，以便遇到情况能够随时停车。

第 10 版第 232 条增加了驼峰作业可不连结软管的规定，这是因为驼峰主要是为溜放作业而设置的调车设备，线路的坡度会超过 2.5‰，作业中需要频繁摘开车钩，连结软管对作业影响较大，此项修改即是为了使用驼峰作业的需要。

七、车辆通过驼峰调车作业的规定

(一)2014 年版条文内容及说明

【2014 年版】第 296 条　机车(调车机车除外)、铁路救援起重机、客车、动车组、大型养路机械、凹型车、落下孔车、钳夹车及其他涂有禁止上驼峰标记的车辆禁止通过驼峰。装载活鱼(包括鱼苗)、跨装货物的车辆(跨及两平车的汽车除外)等，是否可以通过驼峰，由车站会同车辆段等有关单位做出具体规定，并纳入《站细》。

如因迂回线故障等原因，机械冷藏车必须通过设有车辆减速器(顶)的驼峰时，以不超过 7 km/h 的速度推送过峰。不得附挂机械冷藏车溜放其他车辆(推峰除外)。

曲线外轨、调车场以外的线路和外闸瓦车、直径 950 mm 及以上的大轮车，严禁使用铁鞋制动。

本条是有关车辆通过驼峰调车作业及不准许使用铁鞋制动情况的规定。

1. 机车(调车机车除外)、铁路救援起重机、客车、动车组、大型养路机械、凹型车、落下孔车、钳夹车，由于自身构造和工作原理，通过驼峰可能会对自身或驼峰设备造成危害，危及安全，所以禁止通过驼峰。驼峰平纵断面图如图 12-21 所示。

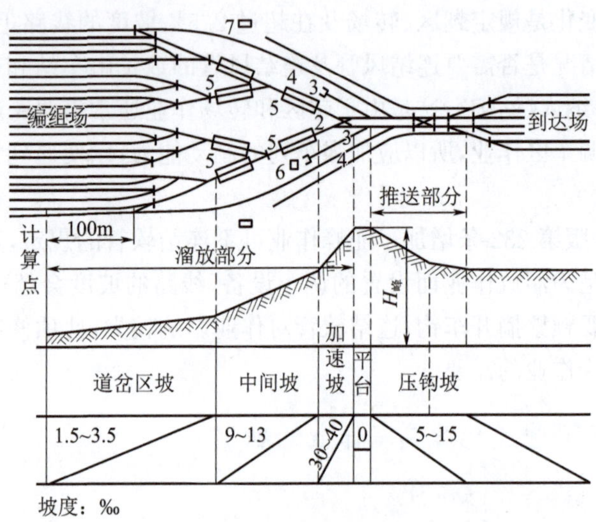

图 12-21 驼峰平纵断面图

2. 由于特殊货物运输需要，我国针对性地生产一些特殊、专用车辆，这些车辆在构造如车辆走行部、轴距、车底高和机械原理等方面存在特殊尺寸和要求，一般在定型、生产前就明确不能通过驼峰，在出厂时涂打禁止上峰的标记，如图 12-22 所示。

图 12-22 车辆禁止上峰标记

涂打禁止上峰标记的车辆，属于自身构造禁止通过驼峰的车辆，因其特殊的轴距、车底高等因素限制，若强行过峰，易发生车体摩擦、碰撞地面设备甚至脱轨问题，所以禁止通过驼峰。

3. 装载活鱼（包括鱼苗）、跨装货物的车辆（跨及两平车的汽车除外）等，是否可以通过驼峰，不宜作统一规定，由车站会同车辆段等有关单位做出具体规定，并纳入《站细》。

（1）装载活鱼（包括鱼苗）的车辆，在通过驼峰时，如果坡度很大、很陡，活鱼和水将会大量从容器中溢出，造成活鱼死亡，所以也必须根据实际情况确定。

（2）跨装货物的车辆（指重量或长度不能由一车装载的跨装货物的车辆），是否能通过驼峰，应考虑竖曲线状态的影响。对两辆及其以上的车辆连成一体的跨装货物，车辆通过坡度较大的竖曲线驼峰时，应经过计算或试验，确定是否可以通过驼峰，以防产生货物窜动、车辆脱轨或车钩损坏等严重后果。

对以上车辆经过计算或试验后，将不准通过驼峰的车辆纳入《站细》，以便贯彻执行。

4. 机械冷藏车内各种机械、仪表设备和各种管道，牢固性差，尽可能避免通过设有车辆减速器（顶）的驼峰，应经迂回线送至峰下。如因迂回线故障等原因，必须通过设有车辆减速器（顶）的驼峰时，应由机车推送下峰，速度不得超过 7 km/h。除推峰外，不得附挂机械冷藏车溜放其他车辆，主要是避免溜放作业中车列急起急停造成的车辆冲动，以保证车内精密仪器、机械不受损伤和车辆连结管路的完好。

（二）溯源情况

【第 4 版】第 200 条　在设有驼峰设备的车站，对于驼峰使用办法，应在车站行车组织细则内规定。

设有简易驼峰的车站，对于凹型车、落下孔车及装载活鱼、跨装货物（指重量或长度不能由一车装载的阔大的货物，以下同）的车辆等，是否可经过驼峰，须由车站分别情况经过试验（试验凹型车或落下孔车时，应用重车并会同列检人员进行），在车站行车组织细则内规定。

对于涂有禁上驼峰的标记的车辆，禁止通过机械化驼峰。此项标记的检查及涂打办法由铁道部另行规定。

本条相关规定自第4版《技规》开始。

（三）演变过程

2014年版《技规》第296条演变过程如图12-23所示。

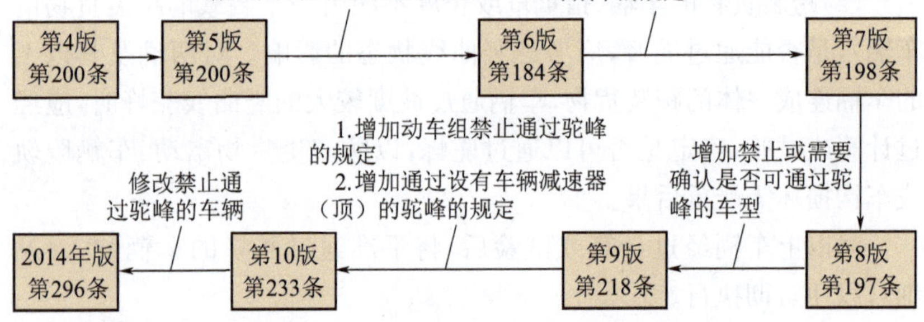

图12-23 2014年版《技规》第296条演变过程

各版之间的主要变化如下。

1. 各类驼峰

在历版的相关规定中，有关驼峰的叫法有驼峰、简易驼峰、机械化驼峰和设有车辆减速器（顶）的驼峰。

（1）简易驼峰。**第4版至第6版**规定由车站通过试验或会同相关单位确定特定车型是否允许通过“简易驼峰”，从**第7版**开始“简易驼峰”被“驼峰”代替。简易驼峰一般是在平面牵出线基础上改建而成，因受条件限制，推送坡、峰顶平台、加速坡等各部分的坡度和长度很难统一标准，因此对部分特定车型及装载活鱼、跨装货物的车辆能否通过简易驼峰，不宜做统一规定。

(2)机械化驼峰和设有车辆减速器(顶)的驼峰。对于涂有禁止上驼峰标记的车辆,**第4版**至**第9版**规定禁止其通过"机械化驼峰",从**第10版**开始则改为禁止通过"设有车辆减速器(顶)的驼峰"。机械化驼峰是指峰下道岔采用自动集中方式控制,车辆溜放速度的控制主要采用车辆减速器和铁鞋的一种驼峰类型,我国的第一座机械化驼峰于1960年在苏家屯站建成;1978年,南翔下行、丰西上行等第一批半自动化驼峰建成;1980年代初建成我国第一座自动化驼峰——南翔下行。机械化驼峰逐渐退出历史舞台,在1999年发布的《铁路驼峰及调车场设计规范》(TB 10062—1999)中即不再以机械化驼峰、自动化驼峰分类,而是按日解体能力分为大、中、小能力驼峰。

在出厂时涂打禁止上驼峰标记的车辆若强行通过设有车辆减速器(顶)的驼峰,易发生车体摩擦、碰撞地面设备甚至脱轨问题。

2. 关于凹型车、落下孔车通过驼峰的规定

从**第4版**开始到**第10版**,凹型车和落下孔车(从**第7版**开始禁止D_{17}型、第9版开始禁止D_{19g}落下孔车过峰)是否允许通过驼峰均规定由车站会同相关单位确定,但从**2014年版**开始,所有凹型车和落下孔车均禁止通过驼峰。

凹型车和落下孔车均属于长大货物车,其不能通过驼峰的原因:一是车辆较长,两端转向架群间跨度较大,当长大货物车的转向架群位于驼峰两侧、中部车体(或货物)位于驼峰顶部时,易出现车体(或货物)下部与驼峰顶部间距离过小,严重时车体(或货物)下部与驼峰顶部干涉的状况;二是长大货物车多为多层结构,各级心盘不在同一平面内,且长大货物车的自重、载重一般都大于通用货车,在通过驼峰溜放和冲击时,易发生心盘脱出、车辆脱轨等事故。因此在**2014年版**《技规》修订时,车辆部门提出把"凹型车、落下孔车"纳入禁止通过驼峰车辆范围的要求。

3. 关于机械保温车/机械冷藏车禁止通过驼峰的规定

从**第6版**开始增加了机械保温车/机械冷藏车禁止通过驼峰的规

定。机械冷藏车内装有各种机械、仪表设备和各种管道，牢固性差，尽可能避免通过设有车辆减速器（顶）的驼峰，应经迂回线送至峰下。如因迂回线故障等原因，必须通过设有车辆减速器（顶）的驼峰时，应由机车推送下峰，速度不得超过 7 km/h。除推峰外，不得附挂机械冷藏车溜放其他车辆，主要是避免溜放作业中车列急起急停造成的车辆冲动，以保证车内精密仪器、机械不受损伤和车辆连结管路的完好。

八、调车作业时线路两旁堆放货物的规定

（一）2014 年版条文内容及说明

【2014 年版】第 297 条 线路两旁堆放货物，距钢轨头部外侧不得小于 1.5 m。站台上堆放货物，距站台边缘不得小于 1 m。货物应堆放稳固，防止倒塌。

不足上述规定距离时，不得进行调车作业。

本条是调车作业时线路两旁堆放货物的规定。

为保证调车工作的安全与作业方便，线路两旁堆放货物，距钢轨头部外侧，不得少于 1.5 m，如图 12-24 所示。

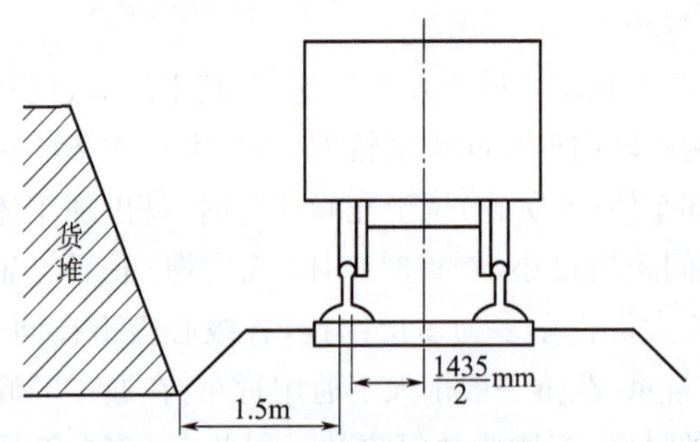

图 12-24 线路旁堆放货物距离示意图

从图 12-24 中可以看出，由线路中心线起至堆放货物的距离为：轨距 1 435 mm 的二分之一，加钢轨头部宽（50 kg/m 或 43 kg/m 轨）70 mm，再加钢轨头部外侧至堆放货物距离 1.5 m，即

$$1\ 435 \div 2 + 70 + 1\ 500 = 2\ 288(\text{mm})$$

由线路中心起至堆放货物距离，减去机车车辆限界自线路中心线计算 1 700 mm，为堆放货物与机车车辆间的距离，即

$$2\ 288 - 1\ 700 = 588(\text{mm})$$

这个距离为调车人员走行与显示信号所必需的空间。在一般情况下，一个人的身宽为 500 mm，588 mm 的间隔距离，是保证调车人员安全通行的最低要求。

站台上堆放货物时，考虑调车人员及其他有关作业人员作业条件，保证人身安全，防止货物倒塌掉在线路上，影响行车安全，所以规定站台上堆放货物，距站台边缘不得少于 1 m。

货运人员要经常检查货物堆放距离、堆放的稳固程度，保证距离够、不倒塌。

货物堆放，不足上述规定距离时，不得进行调车作业。

(二)溯源情况

【第 6 版】第 185 条　线路两旁堆放货物，距钢轨头部外侧不得少于 1.5 m。不足 1.5 m 时，不得进行调车作业。

本条相关规定从第 6 版《技规》第 185 条即开始出现。

(三)演变过程

2014 年版《技规》第 297 条演变过程如图 12-25 所示。

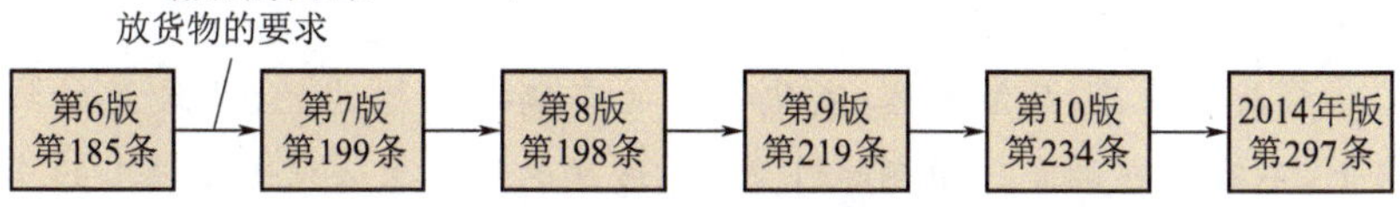

图 12-25　2014 年版《技规》第 297 条演变过程

从第 7 版第 199 条开始，删除“不足 1.5 m 时，不得进行调车作业”的规定，同时增加站台上堆放货物距站台边缘不得少于 1 m 的规定，这是考虑调车人员及其他有关作业人员作业条件，保证人身安全，防止货

物倒塌掉在线路上，影响行车安全。

此后各版《技规》延续了第7版规定的内容。

九、手推调车

(一)2014年版条文内容及说明

【2014年版】第298条 手推调车，须取得调车领导人的同意，人力制动机作用必须良好，有胜任人员负责制动。手推调车速度不得超过3 km/h。下列情况，禁止手推调车：

1. 在正线、到发线及超过2.5‰坡度的线路上（确需手推调车时，须经铁路局批准）；

2. 在停有动车组的线路上；

3. 遇暴风雨雪或夜间无照明时；

4. 接发列车时，与接发列车进路没有隔开设备或脱轨器的线路，向能进入接发列车进路的方向；

5. 装有爆炸品、气体类危险货物的车辆；

6. 电气化区段，接触网未停电的线路上，对棚车、敞车类的车辆。

本条是有关手推调车的规定，相关规定最早出现于第6版《技规》。

(二)溯源情况

【第6版】第186条 手推调车，要取得调车领导人的同意。手闸必须良好，要有胜任人员负责制动，手推调车速度每小时不得超过3 km。

装载爆炸品、压缩气体、液化气体的车辆或在超过2.5‰坡度的线路上，不准手推调车。但在超过2.5‰坡度的线路上必须手推调车的车站，应由铁路局批准。

第6版《技规》第186条规定了手推调车的前提条件、手推调车的速度要求及不准手推调车的情况。

(三)演变过程

2014年版《技规》第298条演变过程如图12-26所示。

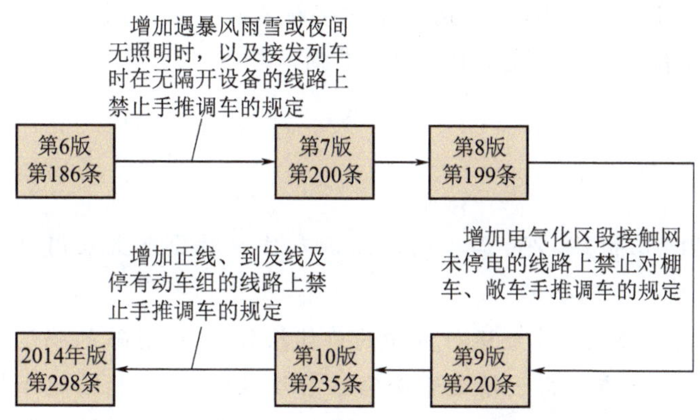

图 12-26 2014 年版《技规》第 298 条演变过程

第 7 版第 200 条增加了遇暴风雨雪或夜间无照明时，以及接发列车时在无隔开设备的线路上不准手推调车的规定，这是由于遇有暴风雨雪时，作业条件不好，外界环境因素影响大，车辆有可能在外力的作用下溜逸；夜间无照明，无法确认进路、作业人员动作难以协调，同时又难以照顾推车人员安全，因此也不得手推调车；接发列车时，为防止手推调车制动不当越过警冲标进入接发车进路，影响列车运行安全，与接发列车进路没有隔开设备或脱轨器的线路，向能进入接发列车进路的方向不准进行手推调车，此项规定后续版本在此基础上不断完善。

从**第 9 版**第 220 条开始增加了电气化区段接触网未停电的线路上，对棚车、敞车类的车辆禁止手推调车，这是因为棚车、敞车类的车辆大都是高闸台，因接触网的限制，制动人员不能使用人力制动机实施制动，不能确保手推调车的有效制动，容易造成车辆溜逸。

2014 年版《技规》第 298 条增加了正线和到发线不准调车的规定，这主要考虑正线、到发线主要办理接发列车作业，安全要求高，因此禁止手推调车。增加了停有动车组的线路上禁止手推调车的规定。2007 年 4 月 18 日，CRH 型动车组大规模上线运行，由于动车组是独立固定编组，正常情况下不具备与其他机车、车辆连挂的条件，若手推调车制动不及时或制动不当，容易造成车辆接触或碰撞动车组、损坏动车组，所以在停有动车组的线路上不得手推调车。

十、动车组调车作业

2014 年版条文内容及说明

【2014 年版】第 299 条 动车组调车作业时原则上采用自走行方式，并应执行下列规定：

1. 司机应在动车组运行方向的前端操作，前方进路的确认由动车组司机负责。在不得已情况下必须在后端操作时，应指派随车机械师或其他胜任人员站在动车组运行方向的前端指挥，发现危及行车或人身安全时，应立即使用紧急停车按钮（紧急制动装置）或通知司机停车。后端操作时，速度不得超过 15 km/h。

2. 禁止连挂其他机车车辆（救援机车、附挂回送过渡车、动车组无动力调车时的调车机车、公铁两用牵引车除外）调车。

本条是有关动车组调车作业的规定，为 2014 年版《技规》的新增条款。

动车组自带动力，基于安全、构造特点、作业方式等原因，一般情况下动车组进行调车作业应采用自走行方式（故障救援、非电化区段调车等必要时才采用动车组无动力调车方式），司机根据调车作业计划、凭地面信号机的显示进行作业。

动车组自走行调车作业时，司机应在动车组运行方向的前端操作，前方进路的确认由动车组司机负责。在不得已情况下必须在后端操作时，应指派随车机械师或其他胜任人员站在动车组运行方向的前端指挥，发现危及行车或人身安全时，应立即使用紧急停车按钮（紧急制动装置）停车或通知司机停车。为保证安全，后端操作时速度不得超过 15 km/h。

动车组是固定编组、单独运用，从其自身构造和安全要求出发，动车组禁止连挂其他机车车辆调车。但是动车组故障时连挂救援机车，动车组连挂附挂回送过渡车以及动车组无动力调车时的调车机车、公铁两用牵引车，是特殊情况下的必要方式，不在此禁止之列。

第五节　在正线、到发线上的作业

一、概述

车站的正线、到发线主要办理列车的接发、通过和会让，以确保铁路运输畅通。实际运输生产中，有时出现调车工作受到车站调车设备的限制，需利用正线、到发线进行调车作业的情况，有时亦会利用区间正线越出站界或跟踪前行列车越出站界进行调车，但前提是不得影响旅客列车到发及安全，不得影响机车出入段走行等涉及车站接发列车安全及秩序，以避免影响区段列车运输秩序。

车站值班员负责掌握正线、到发线的使用，了解列车运行情况，对保证不间断地接发列车负有直接责任。因此，占用或影响正线、到发线的调车，必须经过车站值班员的准许，特别是设有车站调度员的车站更应注意，以免妨碍列车的接发。在调度集中区段，由列车调度员办理接发列车，掌握车站的正线、到发线运用的情况下，在正线、到发线上调车时，必须取得列车调度员的准许。

在接发旅客列车时，除遵守正线、到发线调车作业及影响接发列车进路的调车作业等相关规定外，还要防止其他调车作业中的机车车辆因溜逸、冒进信号等进入接发列车进路，与正在进出站的旅客列车发生冲突。

越出站界调车是受车站调车设备限制，在区间空闲（自动闭塞为第一个闭塞分区空闲）的情况下，越过进站信号机或站界标进入区间调车的一种方法。

跟踪出站调车是指在列车由车站发出后，尚未到达前方站（线路所），间隔一定的距离或时间，即跟随前行列车，越出站界在规定距离内进行的调车作业。

二、到发线上调车

(一)2014 年版条文内容及说明

【2014 年版】第 300 条 在正线、到发线上调车时，要经过车站值班员的准许。在接发列车时，应按《站细》规定的时间，停止影响列车进路的调车作业。

本条是有关到发线上调车作业的原则性规定。车站的正线、到发线主要办理列车接发、通过、会让。在正线、到发线上调车时，应遵守下列要求。

1. 要经过车站值班员的准许。

2. 在接发列车时，车站值班员应掌握调车作业的实际情况，并应按《站细》规定的时间，确认影响列车进路的调车作业已停止，再排列接发车进路，开放信号。

列车进路包括以下三类：

(1)接车进路，是指由进站信号机起至接车线末端计算该线有效长的警冲标或出站信号机(若有延续进路，为至延续进路末端)止的一段线路，如图 12-27 所示。

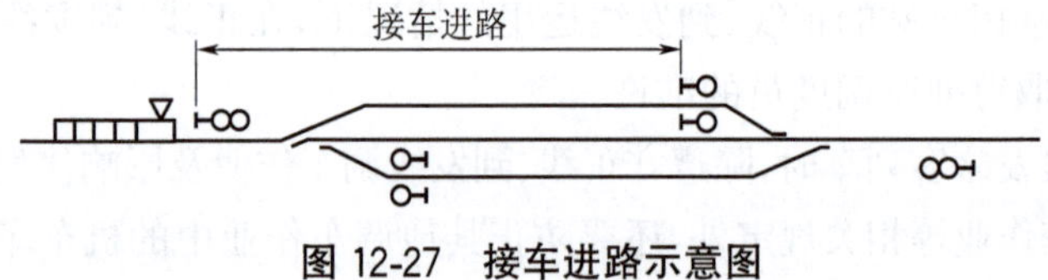

图 12-27　接车进路示意图

(2)发车进路，是指由列车前端起至相对进站信号机或站界标止的一段线路，如图 12-28 所示。

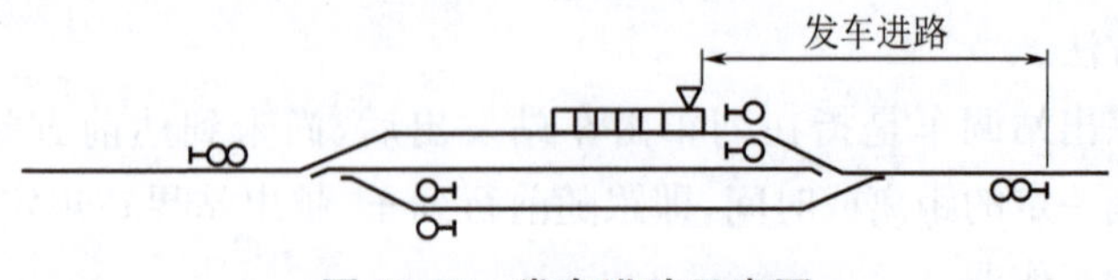

图 12-28　发车进路示意图

(3)通过进路，为该列车通过线路两端进站信号机或站界标间的一段线路，如图 12-29 所示。

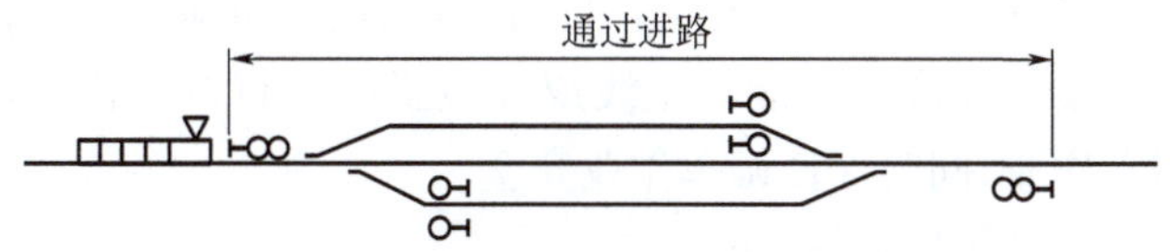

图 12-29　通过列车进路示意图

占用或穿越上述列车进路直接影响接发列车的调车活动，以及在接发超限货物列车进路的邻线，线间距离不足 5 000 mm 的线路上调车，或接发非超限列车而在线间距离不足 5 000 mm 的邻线调动有超限货物的车辆等情况，均称为影响列车进路的调车作业。

3. 影响列车进路的调车作业，应在《站细》规定的开放信号时机前停止，严禁抢钩作业。

(二)溯源情况

【第 1 版】第 311 条　禁止在正线或横过正线及越过出站道岔外进行调车工作。此项调车工作，只有在进站信号机显示停车信号时且每次须得值班站长准许后方进行之。

在高坡地区内(特别指定区间)，从准许列车占用区间时起，车站内上述调车工作应一律停止。而在其他地区内，停止进行上述调车工作时间，可根据当地条件确定之。

在单线线路上、在双线线路之反方向线路上，禁止调车之机车车辆在未得行车调度员及邻站值班站长之同意，并未发给司机关于占用区间之应有准许时，越出站界。在较长之区间内可有例外，但必须采取保证行车安全之必要措置。

在双线线路之正方向线路，调车之机车车辆于得到值班站长之准许后，可越出站界。

在备有自动闭塞装置之地区，于调车信号机显示进行信号时，调车之机车车辆得越出站界。但此时应先将特设之回路管制器扳向反位，使邻接之自动闭塞信号机显示停车信号。

本条所述一切规定，应在车站技术管理细则内详细说明之。

第1版《技规》第311条规定，只有在进站信号机显示停车信号，并且征得值班站长准许后才能在正线或穿过正线进行调车作业，以免影响接发列车作业，同时保证调车作业安全。

(三)演变过程

2014年版《技规》第300条演变过程如图12-30所示。

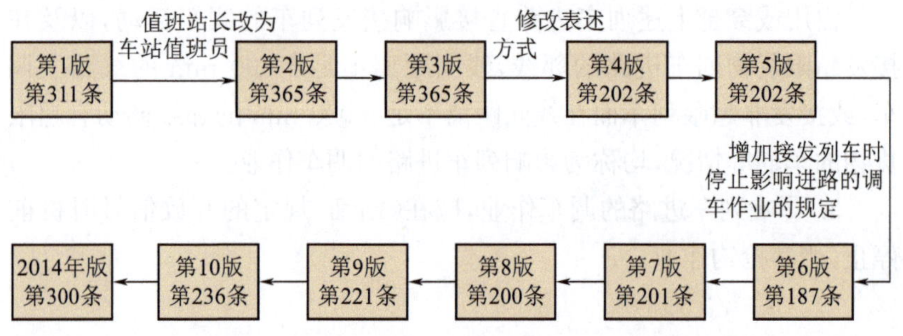

图12-30 2014年版《技规》第300条演变过程

第2版第365条将在正线或穿过正线进行调车作业的批准权限由值班站长改为车站值班员。

第4版第202条修改了描述方式，删除了禁止性描述，直接规定需要在正线上及穿过正线进行调车作业必需的条件；本质上规定的内容并没有变化，更容易被人理解和接受。

第6版第187条对规定内容进行了修订，一是将在正线上及穿过正线调车修改为在正线、到发线上调车，使本条规定的针对性更强；二是将前几版中规定的在正线上及穿过正线进行调车作业的条件修改为只需得到车站值班员的准许，这是由于车站值班员负责掌握正线、到发线的使用，了解列车运行情况，对保证不间断地接发列车负有直接责任，占用或影响正线、到发线的调车必须经过车站值班员的准许，并应按《站细》规定的时间，确认影响列车进路的调车作业已停止，再排列接发车进路，开放信号，以免妨碍列车的接发。

此后各版《技规》均延续此规定内容，除**第 9 版**开始将按车站规定改为按《站细》规定外，没有其他变化。

三、接发旅客列车时的调车

（一）2014 年版条文内容及说明

【2014 年版】第 301 条　接发旅客列车时，与接发列车进路没有隔开设备或脱轨器的线路，不准向能进入接发列车进路的方向调车。本务机车在停留线路内摘挂、列车拉道口时除外。

有特殊困难的车站，确需调车时，制定安全措施，由铁路局批准。

本条规定接发旅客列车时，与接发列车进路没有隔开设备或脱轨器的线路，不准向能进入接发列车进路的方向调车。

（二）溯源情况

【第 6 版】第 188 条　接客运列车时，进站方向为上坡道、平道、不超过 6‰的下坡道，或发出客运列车时，在能进入接发列车进路的线路上进行调车作业，应遵守下列规定：

1. 不准溜放调车；

2. 连挂车辆时，要采取防溜措施；

3. 机车车辆距离警冲标不少于 50 m，必须停车；

4. 接停车的客运列车时，在接车线末端方向的第一组道岔，应向邻线开通。

第 6 版《技规》第 188 条详细规定了接发“客运列车”时，在能进入接发列车进路的线路上进行调车作业的具体规定，包括不准溜放、连挂时防溜、停车时机及道岔开通方向等，以防止与旅客列车发生冲突，确保旅客列车安全。这里的客运列车包括旅客列车和混合列车，从第 10 版开始从列车分类中取消了混合列车，客运列车的概念也不再存在。

（三）演变过程

2014 年版《技规》第 301 条演变过程如图 12-31 所示。

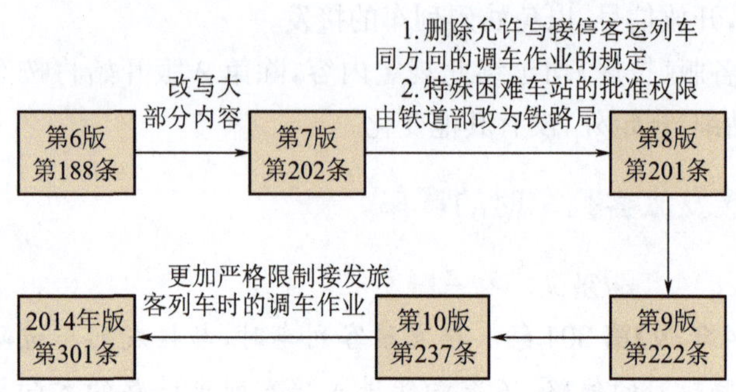

图 12-31　2014 年版《技规》第 301 条演变过程

第 7 版第 202 条对内容进行了较大幅度的改写。为了保证客运列车的绝对安全，除了严格控制到发线路及时停止影响列车进路的调车作业以外，对接发客运列车进路的相邻线路上，在没有隔开设备的条件下，于进出站或进路信号机开放时，必须停止一切能够进入接发车进路的调车作业。本务机车在原停留线内摘下、上水，列车拉道口、对货位，在原停留线内方可以向前移动，但须严格控制速度，不得越过警冲标。

接停车的客运列车时，接车线末端方向第一组道岔，应向相邻线路开通，防止在进路外方作业的机车、车辆错误进入接车线，发生冲突。

第 8 版第 201 条将"接发客运列车时，能进入接发列车进路的线路没有隔开设备(包括脱轨器、脱轨道岔)，不准调车"改为"接发客运列车时，能进入接发列车进路的线路没有隔开设备和脱轨器，不准调车"。这一变化主要有以下两层意义：首先，隔开设备仅包括安全线和避难线，不再包括脱轨器和脱轨道岔；其次，在接发客运列车的同时进行调车作业时，脱轨器可以看成是起隔开作用的设备，主要是考虑调车作业速度较低，脱轨器的性能尚能适用。在第 49 条及第 243 条中，脱轨器已不能代替安全线，不再视作隔开设备。

2014 年版《技规》对于与接发列车进路没有隔开设备或脱轨器的线路接发旅客列车时的调车作业进行了更加严格的限制。

在接发旅客列车时，除遵守正线、到发线调车作业及影响接发列车进路的调车作业等相关规定外，为防止其他调车作业中的机车车辆因溜逸、冒进信号等进入接发列车进路，与正在进出站的旅客列车发生冲突，规定在接发旅客列车时，与接发列车进路没有隔开设备或脱轨器的线路，不准向能进入接发列车进路的方向调车。

为了尽可能地压缩非生产等待时间，并考虑本务机车在停留线路内摘挂、列车拉道口等作业机车车辆移动范围小、目的明确，允许接发旅客列车时，在与接发列车进路没有隔开设备或脱轨器的线路，进行本务机车摘挂、列车拉道口作业，但须严格控制速度，只能在本线路内进行。

有特殊困难的车站，确需调车时，应根据作业特点和设备实际制定相应的安全措施，由铁路局批准。接发空载动车组有特殊困难的动车段(所)，可比照有特殊困难的车站办理。

四、越出站界调车

(一)2014 年版条文内容及说明

【2014 年版】第 302 条　越出站界调车时，双线区间正方向，必须区间(自动闭塞区间为第一个闭塞分区)空闲；单线自动闭塞区间，闭塞系统必须在发车位置，第一个闭塞分区空闲，经车站值班员口头准许并通知司机后，方可出站调车。

单线半自动闭塞区间和双线反方向出站调车时，须有停止使用基本闭塞法的调度命令，与邻站办理闭塞手续，并发给司机出站调车通知书。

越出站界调车是受车站调车设备限制，在区间空闲(自动闭塞为第一个闭塞分区空闲)的情况下，越过进站信号机或站界标进入区间调车的一种方法。由于是进入区间，不同一般的站内调车作业，为了保证列车运行和调车作业的安全，应遵守下列要求：

1. 双线区间正方向越出站界调车。

(1)当区间为自动闭塞时，必须从监督器上确认第一个闭塞分区空闲，车站值班员口头准许并通知司机，即可出站调车。

（2）当区间为半自动闭塞时，必须区间空闲，车站值班员口头准许并通知司机，即可出站调车。

上述双线（1）、（2）情况，因发车权属于正方向办理越出站界调车的车站，对方站不能发车，所以可不与对方站办理占用区间闭塞手续，只要区间（自动闭塞为第一个闭塞分区）空闲，车站值班员口头准许并通知司机即可。

2. 双线区间反方向越出站界调车。

双线区间反方向越出站界调车时，因正常情况下占用区间的权限不属于本站，同时列车运行情况由列车调度员掌握，必须取得占用区间的权限，即停止基本闭塞法改用电话闭塞法（得到列车调度员发布的停止基本闭塞法改用电话闭塞法的调度命令），确认区间空闲后，由车站值班员与邻站办理电话闭塞手续，发给司机出站调车通知书，方可出站调车。

3. 单线区间越出站界调车。

（1）当区间为自动闭塞时，闭塞系统必须在发车位置，由办理越出站界调车的车站控制发车权，只要第一个闭塞分区空闲，经车站值班员口头准许并通知司机，即可出站调车。

（2）当区间为半自动闭塞时，区间必须空闲，得到停止基本闭塞法改用电话闭塞法的调度命令，与邻站办理电话闭塞手续取得占用区间的权限，并发给司机出站调车通知书，方可出站调车。

4. 无论单线或双线，在区间已改为电话闭塞法行车的情况下，越出站界调车时须经列车调度员口头准许，在确认区间空闲，与邻站办理闭塞手续取得占用区间的权限，发给司机出站调车通知书后，方可出站调车。

出站调车通知书由车站值班员填写，当调车机车距行车室较远时，可由扳道员、助理值班员等按车站值班员的指示填写，其格式为《技规》附件5。

5. 越出站界调车作业完毕，应将出站调车通知书收回注销，具体收回注销办法由铁路局规定。当出站调车车列回站待避列车后，如需继续出站调车时，应重新办理手续。

越出站界调车时，为了防止错办，车站值班员应在控制台上揭挂“出站调车”表示牌(安全帽)。

6. 由于2014年版《技规》未统一规定自动站间闭塞的行车办法(第317条，由铁路局规定)，区间为自动站间闭塞时的越出站界调车，亦由铁路局规定。

(二)溯源情况

本条相关规定与2014年版第302条同样出自第1版《技规》第311条，其中规定经出站道岔外调车时必须得到值班站长的许可。如果越出站界调车，在单线或双线反方向线路上还必须报告调度所行车调度员获得许可，并与邻站值班站长办理闭塞手续，因为这种情况下占用区间的权限不属于本站，同时列车运行由行车调度员掌握，所以首先要取得行车调度员的口头准许，然后再与对方站办理闭塞手续，将占用区间凭证交给司机后，方可出站调车；在双线正方向线路上，则得到值班站长许可即可。

(三)演变过程

2014年版《技规》第302条演变过程如图12-32所示。

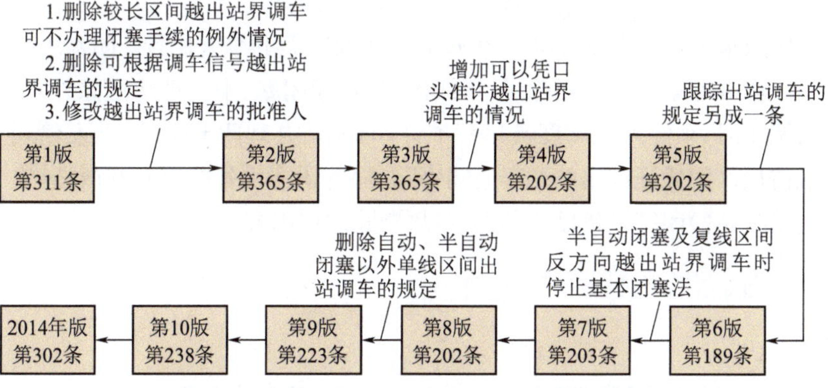

图12-32　2014年版《技规》第302条演变过程

第 2 版第 365 条有关越出站界调车的规定主要有三个变化，一是删除了在单线或双线反方向线路上区间较长时，越出站界调车可不办理闭塞手续的例外情况，原条款中较长区间的表述不够严谨，执行过程中存在理解出现偏差的可能性；二是删除了在自动闭塞线路上可根据显示的调车信号越出站界调车的规定；三是将原条款规定的双线区间正方向越出站界调车只需得到值班站长准许，修改为需列车调度员和车站值班员双许可，以确保作业安全。

第 4 版第 202 条增加了可以凭车站值班员的口头准许越出站界调车的情况，其条件是，在复线区间正方向，必须区间（自动闭塞区间为第一闭塞分区）空闲；单线自动闭塞区间，应在进站信号机背面装设允许占用区间的调车信号，当闭塞系统在发车位置、第一闭塞分区空闲时，开放调车信号后，即将闭塞系统控制在发车位置。因在以上两种情况下，对方站均不能发车，所以可不与对方站办理闭塞，而凭车站值班员的口头准许，通知司机后，即可在出站信号机关闭的情况下，出站调车。

第 6 版第 189 条将单线区间及复线反方向越出站界调车与跟踪出站调车合并为一款，同时对内容进行精简，删除占用区间凭证和跟踪出站调车通知单交递时的特殊要求。

第 7 版第 203 条修改了单线区间及复线区间反方向出站调车时的规定，明确规定半自动闭塞区间及复线区间反方向越出站界调车时，必须停止使用基本闭塞法，改为电话闭塞法，调车完了后再恢复原行车闭塞法。

第 9 版第 223 条删除了“单线区间（自动闭塞、半自动闭塞除外）出站调车时，须经列车调度员口头准许，与邻站办理闭塞手续，并发给司机占用区间凭证或出站调车通知书”。随着闭塞设备的更新和改造，电气路签（牌）闭塞设备已全部淘汰，故删除此项内容。

五、跟踪出站调车

（一）2014 年版条文内容及说明

【2014 年版】第 303 条 跟踪出站调车，只准许在单线区间及双线

正方向线路上办理，并须经列车调度员口头准许，取得邻站值班员承认的电话记录号码，发给司机跟踪调车通知书(附件5)。在先发列车尾部越过预告、接近信号机(或靠近车站的第一个预告标)或《站细》规定的间隔时间后，方可跟踪出站调车，但最远不得越出站界500 m。

遇下列情况，禁止跟踪出站调车：

1. 出站方向区间内有瞭望不良的地形或有长大上坡道(站名表由铁路局公布)；

2. 先发列车需由区间返回，或挂有由区间返回的后部补机；

3. 一切电话中断；

4. 降雾、暴风雨雪时；

5. 动车组调车作业。

跟踪调车作业完毕，车站值班员确认跟踪调车通知书收回后，向邻站发出电话记录号码。列车虽已到达邻站，但跟踪调车通知书尚未收回时，禁止办理区间开通手续。

本条是有关跟踪出站调车的规定。跟踪出站调车是指在列车由车站发出后，尚未到达前方站(线路所)，间隔一定的距离或时间，即跟随前行列车，越出站界在规定距离内进行的调车作业。

跟踪出站调车只能在单线区间或双线正方向的线路上办理，并按下列要求进行，以确保安全。

1. 为使跟踪出站调车不影响列车运行，在办理时须经列车调度员口头准许。

2. 为了更好地掌握区间占用情况，防止跟踪出站调车的机车车辆返回车站前，两站错误办理闭塞，办理跟踪出站调车时，须在取得邻站车站值班员的承认的电话记录号码后，方可填写跟踪调车通知书，组织跟踪出站调车。

3. 发给司机的跟踪调车通知书，即《技规》附件5。填写时应将“出站”字样抹掉。跟踪调车通知书允许由扳道员、助理值班员等根据车站值班员的指示填发。

4. 办理跟踪出站调车时，为了防止错办，车站值班员应在控制台上揭挂"跟踪调车"表示牌（安全帽）。

5. 跟踪调车作业完毕，车站值班员确认跟踪调车通知书收回后，向邻站发出电话记录号码。列车虽已到达邻站，但跟踪调车通知书尚未收回时，禁止办理区间开通手续。

6. 承认跟踪出站调车及跟踪出站调车完毕发出电话记录号码及发出的时间填写在行车日志相应栏内。

7. 跟踪出站调车，因调车与列车运行是平行作业，能够缩短调车等待时间，充分利用通过能力。但由于调车与列车运行先后进入同一区间或闭塞分区，因而存在不安全因素，必须对跟踪出站调车进行严格的限制。

（1）跟踪出站调车只准在单线区间及双线正方向办理，双线反方向线路上不准办理。因为双线反方向行车已是特殊情况行车，再跟踪反方向运行的列车出站调车，增加不安全因素。

（2）为保证跟踪出站调车的车列与前行列车保持一定距离，只有前发列车尾部越过预告、接近信号机或靠近车站的第一个预告标后，方可跟踪出站调车。如受地形地物影响，看不见预告信号机或站界标，确认前发列车位置有困难时，应按《站细》规定的间隔时间进行。跟踪出站调车与前行列车距离，如图 12-33 所示。

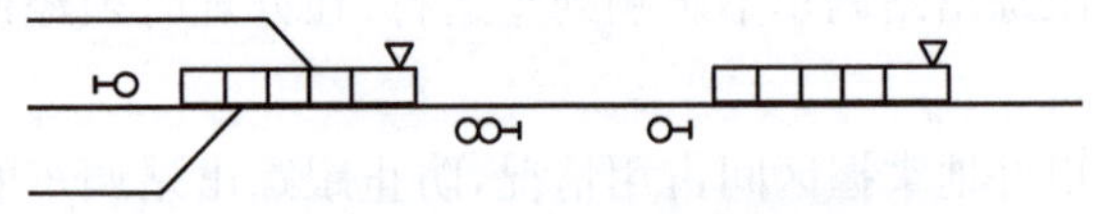

图 12-33　跟踪出站调车示意图

（3）跟踪出站调车的机车、车辆最远不得越出站界 500 m，这是考虑前发列车有途中退行的可能。按《技规》规定，退行列车在未得到后方站车站值班员准许时，不得退行到车站的最外方预告标或预告信号机的内方，也就是不能退到距进站信号机 800～1 100 m 以内，这样退行的列车与跟踪调车的机车车辆尚有300～600 m的安全间隔距离。

(4)出站方向区间内有瞭望不利的地形或有长大上坡道时，禁止跟踪出站调车。因为出站方向区间内有瞭望不利的地形时，调车作业或由区间退回的列车瞭望困难，一旦出现问题，不能及时停车，容易发生冲突等事故；因为区间有长大上坡道时，一旦前发列车制动失效，即有溜回的可能时，如再跟踪出站调车，就可能发生冲突。

区间有长大上坡道禁止跟踪出站调车的站名由铁路局公布。

“长大上坡道”是指《技规》中“长大下坡道”的反向。

(5)前发列车需由区间返回或挂有区间返回的后部补机时，禁止跟踪调车，以防止返回的列车或补机与正在跟踪出站调车的机车车辆发生冲突。

(6)一切电话中断，禁止跟踪调车。这是因为电话中断后行车联络办法比较复杂，不易保证安全。

(7)降雾、暴风雨雪等，因瞭望困难，作业不便，禁止跟踪出站调车。

(8)为确保动车组安全，禁止动车组跟踪出站调车作业。

(二)溯源情况

【第4版】第202条　……

3. 在单线区间及在复线区间正方向线路上办理跟踪出站调车(不包括由车站到区间内岔线)时，车站值班员，应在取得列车调度员的承认和邻站车站值班员的同意(在单线须以电话电报)后，填发书面通知，由车站值班员、调车员或扳道员交给调车的司机，于先发列车尾部越过预告信号机(无预告信号机时，为靠近车站的第一个预告标)或在复线区间已越过与邻线的预告信号机相对处后，即可跟踪出站调车。跟踪出站调车最远不得越出站界500 m。在出站方向为连续长大上坡道(此项站名表由铁路局公布)的区间，或在有补机由区间内折回的车站，均禁止办理跟踪出站调车。在办理跟踪出站调车时，禁止对方车站办理路签或路牌折回使用，及半自动闭塞区间使用预办设备。

第4版《技规》第202条首次对跟踪出站调车进行规范。

(三)演变过程

2014年版《技规》第303条演变过程如图12-34所示。

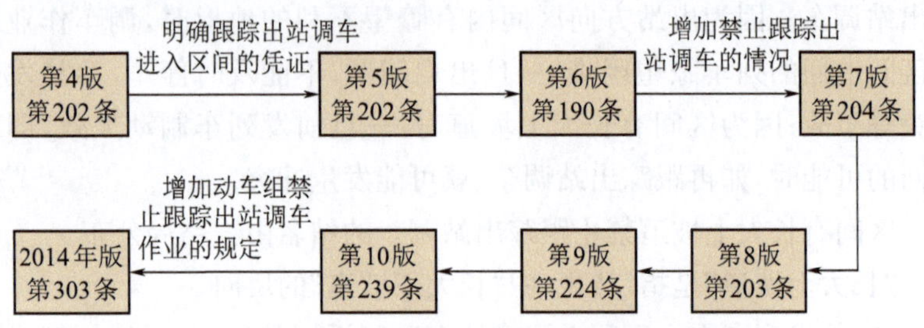

图12-34 2014年版《技规》第303条演变过程

第6版第190条进一步明确了跟踪出站调车进入区间的凭证为"出站(跟踪)调车通知书",并删除了有关跟踪出站调车时机的规定,但实际作业执行的要求并没有变化,具体时机由车站值班员掌握。

第7版第204条增加了禁止跟踪出站调车的几种情况。

(1)出站方向区间内有瞭望不良的地形时。因为出站方向区间内有瞭望不利的地形时,调车作业或由区间退回的列车瞭望困难,一旦出现问题,不能及时停车,容易发生冲突等事故。

(2)先发列车需由区间返回时。其原因与有补机由区间返回时禁止出站跟踪调车的规定相同。

(3)一切电话中断时。这是因为电话中断后行车联络办法比较复杂,不易保证安全。

(4)降雾、暴风雨雪时。因瞭望困难,作业不便,禁止跟踪出站调车。

2014年版《技规》第303条增加了动车组禁止跟踪出站调车作业的规定,以确保动车组安全。

六、机车出入段

(一)2014年版条文内容及说明

【2014年版】第304条 车站值班员要认真掌握机车出入段的经路。

有固定机车走行线时，出入段机车必须走固定走行线。机车固定走行线上禁止停留机车车辆。

没有固定走行线或临时变更走行线时，应通知司机经路（集中联锁的车站除外），司机按固定信号或扳道员显示的允许运行的信号行车。

本条是有关机车出入段经路的规定。

设有机务段（折返点）的车站，机车出入段是一项频繁的调车作业。它不仅关系到加速出入段机车的放行，保证机车按停留时间标准进行作业，而且对到发线、咽喉道岔能力的运用，有着直接的影响。因此，车站值班员必须认真掌握机车出入段的时机和经路。

有固定走行线时，出入段机车必须走固定走行线。因为设计、确定机车走行线时，对机车走行线的配置已经综合考虑车站技术作业进行了科学划分，使机车出入段的走行更便利、更合理，最大限度地减少机车出入段与接发列车的相互干扰，因此必须按固定走行线走行。

为了保证固定走行线的正常运用，禁止在固定走行线上停留机车车辆。因为一旦停留机车车辆，将引起出入段变更走行线，打乱机车出入段顺序，而且因变更走行线司机对线路不熟，有可能延长出入段时间。

当车站没有机车出入段固定走行线或临时变更走行线时，为保证安全和加速机车出入段工作，应事先通知司机走行经路，司机按固定信号或扳道员显示的允许运行的信号行车。集中联锁的车站，机车出入段时，司机按地面调车信号机的显示运行，故不必通知司机，司机按信号显示运行即可。

（二）溯源情况

【第 6 版】第 191 条　车站值班员要认真掌握机车出入段的经路。

有固定走行线时，必须走固定走行线。机车固定走行线上禁止停留机车、车辆。

没有固定走行线或临时变更走行线时，应通知司机经路（进路式电气集中的车站除外），司机按固定信号或扳道员显示的进行信号开行。

本条相关规定首次出现于第 6 版《技规》第 191 条。

(三)演变过程

2014 年版《技规》第 304 条演变过程如图 12-35 所示。

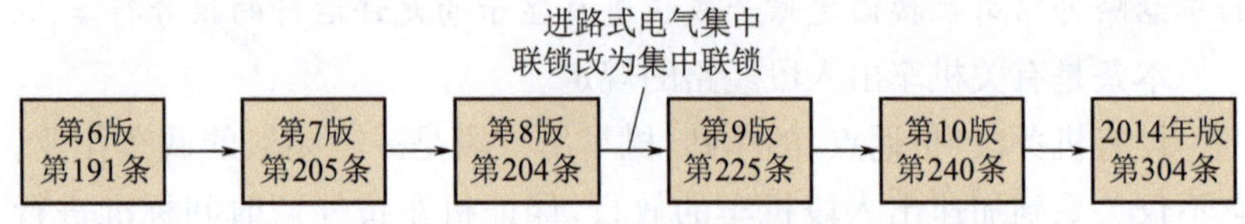

图 12-35 2014 年版《技规》第 304 条演变过程

第 9 版第 225 条将原规定中的"进路式电气集中"统一为"集中联锁"。此后各版基本没有变化。

1952 年，我国铁路第一个自主设计、制造和施工的进路操纵式电气集中联锁在衡阳站开通，之后经过多年发展，最终在 1973 年 6502 大站电气集中联锁系统定型并在全路推广应用。1983 年，我国开始计算机联锁系统的实用性研发；1994 年，《微机联锁系统暂行技术条件》(电综〔1994〕50 号)发布，并在 1999 至 2000 年形成我国计算机联锁发展的第一个高峰期，京九铁路、武广(电气化改造工程)等干线开始规模化使用。

第六节 机车车辆的停留

一、概述

在调车作业过程中或一批调车作业完成后，经过调移的机车车辆需要在线路上停留。因停留机车车辆时不能影响邻线行车工作，以及铁路线路设备的用途不同，且存在机车车辆装载货物以及车种运输任务的特殊要求，需要对机车车辆停留的位置及方式进行规定。为避免停留在线路上的车辆发生溜逸，需要对车辆防溜措施作出规定。在进行动车组调车工作时，动车组因其车辆构造的特殊性，需要对其停留时的防溜作出规定。

机车车辆溜逸是指机车、车辆(包括车列和车组)在自身重力或外力作用下发生无目的溜动或未采取防溜措施,使其在失控状态下造成行车事故;防溜即为防止机车车辆发生溜逸而采取的各种办法和措施。机车车辆溜逸,一旦发生,轻则挤坏道岔、冒进信号、破坏径路、刮坏行车设备设施等,重则造成冲撞列车、人员伤亡构成重大铁路交通事故。

防溜器具是指人力制动机、人力制动机紧固器、防溜铁鞋、防溜枕木、止轮器等。日常使用较为普遍的防溜方式为铁鞋防溜和人力制动机(人力制动机紧固器)防溜。

防溜铁鞋是放在静止状态的机车、车辆车轮下对其进行阻挡的安全防溜装置。铁鞋是一种鞋状的手动制动工具,借助车轮与钢轨的滑动摩擦对车辆产生制动力。通过在每股道两条钢轨上摆放铁鞋进行防护,车辆轧上铁鞋,车辆与钢轨间的滚动摩擦切换为铁鞋与钢轨之间的滑动摩擦,制动效能迅速提升使车辆快速停下。使用铁鞋防溜时,鞋尖应紧贴车轮踏面,牢靠固定,如图 12-36 所示。止轮器如图 12-37 所示。

图 12-36　防溜铁鞋

人力制动机是以人力作为动力来源,用人力来操纵实现制动和缓解作用的制动机。人力制动机分为手制动机和脚踏制动机。制动机通过手动或脚踏,借助杠杆的传动作用,使闸瓦抱压车轮,起制动作用,如图 12-38 所示。

图 12-37　止轮器

图 12-38　常见人力制动机形式

人力制动机紧固器是作用于车辆人力制动机使车辆保持制动防溜状态的器械。电气化区段，为避免作业人员攀爬高处发生触电伤害，部分车辆不能采用人力制动机防溜时，应使用人力制动机紧固器防溜。使用人力制动机或人力制动机紧固器防溜时，须拧紧制动机，闸瓦应贴轮牢固。几种人力制动机紧固器，如图 12-39 所示。

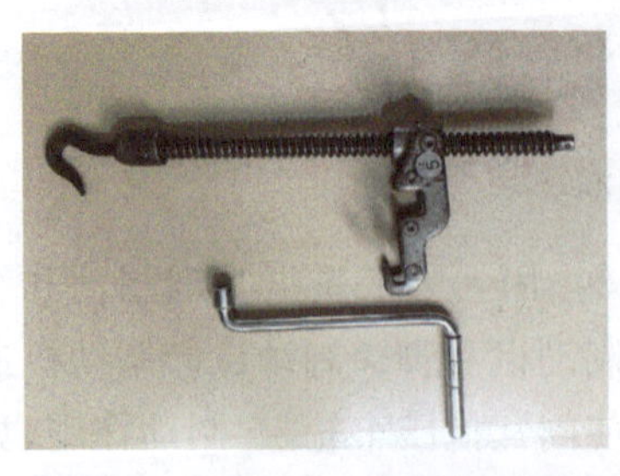

图 12-39　几种人力制动机紧固器

二、允许及禁止停留机车车辆的规定

(一)2014 年版条文内容及说明

【2014 年版】第 305 条　机车车辆必须停在警冲标内方。调车作业中,车辆临时停在警冲标外方时,一批作业完了后,应立即送入警冲标内方。因特殊情况需在警冲标外方进行装卸作业时,须经车站值班员、调车区长准许,在不影响列车到发及调车作业的情况下方可进行,装卸完了后,应立即送入警冲标内方。

安全线及避难线上,禁止停留机车车辆;在超过 6‰坡度的线路上,不得无动力停留机车车辆。

装载爆炸品、气体类危险货物的车辆及救援列车,必须停放在固定的线路上,两端道岔应扳向不能进入该线的位置并加锁;临时停留公务车线路上的道岔也应扳向不能进入该线的位置并加锁。集中操纵的道岔可在控制台上进行单独锁闭。

本条是有关机车车辆停留的规定。

警冲标是指示机车车辆停留时,满足机车车辆限界、不准向道岔方向或线路交叉点方向越过的限制点。如果越过警冲标,可能侵限妨碍邻线机车车辆的运行,有可能发生侧面冲突,所以规定列车及机车车辆必须停在警冲标内方。

1. 遇下列特殊情况,在不影响接发列车和调车作业的条件下,准许临时停在警冲标外方。

(1)因溜放车组速度不当或借线停留等情况,车组未进入警冲标内方,在确认不妨碍其他作业进路时,准许临时停在警冲标外方。这样,可以在保证安全的前提下,提高调车效率。但最迟在该项作业,即一批作业完了后,必须立即将该车组送入警冲标内方,以免遗忘,造成不应有的损失。

(2)特殊情况,确需在警冲标外方装卸作业时,由于与邻线作业相互影响,必须经车站值班员、调车区长确认不影响列车到发及调车作业,或者停止相关调车作业后,方可准许。装卸作业完了后,应立即取走或送入警冲标内方，并报告车站值班员、调车区长。

2. 安全线及避难线是特殊用途的线路，禁止停留机车车辆；在超过6‰坡度的线路上，极易发生机车车辆溜逸，安全风险大，因此禁止无动力停留机车车辆。该处超过6‰坡度是线路的实际坡度，机车车辆无动力停留的地点不得在超过6‰的坡度上。

3. 爆炸品、气体类危险货物等危险品，对冲击、火焰敏感，万一发生意外，其后果严重。为此，对装载这些物品的车辆，必须停放在固定线路上，两端道岔应扳向不能进入该线的位置并加锁，以防其他车辆进入。集中操纵的道岔，应在控制台上将道岔开通邻线，并将道岔单独锁闭。在选择停留这些车辆的固定线时，应尽可能远离房舍、住宅及其他建筑物，并应与列车运行和调车繁忙的线路保持一定间隔。

4. 救援列车担负着事故救援的紧急任务，为保证在需要时能及时出动，亦必须停放在固定的线路上。该线路不得停放其他机车车辆，并将两端道岔置于其他机车车辆不能进入该线的位置并加锁。集中操纵的道岔，应在控制台上将道岔开通邻线，并将道岔单独锁闭。

5. 为了保证公务车上有关人员的正常工作和休息，对临时停留公务车的线路，除应将道岔置于不能进入该线的位置并加锁外，一般不准利用该线进行与其无关的调车作业。集中操纵的道岔，应在控制台上将道岔开通邻线，并将道岔单独锁闭。

(二)溯源情况

【第1版】第313条 列车及机车车辆于站内线路上停留时，不得超出警冲标。

第316条 禁止机车车辆占用安全线及避难线。

第317条 装有爆炸性、含毒性之货物或装有瓦斯类之车辆，必须连挂一起，施行止轮措置，并以临时信号牌防护之。有特经指定之线路时，须停留于特定之线路上。

本条相关规定最早见于第1版《技规》第313、316和317条。

(三)演变过程

2014年版《技规》第305条演变过程如图12-40所示。

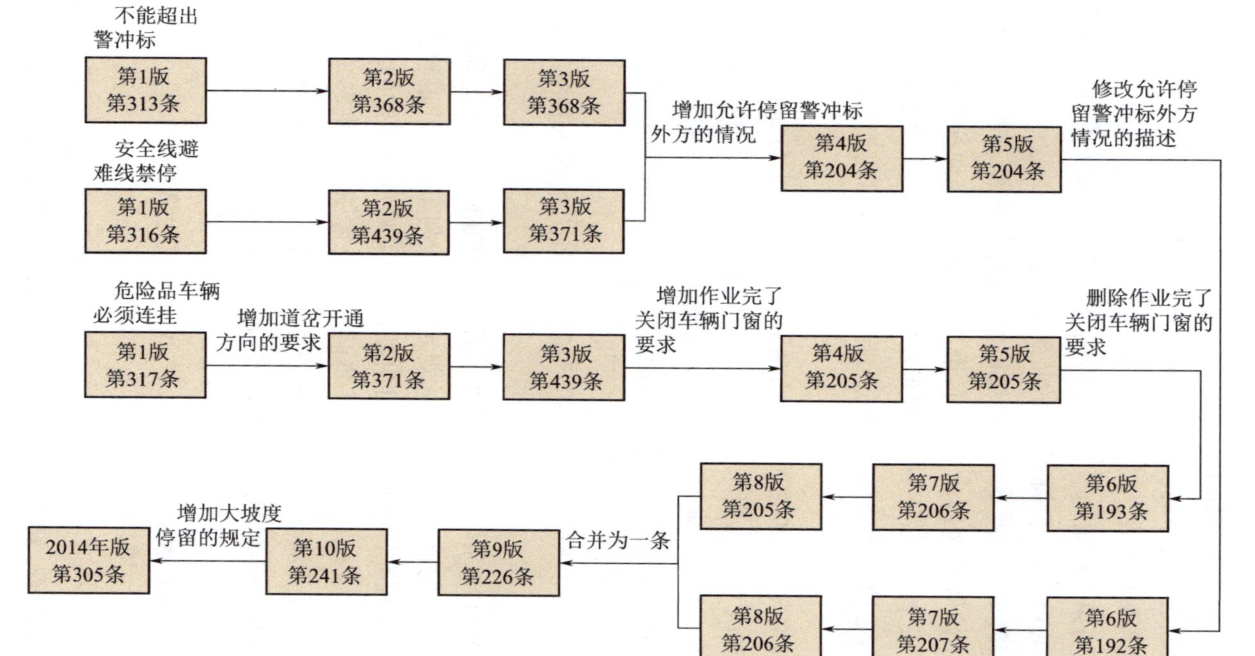

图 12-40　2014 年版《技规》第 305 条演变过程

第 2 版第 371 条增加了停有装载危险品车辆的线路上的道岔，应置于不能驶进这一线路的位置的规定，以防止其他车辆溜入线路，因撞车而发生更严重的事故。

第 4 版将**第 3 版**第 368、371 条的规定合并为第 204 条，并增加准许机车车辆暂时停留在警冲标外方的特殊情况。

1. 因溜放车组速度不当或借线停留等情况，车组未进入警冲标内方，在确认不妨碍其他作业进路时，准许临时停在警冲标外方。这样，可以在保证安全的前提下，提高调车效率。但最迟在该项作业，即一批作业完了后，必须立即将该车组送入警冲标内方，以免遗忘，造成不应有的损失。

2. 特殊情况确需在警冲标外方装卸作业时，由于与邻线作业相互影响，必须确认不影响列车到发及调车作业，或者停止相关调车作业后，方可准许。装卸作业完了后，应立即取走或送入警冲标内方。

第 4 版第 205 条增加“进行货物作业、清扫、消毒或检修的车辆，于工作完毕时，应将门窗及端侧板关闭”的规定。

第 6 版第 192 条修改了允许停留警冲标外方情况的描述，用语更简练。

第 6 版第 193 条增加了救援列车必须停放在固定线路上和临时停留公务车线路上的道岔必须加锁的规定。救援列车担负着事故救援的紧急任务，为保证在需要时能及时出动，亦必须停放在固定的线路上；该线路不得停放其他机车车辆，并将两端道岔置于其他机车车辆不能进入该线的位置并加锁。为了保证公务车上有关人员的正常工作和休息，对临时停留公务车的线路，除应将道岔置于不能进入该线的位置并加锁外，一般不准利用该线进行与其无关的调车作业。

第 9 版将**第 8 版**中的第 205、206 条合并成为第 226 条。

2014 年版《技规》第 305 条增加了在超过 6‰坡度的线路上，不得无动力停留机车车辆的规定，这是因为在超过 6‰坡度的线路上，极易发生机车车辆溜逸，安全风险大，因此禁止无动力停留机车车辆。

三、停留车辆防溜

(一)2014 年版条文内容及说明

【2014 年版】第 306 条 编组站、区段站在到发线、调车线以外的线路上停留车辆,不进行调车作业时,应连挂在一起,并须拧紧两端车辆的人力制动机,或以铁鞋(止轮器、防溜枕木等)牢靠固定。因装卸车对货位等情况,不能连挂在一起时,应分组做好防溜措施。

中间站停留车辆,无论停留的线路是否有坡道,均应连挂在一起,拧紧两端车辆的人力制动机,并以铁鞋(止轮器、防溜枕木等)牢靠固定。因装卸车对货位等情况,不能连挂在一起时,应分组做好防溜措施。一批调车作业中临时停留的车辆,须拧紧两端车辆的人力制动机或以铁鞋(止轮器)止轮。

编组站和区段站的到发线、调车线是否需要防溜以及作业量较大中间站执行上述规定有困难时,由铁路局规定。

本条是有关停留车辆防溜措施的规定。

1. 编组站、区段站的到发线、调车线以外的线路上,在一般情况下车辆停留时间较长,如遇大风天气或邻线行车震动等,容易造成车辆溜逸,特别是我国铁路车辆大多数采用滚动轴承,基本阻力小,更容易溜逸,所以不进行调车作业时,应连挂在一起,并须拧紧两端车辆的人力制动机,或以铁鞋、止轮器、防溜枕木等牢靠固定。这样,既能保证停留车辆安全,缩短占用线路长度,又便于以后取送作业。因装卸车对货位等情况,不能连挂在一起时,应分组做好防溜措施。

2. 在中间站由于配线较少,基本上所有线路都与正线、到发线相衔接,一旦发生车辆溜逸,将造成站内正线、到发线等设备的损坏,或侵入列车进路危及接发列车安全,严重时可能溜入区间与列车发生冲突等。为此在中间站停留车辆,无论是停在到发线、调车线还是货物线、专用线等线路上,也无论停留的线路是否有坡道,均应连挂在一起,拧紧两端车辆的人力制动机,并以铁鞋(止轮器、防溜枕木等)牢靠固定。因装卸车对货位等情况，不能连挂在一起时，应分组做好防溜措施。在分组采取防溜措施时，除两端车组外侧须至少采取二道防溜措施外，其余车组及两端车组的内侧可拧紧两端车辆的人力制动机，或以铁鞋（止轮器、防溜枕木等）牢靠固定，保证至少一道防溜措施。

考虑到中间站线路较少，为提高中间站调车作业效率，同时也为了保证调车作业的安全，对一批调车作业中临时停留的车辆，可拧紧两端车辆的人力制动机或以铁鞋（止轮器）止轮，采取一道有效的防溜措施。

3. 编组站、区段站的到发线、调车线，由于日常接发列车、调车作业繁忙，车辆无动力停留时间较短，同时大部分的编组站、区段站一般设置在平直或锅底形线路上，满足日常调车作业和停留机车车辆的要求，其设备条件和作业量不同，因此编组站、区段站的到发线、调车线是否需要采取防溜措施、什么时候采取什么防溜措施，由铁路局规定。

作业量较大的中间站执行“双防溜”措施有困难时，也可由铁路局根据实际情况，制定防溜措施。

4. 电气化区段，部分车辆不能采用人力制动机防溜时，应使用人力制动机紧固器防溜。

人力制动机故障的车辆或车组不能按规定采取防溜措施时，应与人力制动机作用良好的车辆连挂在一起，禁止单独停留。执行“双防溜”措施时，遇该最外方车辆人力制动机故障时，可顺延使用下一车辆人力制动机，两端车组外侧仍须采取铁鞋防溜。

5. 车辆的防溜措施，均须确认止轮牢固可靠。使用人力制动机或人力制动机紧固器防溜时，须拧紧制动机；使用铁鞋、止轮器防溜时，鞋尖（止轮器）应紧贴车轮踏面，牢靠固定；使用防溜枕木防溜时，应在距停留车辆不大于 5 m 处放置。对于近些年开始使用的新型防溜设备，由铁路局根据技术条件和车站特点制定使用办法。

6. 因车辆进行技术检查或故障处理，列检（维修）人员在撤除车站采取的防溜措施时，技术检查或故障处理完毕，应及时恢复原防溜措施。

(二)溯源情况

【第1版】第314条 站内停留车辆不进行调车时,应连挂在一起,拧紧手闸,有溜逸可能时并用防止溜走枕木或止轮器固定之。

装卸线、其他站线及死岔上之停留车辆,亦应同样办理。

站内停留车辆如不办理装卸工作或清扫、消毒与修理工作时,其门窗均应关闭。

第315条 整备出发或等候解体之车辆列,如停于超过2.5‰坡度之站线上时,须对该车辆列施行止轮措置,如在2.5‰以下坡度之站线上停留时,应按第314条办理,但在平道上停留时,仅限于天候不良(大风、大雨及大风雪)时办理之。

1. 第1版《技规》第314条规定站内停留车辆不进行调车时应连挂在一起,并采取适当的防溜措施。连挂在一起,一方面可以缩小占用线路的长度,另一方面可防止分别停放的车辆互相冲突,同时应拧紧手闸以防止溜逸。

2. 第1版《技规》第315条规定车辆停留于2.5‰以上坡度的线路上时应采取防溜措施。

(三)演变过程

2014年版《技规》第306条演变过程如图12-41所示。

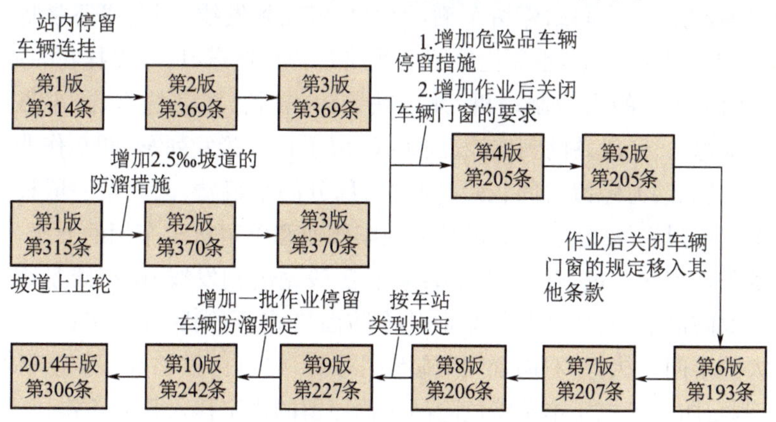

图12-41 2014年版《技规》第306条演变过程

第 2 版第 369 条增加制动铁鞋作为防溜器具；第 370 条增加车列或车辆在 2.5‰及以下坡度线路上停留时，大风天气应采取防溜措施的规定。

第 4 版将**第 3 版**第 369、370 条合并为第 205 条，增加危险品车辆固定线路停放并采取防溜措施，以及作业完成后的车辆应关闭门窗及端侧板的规定。

第 6 版第 193 条删除了 2.5‰及以下坡度线路上停留时的防溜规定；将作业完成后的车辆应关闭门窗及端侧板的规定移入其他条款。

第 9 版第 227 条将车站分为不同类型分别描述停留车辆防溜的规定。删除"滚动轴承"车辆的限制，并将适用范围改为"编组站、区段站在到发线、调车线以外的线路上停留车辆"，并增加中间站停留车辆应连挂并防溜的规定，同时对于执行本条规定有困难的车站，允许由铁路局进行具体规定。我国铁路货车自 1979 年开始大批量装用滚动轴承，至 2002 年，滑动轴承货车已全部改装为滚动轴承货车，实现全路货车滚动轴承化。在中间站由于配线较少，基本上所有线路都与正线、到发线相衔接，一旦发生车辆溜逸，将造成站内正线、到发线等设备的损坏，或侵入列车进路危及接发列车安全，严重时可能溜入区间与列车发生冲突等，为此在中间站停留车辆，无论是停在到发线、调车线还是货物线、专用线等线路上，也无论停留的线路是否有坡道，均应连挂在一起，拧紧两端车辆的人力制动机，并以铁鞋（止轮器、防溜枕木等）牢靠固定。编组站、区段站的到发线、调车线，由于日常接发列车、调车作业繁忙，车辆无动力停留时间较短，同时大部分的编组站、区段站一般设置在平直或锅底形线路上，满足日常调车作业和停留机车车辆的要求，其设备条件和作业量不同，因此编组站、区段站的到发线、调车线是否需要采取防溜措施、什么时候采取什么防溜措施，由铁路局规定；作业量较大的中间站执行"双防溜"措施有困难时，也可由铁路局根据实际情况，制定防溜措施。本条将危险品车辆停留的规定移入其他条款。

第 10 版第 242 条增加了中间站"一批调车作业中临时停留的车

辆，须拧紧两端车辆的人力制动机或以铁鞋（止轮器）止轮”的规定。考虑到中间站线路较少，为提高中间站调车作业效率，同时也为了保证调车作业的安全，对一批调车作业中临时停留的车辆，可拧紧两端车辆的人力制动机或以铁鞋（止轮器）止轮，采取一道有效的防溜措施。

四、动车组无动力停留

2014 年版条文内容及说明（第一次修订）

【2014 年版】第 307 条　动车组无动力停留时，有停放制动装置的动车。组，由司机负责将动车组处于停放制动状态；动车组无停放制动装置或在坡度为 20‰以上的区间无动力停留时，由司机通知随车机械师进行防溜，防溜时使用铁鞋牢靠固定。动车段（所）内动车组防溜办法由铁路局规定。

本条规定了动车组无动力停留时的防溜办法，为 2014 年版《技规》的新增条款。

动车组为固定编组，调车作业大多是自走行作业，除使用机车调车作业外不需要车站人员参与，而且动车组大多带有停放制动装置，可保证动车组无动力停留安全。为减少作业环节、消除结合部隐患，统一动车组防溜办法，动车组防溜原则上优先使用停放制动装置，动车组无停放制动装置或在坡度为 20‰以上的区间无动力停留时，由动车组随车机械师使用止轮器进行防溜。动车段（所）设备及管理模式不尽相同，动车组停留时防溜措施的设置和撤除办法，由铁路局集团公司规定。

防溜枕木如图 12-42 所示。

图 12-42　防溜枕木

参考文献

[1] 铁道部档案史志中心．新中国铁路50年(1949～1999)[M].北京:中国铁道出版社,1999.
[2] 中国铁路史编辑研究中心．中国铁路大事记[M].北京:中国铁道出版社,1996.
[3] 中国铁道学会,中国铁道科学研究院．中国铁路大提速[M].北京:中国铁道出版社,2008.
[4] 中央人民政府铁道部．铁路技术管理规程(草案)[M].北京:中央人民政府铁道部,1950.
[5] 中央人民政府铁道部．铁路技术管理规程[M].北京:人民铁道出版社,1954.
[6] 中华人民共和国铁道部．铁路技术管理规程[M].北京:人民铁道出版社,1956.
[7] 中华人民共和国铁道部．铁路技术管理规程[M].北京:人民铁道出版社,1960.
[8] 中华人民共和国铁道部．铁路技术管理规程[M].北京:人民铁道出版社,1964.
[9] 中华人民共和国交通部．铁路技术管理规程[M].北京:人民交通出版社,1972.
[10] 中华人民共和国铁道部．铁路技术管理规程[M].北京:中国铁道出版社,1983.
[11] 中华人民共和国铁道部．铁路技术管理规程[M].北京:中国铁道出版社,1992.
[12] 中华人民共和国铁道部．铁路技术管理规程[M].北京:中国铁道出版社,1999.
[13] 中华人民共和国铁道部．铁路技术管理规程[M].北京:中国铁道出版社,2006.
[14] 中国铁路总公司．铁路技术管理规程[M].北京:中国铁道出版

社,2014.
[15] 中华人民共和国铁道部．中华人民共和国铁路技术管理规程(草案)解释(第二版)[M].天津铁路管理局局内职工业余教育委员会,1951.
[16] 铁道部车务局．铁路技术管理规程问题解答　车务第一分册[M].北京:人民铁道出版社,1955.
[17] 铁道部车辆局．铁路技术管理规程问题解答　车辆第一分册[M].北京:人民铁道出版社,1955.
[18] 哈尔滨铁路局技术馆．新技术管理规程学习资料[M].哈尔滨:哈尔滨铁路局,1956.
[19] 铁道部技规编修委员会．中华人民共和国铁路技术管理规程解说[M].北京:人民铁道出版社,1963.
[20] 铁道部《铁路技术管理规程解释》编写组．中华人民共和国铁路技术管理规程解释[M].北京:人民铁道出版社,1976.
[21] 铁道部《技规》编修委员会办公室．中华人民共和国铁路技术管理规程修改说明[M].北京:中国铁道出版社,1983.
[22] 冯双洲,牛茂恒,马念文,等．中华人民共和国《铁路技术管理规程》第九版 修改说明[M].北京:中国铁道出版社,2000.
[23] 胡德臣,方晨．技规导读[M].北京:中国铁道出版社,2005.
[24] 《技规》条文说明编写组.《铁路技术管理规程》条文说明[M].北京:中国铁道出版社,2009.
[25] 《技规》条文说明编写组.《铁路技术管理规程》(普速铁路部分)条文说明[M].北京:中国铁道出版社,2014.
[26] 《技规》条文说明编写组.《铁路技术管理规程》(高速铁路部分)条文说明[M].北京:中国铁道出版社,2014.

参考标准和相关引用文件

［1］《铁路职工教育培训规定》(铁劳卫〔2006〕240 号)
［2］《铁路职工教育培训规定》(铁劳卫〔2012〕170 号)
［3］《铁路乘务员公寓管理办法》(铁劳〔1995〕28 号)
［4］《铁路行车公寓管理规则》(铁运〔1999〕111 号)
［5］《铁路动车组运用维修规程》(铁总运〔2013〕158 号)
［6］《铁路货车运用维修规程》(铁运〔2010〕141 号)
［7］《关于站场无线调车“八五”规划实施意见的通知》(运设〔1992〕67 号)
［8］《铁路超限超重货物运输规则》(铁总运〔2016〕260 号)
［9］《铁路货物装载加固规则》(铁总运〔2015〕296 号)
［10］《铁路驼峰及调车场设计规范》(TB 10062—1999)
［11］《铁路货车翻车机和散装货物解冻库检测技术条件》(GB/T 18818—2002)